国家自然科学基金资助项目
（NO.41701609; NO.41230751）

JIANGSU YANHAI TANTU WEIKEN
DUI LIANGSHI SHENGCHAN JI SHENGTAI ANQUAN DE
YINGXIANG YANJIU

江苏沿海滩涂围垦对粮食生产及生态安全的影响研究

许 艳 张润森 濮励杰 著

中国社会出版社
国家一级出版社 · 全国百佳图书出版单位

图书在版编目（CIP）数据

江苏沿海滩涂围垦对粮食生产及生态安全的影响研究／许艳，张润森，濮励杰著．—北京：中国社会出版社，2021.5

ISBN 978－7－5087－6553－2

Ⅰ.①江…　Ⅱ.①许…　②张…　③濮…　Ⅲ.①围海造田—影响—粮食—生产—研究—江苏　②围海造田—影响—生态安全—研究—江苏　Ⅳ.①F326.11②X959

中国版本图书馆 CIP 数据核字（2021）第 097917 号

书　　名：江苏沿海滩涂围垦对粮食生产及生态安全的影响研究
著　　者：许　艳　张润森　濮励杰

出 版 人：浦善新
终 审 人：尤永弘
责任编辑：张　迟

出版发行：中国社会出版社　邮政编码：100032
通联方式：北京市西城区二龙路甲 33 号
电　　话：编辑室：（010）58124856
　　　　　销售部：（010）58124841
　　　　　　　　　（010）58124842
网　　址：www.shcbs.com.cn
　　　　　shcbs.mca.gov.cn
经　　销：各地新华书店

中国社会出版社天猫旗舰店

印刷装订：北京虎彩文化传播有限公司
开　　本：170mm×240mm　1/16
印　　张：14.25
字　　数：240 千字
版　　次：2021 年 5 月第 1 版
印　　次：2021 年 5 月第 1 次印刷
定　　价：55.00 元

中国社会出版社微信公众号

摘要

土地利用是人类活动最直接的一种表现形式，土地利用变化及其生态环境响应，是当前全球变化研究的热点问题。保障粮食安全是中国经济发展的基础，也是土地利用变化的重要目标之一。随着全球化、城市化和工业化发展，城市周边大量优质耕地不可避免被蚕食，中国政府实行全球最严格的耕地保护制度，坚守18亿亩耕地红线，且不断加大土地开发复垦整理。海岸带是海洋系统与陆地系统的交叉地带，是地球上人口最密集、经济最发达地区，淤泥质滩涂土壤相对肥沃，成为我国耕地后备资源之一，然而人与自然的胁迫对海岸带的环境产生了强烈影响。

江苏省海岸线占全国大陆海岸线约5%，海岸类型简单，多为淤泥质海岸，围垦开发历史悠久，农业开发是其主要利用方式之一。随着江苏省沿海开发规划（2009－2020年）上升为国家战略，江苏沿海将成为国家综合交通枢纽、新型工业区以及土地后备资源基地，人类活动将对沿海滩涂资源产生极其剧烈的影响。本研究分析江苏省海岸带滩涂围垦活动对粮食产能的影响、江苏沿海滩涂围垦背景下的土地利用变化过程及其生态响应，既是重要的科学问题，也是江苏沿海开发战略实施的迫切需求，具有重要的理论价值和现实意义。

本书综合3S技术，借助ENVI、ArcGIS、SPSS、Origin等软件，综合运用经典统计方法、地统计方法、空间换时间方法、网格法土壤采样设计、土壤实验分析、农业生态区划（AEZ模型）、Maas－Hoffman模型、景观生态学等方法，开展滩涂围垦区土地利用变化及其景观生态安全响应研究。全面把握滩涂围垦区土地利用变化的时空演化特征及其驱动机制；分析滩涂围垦后耕地数量和质量的变化过程，揭示耕地数量与土壤质量和围垦年限的关系；阐述滩涂围垦活动对沿海地区粮食产能的影响机理；揭示滩涂围垦背景下的景观生态安全响应特征。主要结论如下：

第一，江苏滩涂围垦存在时空特征。1948－1984年滩涂围垦面积最大，分布在整个沿海地区；其次为1995－2014年，位于沿海中南部。滩涂围垦后不同开发利用方式下耕地数量差异显著，其中农业开发滩涂围垦区耕地比重较大，而其他开发方式如养殖开发、盐田开发、港口和城镇建设、工业开发等耕地比重很小。20世纪90年代以来江苏滩涂围垦区不断从农业开发向港口、城镇、工业和养殖开发转变，农业开发占比不断减少。1949－2014年，1999年之前农业滩涂围垦区占比为49.5%，2000－2014年占比降低到2.9%。滩涂围垦与开发对耕地数量的贡献越来越小。

第二，滩涂围垦区土地利用变化过程及其驱动机制研究。（1）1990－2008年滩涂围垦区土地利用变化显著，主要表现在数量、结构、空间和类型转换等各个方面；（2）土地利用变化的主要特征为滩涂未利用地向农用地和建设用地的转换，且土地利用的多样性和程度指数也呈现逐渐上升的趋势；（3）土地利用空间格局在不同围垦年限和陆海梯度上具有较强的时空分异特征；（4）区域政策、自然和社会经济等的多重因素构成了滩涂围垦区土地利用变化的驱动力，其中，城市化率、农村人均纯收入和固定资产投资是滩涂围垦区耕地和养殖水面用地变化的主要驱动力，而GDP、人均GDP、工业总产值和固定资产投资则是促进建设用地逐渐增加的主要驱动力。

第三，以农业开发为主的滩涂围垦区，围垦初期由于土壤含盐量高，需要首先开展沟渠路基础设施建设，通过种植改良作物、养殖等方式改良土壤，直至土壤能够生长粮食作物为止。不同年限滩涂围垦区由于土壤质量不同，耕地数量不一。年限久（约30年）的农业滩涂围垦区由于耕地土壤质量较好，耕地数量占比较高；年限短（<15年）的农业滩涂围垦区由于耕地土壤质量差，耕地数量占比较低。以如东典型不同年限农业滩涂围垦区来看，围垦后30－50年期间，农用地数量达到最高，50年后农用地数量占比下降。从江苏省滩涂围垦区耕地数量来看，围垦后40－50年耕

地占比达到最高值，50 年后由于城镇建设等，耕地数量呈现下降趋势。综上说明耕地面积变化到稳定水平需要 30 – 50 年的时间。

第四，农业围垦区土壤质量演变达到稳定需要 30 – 40 年，土壤盐分为主要限制因子。不同年限滩涂围垦区，由于土壤质量差异，土地利用方式不甚相同。围垦初期主要是盐生植被、光滩以及养殖水体等，围垦后期棉花、玉米、大豆、水稻等土地利用类型不断出现。通过网格法均匀采样分析不同年限滩涂围垦区土壤质量与围垦年限的关系来看，滩涂围垦后土壤盐分约在 38 年后达到脱盐水平，土壤养分在围垦后 30 年达到稳定水平，土壤综合质量约在 38 年后达到稳定状态，说明滩涂土壤从滩涂沉积物经历脱盐和养分积累过程发育为耕地土壤需要 30 – 40 年的时间。从土壤理化性质相关关系来看，土壤盐分与土壤 pH 值呈现显著正相关关系（$P<0.01$），与土壤颗粒组分分形维数、土壤有机质、土壤养分呈现显著负相关关系（$P<0.01$）。土壤盐分是农业滩涂围垦区土壤质量的最主要的影响因子。

第五，基于土壤盐分、气候生产潜力测算和预测出江苏省 2012 年和 2020 年沿海滩涂围垦区粮食产能大小。滩涂围垦开发不仅影响耕地数量，耕地质量也处于不断变化过程中，综合耕地数量、质量以及气候生产潜力测算江苏沿海滩涂围垦区粮食产能大小。首先基于 AEZ 模型，计算江苏省滩涂围垦区光合生产潜力、光温生产潜力和光温水生产潜力。其次，由于土壤盐分是滩涂围垦区最主要的影响因子，本书引入 Maas – Hoffman 模型中土壤盐分对作物产量的相对限制程度改进原有土地生产力模型中的土壤有效性系数；最后结合不同年限围垦区耕地数量，测算出江苏沿海滩涂围垦区粮食产能大小。通过计算得到滩涂围垦区水稻土地生产潜力从 1982 年的 13886kg/hm^2 增加到 1951 年的 21469kg/hm^2；小麦土地生产潜力从 1982 – 1951 年垦区均为 10329kg/hm^2。通过沿海地区气候生产潜力、不同滩涂围垦区土壤盐分含量以及耕地数量测算出 2012 年江苏省滩涂围垦区粮食产能为 147.2 万吨，占江苏省沿海县市粮食产量的 11.03%；并预测 2020 年江苏省滩涂围垦粮食产能为 162.42 万吨，比 2012 年粮食产能增加了 15.22 万吨。

第六，深入研究滩涂围垦区景观格局及景观生态安全特征分析。（1）1990 – 2008 年间，滩涂围垦区的景观格局发生了较大改变，人类围垦活动使得景观结构愈趋复杂；（2）基于景观生态学方法建立由景观干扰度和景观脆弱度构成的滩涂围垦区景观生态安全评价体系，计算1990－2008年滩涂围垦区的生态安全变化特征，结果表明20年间滩涂围垦区的景观生态安全状况发生明显的改变，且由于围垦年限的不同，不同垦区之间的景观生态安全有显著差异；（3）引入生命周期理论，分析滩涂围垦开发利用过程中的景观生态安全变化状况，将滩涂围垦分为幼年阶段、成长阶段、成熟阶段和稳定阶段，滩涂围垦开发的整个周期为37年左右，即经过37年的开发利用，滩涂围垦区可以逐渐完成从自然生态系统到人工生态系统转变的整个过程。

目录

第1章　淤泥质海岸围垦开发与保护

2019年4月，习近平总书记提出我们要像对待生命一样关爱海洋，落实海洋可持续发展目标，重视海洋生态文明建设，持续加强海洋污染防治，保护海洋多样性，实现海洋资源有序利用。海洋与海岸是人类宝贵的自然资源，加强海岸和海洋资源利用与管理是实现我国海洋强国战略的重要支撑手段。

海岸带是海洋水动力和陆地地貌相互作用而形成的、物质和能量交换频繁且变化极其敏感的陆海交错地带，也是人类活动作用最突出的地区之一①。海岸带拥有全球25%的初级生产量，提供全球70%的渔获量，大约50%的人口居住地，约占地球地表面积的12%②。虽然在不同地区海岸带人口密度的差异较大，但是人类从内陆向海岸带地区转移是必然趋势。人类已经逐渐认识到海岸带资源的丰富性和多样性，海岸带地区将承载更多的人口，成为全球人类最重要的财富之一③。1992年联合国发布的《21世纪议程》提出，在全球海岸线约60千米的陆地范围内有全球一半以上的人口聚集，预计到2020年，比例会提高到75%。

1.1 淤泥质海岸滩涂

海岸演变受很多因素的影响，不同海岸演变特征不同。全球外动力海岸受到气候因素的控制分为水动力海岸、生物海岸（低纬度分布）和冰冻海岸（高纬度），其中水动力海岸按照岩性因素可划分为基岩海岸、砂砾质海岸和

---

① 张永战，朱大奎. 海岸带——全球变化研究的关键地区［J］. 海洋通报，1997，16（3）：69－80.

② Crossland，C. J.，D. Baird，J. －P. Ducrotoy，et al.，The coastal zone—a domain of global interactions，in *Coastal fluxes in the Anthropocene*. 2005，Springer. pp. 1－37.

③ 同上。

淤泥质海岸[①]。淤泥质海岸是由淤泥或杂以粉砂的淤泥（主要指粒径为0.05－0.01毫米的泥沙）组成，多分布在输入细颗粒泥沙的大河入海口沿岸[②]。

据《中国国家地理》2020年第10期介绍，1940年，中国海岸的淤泥质自然岸线总长达6500千米左右，是几类自然岸线中长度最长的一类，在海岸线总长中占比也最高（约36%）。淤泥质海岸可分为平原型、河口湾型和港湾型三类，广泛分布在辽宁东部沿海、辽东湾、渤海湾、莱州湾、苏东海岸、长江口、浙闽港湾和珠江口外等岸段。可在仅仅几十年间，淤泥质自然岸线的长度急剧降低。据中国科学院烟台海岸带研究所的数据，1990年降低到约4300千米，2020年时仅余约1440千米（其他研究报告公布的数据甚至更低），在几类自然岸线中降低幅度最大、最剧烈。急剧缩减的淤泥质自然岸线的背后，是人类规模浩大、历史悠久的围垦开发工程。此类海岸的特性为岸线平直、滩面宽广、坡度平坦，大部分还在向大海持续淤积延伸，适宜围垦，是潜在的巨量土地资源，具有巨大经济价值。然而，经历了二十世纪六七十年代的“向海要地，与海争粮”大潮、八九十年代的滩涂围垦养殖以及21世纪以来以工业发展为主的海岸开发，我国淤泥质海岸经过这三轮围垦，已经面目全非，自然岸线所剩无几[③]。

1.2 土地利用变化及其生态响应是地球科学研究的前沿和热点

人类是地球生物圈的组成部分之一，其生存和发展是随着地球环境演化而产生并发展的，并不断改变着地球上原始自然环境，形成了日益复杂的人工环境和社会环境。就人类生存的环境而言，地球是一个巨大、平衡的生态系统，由各种生物因素和非生物物理因素组成，该系统维持着人类的生存和进一步发展，具有重要的生态功能。随着科学技术的不断发展，人类活动对环境的影响日益加剧，尤其是20世纪中期以来，人口激增、环境污染、能源和资源短缺等诸多全球性重大问题日益凸显，在开发利用资源以发展经济和

① 沈锡昌．世界海岸分类浅议［J］．海洋石油，1993（02）：79－82.

② 崔军祥，夏元斌．适航水深技术在珠江口航道及港口应用分析［J］．价值工程，2012，31（009）：65－66.

③ 佚名．淤泥质海岸 贡献新土地最多，长度减少最剧烈［J］．中国国家地理，2020（10）．

创造财富的同时，人类也对自然资源及环境产生了巨大的影响。人们越来越认识到人类活动与气候、生态过程、生物地球化学循环、物种多样性等问题有着极其密切的联系，人类活动与环境变化的相互作用是当今地理学研究中最为重要的科学问题和社会需求①。

土地是人类赖以生存与发展的重要资源和物质保障，同时土地作为人类活动最直接的一种表现形式，也是人与自然相互作用的直接载体，它的利用方式与覆被变化是人口—资源—环境这个动态复杂巨系统最为基础的部分②。自 1995 年国际地圈生物圈计划（IGBP）和全球环境变化中人文领域计划（HDP）联合提出土地利用覆被变化（LUCC）研究计划以来③，相关研究在国内外普遍展开，业已成为目前全球变化研究的前沿和热点问题④⑤。土地利用变化一方面与自然环境演变相关；另一方面与不断增强的人类活动密切联系，是自然与人文过程交叉最为密切的产物⑥，进而对诸如土地退化、温室气体排放、生物多样性减少等全球环境变化问题产生影响。在几十年甚至百年的尺度上，由自然因素引起的环境变化程度相对较小，而人类活动导致的环境变化，在强度上超过了自然因素所引起的环境变化，逐渐成为主要因素⑦。土地利用及土地覆盖变化对气候、水循环、生物地球化学循环、生物多样性等各个方面均造成了深刻影响，进而对生态系统的服务功能产生重大影响⑧。因此，土地利用/覆盖变化过程及其生态环境效应，成为当前全球变

---

① 蔡运龙，宋长青，冷疏影．中国自然地理学的发展趋势与优先领域［J］．地理科学，2009，29（5）：619 -626.

② 李毅娜，段汉明．土地利用/覆盖变化研究进展［J］．陕西师范大学学报（自然科学版），2008，S2（S2）：68 -68.

③ Pieri，C.，J. Dumanski，A. Hamblin，et al.，Land quality indicators［M］. The World Bank，1996.

④ 陈百明，刘新卫，杨红．LUCC 研究的最新进展评述［J］．地理科学进展，2003，022（001）：22 -29.

⑤ 李秀彬．全球环境变化研究的核心领域——土地利用/土地覆被变化的国际研究动向［J］．地理学报，1996（6）.

⑥ Turner，B. L.，D. Skole，S. Sanderson，et al. Land - use and land - cover change：science/research plan［J］.［No source information available］，1995.

⑦ 叶笃正，符淙斌．全球变化的主要科学问题［J］．大气科学，1994，18（004）：498 -512.

⑧ Assessment，M. E.，Ecosystems and human well - being［M］. United States of America：Island press，Vol. 5. 2005.

化研究的热点问题，也是21世纪我国地理学综合研究的主要领域之一①。

生态系统（ecosystem）指由包括人在内的生物群落与无机环境构成的统一整体，其所具有的生态系统服务功能形成和维持着人类赖以生存和发展的环境条件与效用，是人类赖以生存和发展的基础②。人类活动对生态系统的长期压力和破坏，导致生态系统功能退化，进而对人类福祉产生重要影响，威胁人类的安全与健康，直接威胁着区域乃至全球的生态安全③。20世纪80年代联合国世界环境与发展委员会提交了题为《我们共同的未来》的报告，系统分析了人类面临的一系列重大经济、社会、环境问题后，提出了“可持续发展的概念”，并深刻指出生态压力对经济发展带来的重大压力和存在的安全性问题。2005年，国际地圈生物圈计划（IGBP）和国际全球变化人文因素计划（IHDP）两大国际组织，联合推出了全球土地计划（GLP），作为全球变化与陆地生态系统（GCTE）和土地利用/覆盖变化（LUCC）两个科学计划的延续，其核心是量测、模拟和理解人类－环境耦合系统，评估人类－环境耦合系统变化对生态系统的影响则是其重要内容之一④。同年，联合国发布了“千年生态系统评估”综合报告，首次对全球生态系统过去、现在及未来状况进行评估，重点探讨生态系统变化对生态系统服务功能的影响⑤。

由此可见，地球生命系统与环境的生态安全问题已经被提到了人类议事日程上。长期以来，对于“安全”，更多的是关注军事安全，20世纪末人们开始关注经济安全，进入21世纪以来，人们开始关心和要求生态安全，生态系统出现问题，人类无法生存，严重的可能影响到一个国家或者地区的安全。所谓生态安全，是指一个国家或人类社会生存发展所需要的生态环境不受或者少受破坏与威胁的状态，即使生物与环境、人类与地球生态系统之间

---

① 宋长青，冷疏影．21世纪中国地理学综合研究的主要领域［J］．地理学报，2005，60（004）：546－552.

② Daily，G. C.，Nature's services：societal dependence on natural ecosystems［M］．Washington，DC：Island Press，1997.

③ 傅伯杰，陈利顶，马克明，等．景观生态学原理及应用［M］．北京：科学出版社，2009.

④ GLP. Science plan and implementation strategy［J］．（IGBP Report No. 53/IHDP Report No. 19），2005.

⑤ Assessment，M. E.，Ecosystems and human well－being［M］．United States of America：Island press，Vol. 5. 2005.

保持正常的功能与结构。因此，生态安全作为国家、民族和社会安全的基石，是军事安全、政治安全和经济安全的重要组成部分。人类活动对资源的开发利用是产生区域生态与环境安全问题的重要根源，以土地利用与覆被变化为典型代表的景观格局特征是人类活动的直接体现，研究土地生态安全、保持土地生态系统的结构和功能的健康和完整具有重要意义。LUCC 是土地资源生态安全状态改变的最主要的驱动因素，集中体现了人类改造地球表面的景观过程，也影响着物质循环和能量分配。景观生态学强调空间格局与生态过程以及生态功能之间的联系，景观结构和景观格局不仅是景观异质性的具体表现，又是各种复杂的生态过程在不同尺度上作用的综合结果，景观结构显示的各种生态影响的空间分布和梯度变化特征使各种空间分析的手段成为可能①。

1.3 粮食安全是国家安全的基础

粮食安全一直是科学界、政府、社会等各个领域关心的热点问题。2008 年粮食危机席卷全球，美国也未能幸免，而且美国不断将粮食作为生物燃料，新一轮粮食危机即将扑面而来②。2014 年世界粮食不安全状况报告指出，据联合国粮农组织（FAO）最新估计，全球饥饿人数在持续减少，2012 - 2014 年全球约有 8 亿人口长期受食物不足困扰，比 1992 - 1994 年减少了 2.09 亿多人口，其中发展中国家占比 97.13%。中国在 1992 - 1994 年至 2012 - 2014 年这一期间将食物不足人口减少了 1.38 亿。然而，从长远来看，世界粮食种植面积增幅十分有限，耕地退化问题日趋严重，世界绝对人口数量大幅度增加，世界粮食需求增长持续，世界粮食贸易将不断扩大，因此准确把握世界人口增长、人口空间分布以及粮食供求发展趋势，对全球粮食安全具有重要意义③。

对于中国这一农业大国而言，粮食安全毋庸置疑是维持国家社会稳定的基础，中国用全球 8% 的耕地养活全球 20% 的人口，中国粮食保护任重道远。

---

① 郭泺，薛达元，余世孝，等．泰山景观生态安全动态分析与评价［J］．山地学报，2008(03)：331 - 338.

② 蔡亮．新一轮全球粮食危机的成因［J］．经济研究参考，2011（36）：19 - 19.

③ 佚名．世界粮食供求现状、趋势和对策研究［J］．中国稻米，2004（05）：1 - 5.

中国作为世界上谷物产量和消费量最大的国家，粮食生产不仅关系到国内粮食供给，而且会对世界粮食市场供求和价格产生重大的影响①。1994 年布朗发表《谁来养活中国》一文，在国内外引起了热烈反响②。1949－2012 年，我国总人口从 5.42 亿增加到了 13.54 亿，增加了 1.5 倍。从我国粮食生产情况来看，我国 2012 年生产稻谷 2.04 亿吨、小麦 1.21 亿吨和玉米 2.06 亿吨，谷物产量比 2011 年增加了 3.84%。加入 WTO 以来，我国农产品贸易快速增长，贸易规模不断增大，主要粮食品种进出口差异明显，主要表现为玉米以顺差为主，小麦进出口量波动较大，但总体上能基本供给，然而大豆进口数量一直较高，贸易逆差有扩大趋势③。中国谷物主要对法国、泰国、美国、澳大利亚和加拿大等国家进口或出口④。虽然粮食进口来源国粮食产量潜力很大，但我国在工业化和城市化进程中，认识到粮食安全的重要性，将保护基本农田作为基本国策。随着工业化、城市化飞速发展，不可避免大量宝贵的耕地资源被占用，1998－2007 年，全国耕地面积由 12955.87 万公顷（19.43 亿亩）减少为 12173.52 万公顷（18.26 亿亩），减少了约 6.04%⑤。农业部和国土资源部公布的《全国耕地质量等级情况公报》和《关于发布全国耕地质量等别调查与评定主要数据成果的公告》显示，我国长期以来的高产出、超负荷运行的粮食生产给耕地带来了巨大的负担，耕地质量大幅度下降，长期以来的化肥滥用及土壤污染导致耕地退化趋势非常明显⑥。切实保障耕地安全是我国经济发展的首要任务，因此我国必须实行世界上最严格的耕地保护制度，坚守 18 亿亩耕地红线，加大土地整理复垦开发力度，新增耕地面积，同时保证耕地质量，不断提高土地节约集约利用水平，使我国人口、资源、环境、经济、社会共同可持续发展。

---

① 刘李峰，武拉平，杨欣．中国谷物进出口贸易市场格局及特征分析［J］．粮食与油脂，2006，6：29－32.

② 陈百明．论“谁来养活中国”［J］．自然资源学报，1996，11（3）：210－215.

③ 石雨婷．我国粮食贸易格局的主要影响因素及未来发展方向研究［J］．现代农业科技，2014，22.

④ 刘李峰，武拉平，杨欣．中国谷物进出口贸易市场格局及特征分析［J］．粮食与油脂，2006，6：29－32.

⑤ 宋伟．1998－2007 年中国耕地数量及其结构变化研究［J］．经济地理，2011，31（010）：1698－1702.

⑥ 刘肖兵，杨柳．我国耕地退化明显污染严重［J］．生态经济，2015，31（3）：6－9.

1.4 海岸带土地利用变化及生态响应对沿海地区具有重要意义

海岸带是地球表层岩石圈、水圈、大气圈与生物圈相互交接、物质与能量交换活跃、各种因素作用影响最为频繁、变化极为敏感的地带，亦是地球上人口最密集、经济最发达、生物多样性最丰富但生态环境最脆弱的地区[①②③]。海岸带以其独特的地理位置和在海陆交互过程中的特殊地位和作用，使海岸带土地利用变化研究日益受到众多专家学者的关注。湿地被誉为“地球之肾”，是介于水、陆生态系统之间的一类生态单元，具有较高的生态多样性、物种多样性和生物生产力[④]，而滩涂是滨海湿地的重要类型之一，具有保护物种与生物多样性、净化环境、调节气候、稳定岸线、维系区域生态平衡等重要的生态服务功能[⑤]。滩涂不仅具有重要的生态功能，同时也是重要的后备土地资源，围垦是滩涂土地资源开发利用的重要手段。淤泥质滩涂是我国重要的耕地后备资源之一。

1.5 江苏沿海发展规划上升为国家战略

江苏省是我国经济发达省份，既是人口大省，又是陆地资源小省，人多地少是制约经济发展瓶颈之一。2008 年，全省总人口 7676.50 万人，耕地总面积 47187 平方千米，人均耕地仅 0.061hm^2，为全国平均水平的三分之二，人地矛盾日益尖锐，环境问题不断凸显。2014 年江苏省地区生产总值（GDP）排名全国第二，其产值为 6.51 万亿元。1978 年改革开放以来，江苏

---

① 张永战，朱大奎．海岸带——全球变化研究的关键地区［J］．海洋通报，1997，16（3）：69－80.

② Shi，H. and A. Singh. Status and interconnections of selected environmental issues in the global coastal zones［J］. AMBIO：A Journal of the Human Environment，2003，32（2）：145－152.

③ 王颖，朱大奎．中国海岸湿地环境特点与开发利用［J］．长江流域资源与环境，2006，15（5）：553－559.

④ Mitsch，W. J.，B. Bernal，A. M. Nahlik，et al. Wetlands，carbon，and climate change［J］. Landscape Ecology，2013，28（4）：583－597.

⑤ Costanza，R.，R. dArge，R. deGroot，et al. The value of the world's ecosystem services and natural capital［J］. Nature，1997，387（6630）：253－260.

省城市和乡村发生了翻天覆地的变化，乡村企业兴起，开发区、产业园区等相继崛起，与此相对应的，大量宝贵且优质的耕地不断地遭到蚕食。江苏省耕地保护不断采取省内异地占补等制度达到全省耕地总量动态平衡。江苏省一方面进一步提高工业化和城市化进程；另一方面为了达到耕地总量动态平衡，不断进行土地整理开发复垦工作，补充新增耕地后备资源。

2009 年《江苏沿海地区发展规划》在国务院常务会议上审核通过，江苏沿海开发已经上升为国家战略，未来 10 年江苏省沿海面临着前所未有的高强度、大规模的滩涂围垦活动。江苏沿海地区规划中规定滩涂围垦区的土地利用结构，即农用地：城镇用地：生态用地必须为 6：2：2。在规划中，江苏沿海被定位为综合交通枢纽、沿海工业基地、土地后备资源开发区。江苏沿海开发规划中预计 2009－2020 年将围填滩涂 1805 平方千米，相当于过去 50 年滩涂围垦面积总和，即将新增耕地 1083 平方千米。江苏省围垦开发分阶段开展实施如表 1－1 所示。

表 1－1　江苏沿海围垦开发规划阶段

围垦阶段（年）	围垦面积（平方千米）	用　途
2010－2012	400	滩涂围垦综合开发试验区
2013－2015	466.67	园区式综合开发试验区
2016－2020	933.33	新城镇、新能源基地、现代农业基地、港口工业区、生态休闲区

江苏海岸带滩涂面积达 5000 平方千米，以粉砂淤泥质海岸为主，占我国滩涂总面积的四分之一，是全球中纬度地区连片分布面积最大、生态类型最齐全、冲淤演变最复杂的湿地。江苏省沿海拥有 156 万公顷滩涂湿地，其中潮上带、潮间带和平均低潮下约 6m 的面积分别为 10 万公顷、26 万公顷和 120 万公顷[①②]。除了连云港以外，江苏省海岸带城镇工业开发较少，还拥有世界生物圈保护网络的盐城生物圈保护区，保护区核心区和缓冲区仍然是以自然演变过程为主，其他地方主要的开发利用方式为种植、渔业养殖和盐场

① Assessment, M. E., Ecosystems and human well－being [M]. United States of America: Island press, Vol. 5. 2005.

② 宋长青，冷疏影．21 世纪中国地理学综合研究的主要领域［J］．地理学报，2005，60（004）：546－552.

等方式。20 世纪 50 年代以来，滩涂土壤成为江苏省补充耕地的重要来源。1951 – 2008 年，江苏沿海共围垦开发了 207 个垦区，围垦滩涂面积达到 2747 平方千米，增加农用地 1393 平方千米，其中耕地 573 平方千米。未来 10 年滩涂围垦新增耕地（1083 平方千米），然而耕地土壤由滩涂开垦而来，土壤盐渍化严重，需要经历长期的改良过程。因此，江苏省 2009 – 2020 年沿海开发规划新增的耕地需要在未来 20 – 30 年体现其耕地资源的价值。然而，随着江苏沿海滩涂围垦开发活动的加剧，土地污染、水质恶化、赤潮频发、生物多样性丧失、海岸冲淤变化加剧等生态环境问题也日益凸显，江苏沿海未来的可持续发展面临巨大的挑战。

第 2 章 国内外沿海滩涂围垦研究进展

随着全球社会经济发展，滩涂围垦开发与利用成为海岸带地区人类活动的重要方式之一。海岸带是全球环境变化的关键区域，自身存在特定的发展规律。人类滩涂围垦开发后，滩涂沉积脱离海洋环境，海岸带地区环境不断发生演变。本章节首先阐述海岸带滩涂的相关概念，并介绍全球海岸带滩涂围垦开发情况；其次对土地利用变化过程、驱动力及模拟研究、人类活动对土壤理化性质演变的影响、粮食产能、土地生产潜力模型、滩涂围垦的生态效应等进行国内外综述。

2.1 海岸带滩涂相关概念

海岸或海岸带使海洋与陆地分类，时淹时露，曾是海陆之交，但目前已脱离海水而为陆地或沉入海水中者为古海岸①。海岸带（图 2.1）是一个在时空上具有相对独特性的环境，如海陆温、压差异，海陆相互作用的一个突出效应是海岸带的风力、波浪、潮汐等动力作用以及泥沙运动等均有增强效应②。

沿海滩涂原为我国沿海渔民对淤泥质潮间带的俗称，其概念的界定，目前学术界尚未达成共识③。很多学者将滩涂、海滩、海涂、潮坪和潮滩混淆等同④⑤。潮滩（或潮坪），是海岸带海水周期性涨落潮作用下的潮间带滩地，范围通常是以平均高潮位为上限，其下限与平均低潮位的位置相当，其

---

① 沈锡昌．世界海岸分类浅议［J］．海洋石油，1993（02）：79－82.

② 张永战，朱大奎．海岸带——全球变化研究的关键地区［J］．海洋通报，1997，16（3）：69－80.

③ 彭建，王仰麟．我国沿海滩涂的研究［J］．北京大学学报（自然科学版），2000（6）：832－839.

④ 试论我国沿海滩涂资源的自然条件特征及利用途径［J］．土壤通报，1983，2：001.

⑤ 章大初．海滩地形遥感测量研究——以江苏省淤泥质海岸为例［J］．科学通报，1985（01）：57－57.

间又可按不同潮位的作用部位，将潮滩分为高潮滩、中潮滩、低潮滩三个部分①。然而，海涂特指淤泥质海岸的潮间带浅滩②③，是高潮位和低潮位之间的泥滩；而海滩指砂质海岸的潮间带海滩，二者内涵远不及滩涂和潮滩广④。本书所涉及的滩涂是指海涂，系淤泥质潮滩的泛称。江苏省潮间带的上限是平均大潮高潮位和海堤，下限为理论基准面。江苏省海岸带海涂资源综合考察队采用废黄河为零点的零米线替代⑤。根据全国海岸带综合调查土壤专业组规暂行规定，潮间带土壤称为潮滩盐土，是滨海盐土的一个亚类⑥。潮上带土壤中进行草甸化过程，土壤开始脱盐，但仍然残留盐分，成为草甸滨海盐土，也是滨海盐土的一个亚类⑦。

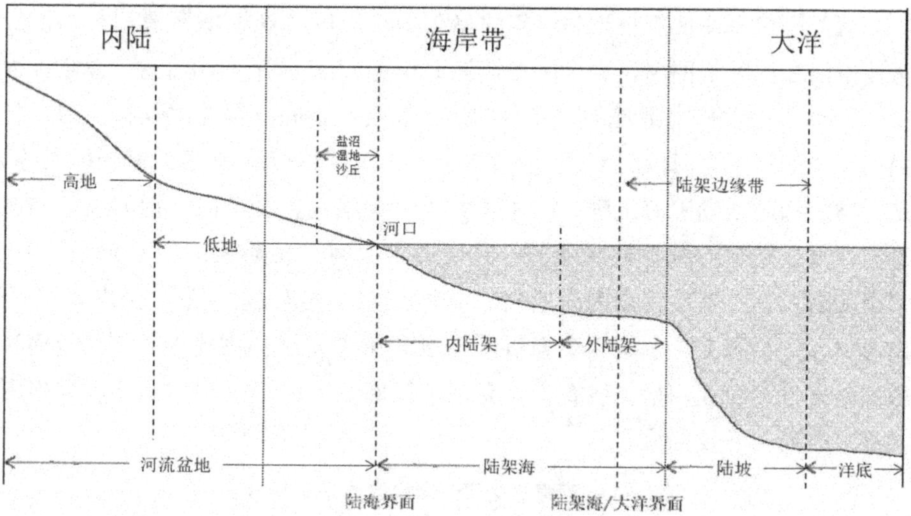

图2.1　海岸带——陆海交互地区⑧

---

① 刘苍字，虞志英，陈德昌．江苏北部淤泥质潮滩沉积特征和沉积模式的探讨［J］．上海师范大学学报（自然科学版），1980（04）：83-96.

② 彭建，王仰麟．我国沿海滩涂的研究［J］．北京大学学报（自然科学版），2000（6）：832-839.

③ 陈邦本，方明．江苏海涂土壤的形成与开发［J］．南京农业大学学报，1989，2：013.

④ 彭建，王仰麟．我国沿海滩涂的研究［J］．北京大学学报（自然科学版），2000（6）：832-839.

⑤ 陈邦本，方明．江苏海涂土壤的形成与开发［J］．南京农业大学学报，1989，2：013.

⑥ 同上。

⑦ 同上。

⑧ 张永战，朱大奎．海岸带——全球变化研究的关键地区［J］．海洋通报，1997，16（3）：69-80.

2.2 全球海岸带滩涂围垦开发利用

全球70%地表为海洋覆盖，海岸滩涂开发是人类开发活动中的一项重要的系统工程，是人类在地球表面拓展生存空间和生产空间的重要手段。陆地资源贫乏的沿海国家对海岸滩涂资源开发极其重视。国外海岸滩涂资源开发可分为生存空间拓展型、工业产业带发展型和城市化扩展型等①②。

2.2.1 生存空间拓展型——荷兰

荷兰围填海造地有将近800年的悠久历史，以大规模填海造地与洪涝灾害斗争而在国际上闻名。至今围海造地面积有1350万亩，约占荷兰总陆地面积的25%。荷兰围海造地的主要目的是拓展生存空间。须德海是荷兰西北部面向北海的一个大海湾，周围都是陆地。1920年须德海围海工程开始实施，是一项大型的挡潮围海工程，需要建立拦河大坝和5个垦区。拦河大坝横截海湾颈部，把须德海与外海隔开，并引进莱茵河、马斯河的淡水到须德海，形成艾瑟尔湖，然后将户内洼地分为5个垦区，分期围垦开发。由表2-1可以看出，须德海艾瑟尔湖4个围垦区土地利用方式结构占比中，52.5%面积被围垦开发为农业用地。第5个马克瓦尔德垦区，由于受到生态环境保护者的反对，尚未开发完成。

表2-1 须德海艾瑟尔湖垦区土地利用状况

垦区名称	开发年代	总面积	农用地	林地	城市用地	基础设施用地
Wieringer - meer	1927 - 1930	20000	17400	600	200	1800
North - eastpolder	1937 - 1942	48000	41760	2400	480	3360
EastFlevo - land	1950 - 1957	54000	40500	5940	4320	3240
SouthFlevo - land	1959 - 1968	43000	21500	7700	10750	3050
总计（公顷）		165000	103760	16640	15750	11450
占比（%）		100	52.5	11.1	9.5	6.5

备注：资料来源于华北平原农业项目考察组，《赴荷兰考察报告》，1985.4.

---

① 张永战，朱大奎．海岸带——全球变化研究的关键地区［J］．海洋通报，1997，16(3)：69-80.

② 杨宏忠．江苏海岸滩涂资源可持续开发的战略选择．2012，中国地质大学（北京）：北京．

2.2.2 工业发展型——日本

日本国土面积狭小，山地丘陵约占国土面积的 66% 左右，平原面积狭小且分散。日本是世界上海岸线最长的国家之一。日本海岸线约为 3.3 万千米，曲折的海岸除了便于海运以外，更有利于沿岸填海造地。历史上，日本一直为扩大耕地面积而不断地围海造地。自明治维新以后，特别是 20 世纪 50 年代日本进入快速发展阶段，开发滩涂资源、填海造地更重要的目的是为了工业发展和为城市建设开发更多的空间。由于国土面积狭小，缺乏可供使用的土地，在两次国土规划推动下，日本填海造地进入了一个前所未有的高峰期。20 世纪 60 年代以来，日本政府将经济发展中心从工业向开发海洋和发展海洋产业转移，推动全国“海洋立国”战略的实施。

2.2.3 城市化扩展型——美国

西濒太平洋、东临大西洋的美国是海陆兼备的国家，海岸线全长 2.27 万千米。美国虽然人少地多，但是全国一半以上的人口聚集在沿海区域，随着人口增加和城市化的推进，沿海地区城市面积以及休闲旅游地不断扩张。美国现代滩涂围垦工程以波士顿为代表。19 世纪 30 年代，随着波士顿城市的发展，“三山”（弗农山、盘波顿山以及灯塔山）的地势不能满足城市扩张的需求，因此从 19 世纪初期起位于市中心的“三山”开始逐渐被削平，铲出的土石用来填充了北湾。

2.2.4 其他国家滩涂围垦

韩国人多地少，国土资源空间小，海岸线较长，通过围海造陆扩大陆域空间和海域空间的潜力巨大。韩国围海造地经历了 20 世纪 60 年代开始以农业为主的大规模围垦到 80 年代以后控制和缩减围垦规模的变化过程，其中最具有代表性的是 1991 年和 2006 年建成的新万金工程①。在全球很多其他海岸带国家也不断开展着滩涂围垦开发活动，比如阿联酋迪拜的人工岛，就是为了实现石油经济向旅游经济转型的成功案例，还有新加坡的裕廊工业区。在东亚，越南和泰国等，也存在较强的滩涂围垦开发活动。

---

① 张芳怡．国外围海造地实践对江苏沿海围垦开发的启示［J］．江苏科技信息，2014（17）：49－50.

2.2.5 国内滩涂围垦开发

我国由于受到改革开放带来的经济迅猛发展、城市化及工业化迅猛发展的影响，对海岸滩涂资源的开发意识日渐觉醒，人们开始向大海要地来满足产业对土地的需求。国内滩涂围垦工程大致分为四类：第一，工业发展型，如河北曹妃甸工业区；第二，综合功能扩张类型，比如上海临港新城；第三，生存空间拓展型，比如浙江温州瓯江口开发工程；第四，城市空间拓展型，比如香港国际机场工程；第五，优势资源集约型，比如江苏省如东太阳岛开发[①]。

2.3 土地利用变化过程、驱动力及模拟研究

土地利用变化直接反映了人类活动对全球变化的影响[②]，频繁的人类活动也加剧了土地利用变化过程[③]，人类活动与土地利用变化之间关系的探讨可以通过对人类活动—土地利用变化—环境反馈之间的动力学与相互作用机制的认识展开。相关研究大致分为两种，一种是以问题为导向、驱动因子为基础，建立在时间维度上宏观层面的土地利用变化（国家、区域和局地）和微观层面（条件和行为）的动力学反馈机制，涵盖资源的可持续发展、社会经济生态环境等情景的经验模型[④]，最具代表性的如 CLUE/CLUE - S 模型[⑤⑥]。另一种则是以过程为导向，通过转换规则和校正方案，反演土地利用变化的空间格局，以人地互动的结果预测和规划未来土地利用情景的时间空

① 杨宏忠. 江苏海岸滩涂资源可持续开发的战略选择. 2012，中国地质大学（北京）：北京.

② Turner, B. L., D. Skole, S. Sanderson, et al. Land - use and land - cover change: science/research plan [J]. [No source information available], 1995.

③ Koomen, E. and J. Stillwell, Modelling land - use change, in *Modelling land - use change.* 2007, Springer. pp. 1 - 22.

④ Coleman, J. S., Foundations of social theory [M]. Harvard university press, 1994.

⑤ Veldkamp, A. and L. Fresco. CLUE - CR: an integrated multi - scale model to simulate land use change scenarios in Costa Rica [J]. Ecological modelling, 1996, 91 (1 - 3): 231 - 248.

⑥ Verburg, P., G. De Koning, K. Kok, et al. A spatial explicit allocation procedure for modelling the pattern of land use change based upon actual land use [J]. Ecological modelling, 1999, 116 (1): 45 - 61.

间都离散的动态模型[①②]，以元胞自动机模型（CA）和多智能体模型（MAS）为代表。其中，CA模型作为一种具有时空动态特征的动力学方法以其强大的空间运算能力和简洁的表达方式广泛地运用于土地利用扩张和演化的模拟研究中[③④⑤]，但同时它也是尺度敏感的模型[⑥⑦]，而在海岸带区域以及滩涂围垦区研究中对元胞尺度效应的问题鲜有涉及。MAS模型则是另一种被广泛接受的探讨人类对自然与社会经济环境变化的适应机制的模拟方法，它也是土地利用变化和环境效应模拟研究的一个重要趋势[⑧⑨]。

国内土地利用变化研究经过近30年的发展，也逐渐从大中尺度的宏观

---

① Mertens, B. and E. F. Lambin. Land - cover - change trajectories in southern Cameroon [J]. Annals of the association of American Geographers, 2000, 90 (3): 467 - 494.

② Almeida, C. M. D., A. M. V. Monteiro, G. Camara, et al. GIS and remote sensing as tools for the simulation of urban land - use change [J]. International Journal of Remote Sensing, 2005, 26 (4): 759 - 774.

③ Clarke, K. C., S. Hoppen, and L. Gaydos. A self - modifying cellular automaton model of historical urbanization in the San Francisco Bay area [J]. Environment and planning B: Planning and design, 1997, 24 (2): 247 - 261.

④ Ward, D. P., A. T. Murray, and S. R. Phinn. Integrating spatial optimization and cellular automata for evaluating urban change [J]. The Annals of Regional Science, 2003, 37 (1): 131 - 148.

⑤ Mathey, A. - H., E. Krcmar, S. Dragicevic, et al. An object - oriented cellular automata model for forest planning problems [J]. Ecological modelling, 2008, 212 (3 - 4): 359 - 371.

⑥ Jantz, C. A. and S. J. Goetz. Analysis of scale dependencies in an urban land - use - change model [J]. International Journal of Geographical Information Science, 2005, 19 (2): 217 - 241.

⑦ Ménard, A. and D. J. Marceau. Exploration of spatial scale sensitivity in geographic cellular automata [J]. Environment and Planning B: Planning and Design, 2005, 32 (5): 693 - 714.

⑧ Parker, D. C., S. M. Manson, M. A. Janssen, et al. Multi - agent systems for the simulation of land - use and land - cover change: a review [J]. Annals of the association of American Geographers, 2003, 93 (2): 314 - 337.

⑨ Ligtenberg, A., M. Wachowicz, A. K. Bregt, et al. A design and application of a multi - agent system for simulation of multi - actor spatial planning [J]. Journal of environmental management, 2004, 72 (1 - 2): 43 - 55.

研究转向小尺度的微观研究①②③④⑤⑥⑦，研究的区域也从经济发展迅速、快速城市化等社会经济增长显著典型的地区延伸到生态脆弱、环境特殊的海岸带地区⑧⑨⑩⑪。研究的重点由早期的驱动力因素分析转向驱动力机制及生态响应研究⑫⑬⑭⑮，并试图以此解释土地利用变化的内在机理和变化机制。我国土地利用变化研究方法大致可以分为以探讨土地利用空间聚集特征为主的宏观、静态的分析方法，和以模拟预测为主、反映土地利用时空变化过程的动态分析方法。静态的分析方法多采用景观指数、土地利用指数等，结合梯

---

① 杨桂山．长江三角洲近 50 年耕地数量变化的过程与驱动机制研究［J］．自然资源学报，2001，16（2）：121 –127.

② 葛全胜，赵名茶，郑景云．20 世纪中国土地利用变化研究［J］．地理学报，2000，67（6）：698 –706.

③ 龙花楼，李秀彬．长江沿线样带土地利用格局及其影响因子分析［J］．地理学报，2001，68（4）：417 –425.

④ 田光进，刘纪远，庄大方．近 10 年来中国农村居民点用地时空特征［J］．地理学报，2003（5）：651 –658.

⑤ 王鹏飞，鲁奇，傅桦．1980 年以来北京农用地时空演变与驱动力［J］．ACTA GEOGRAPHICA SINICA，2005，60（6）.

⑥ 张健，濮励杰，陈逸，等．区域经济可持续发展趋势及空间分布特征［J］．地理学报，2010，62（10）：1041 –1050.

⑦ Qian，M.，L. Pu，M. Zhu，et al. Spatial optimization method for sustainable multiobjective land use allocation. in 2010 18*th International Conference on Geoinformatics*. 2010. IEEE.

⑧ 王颖，朱大奎．中国海岸湿地环境特点与开发利用［J］．长江流域资源与环境，2006，15（5）：553 –559.

⑨ Zhu，M.，N. Jiang，J. Li，et al. The effects of sensor spatial resolution and changing grain size on fragmentation indices in urban landscape［J］. International Journal of Remote Sensing，2006，27（21）：4791 –4805.

⑩ Liu，Y.，L. Wang，and H. Long. Spatio – temporal analysis of land – use conversion in the eastern coastal China during 1996 – 2005［J］. Journal of Geographical Sciences，2008，18（3）：274 –282.

⑪ 欧维新，杨桂山，李恒鹏，等．苏北盐城海岸带景观格局时空变化及驱动力分析［J］．地理科学，2004，24（5）：610 –615.

⑫ 濮励杰，周峰，彭补拙．长江三角洲地区县域耕地变化驱动要素研究——以原锡山市为例［J］．南京大学学报（自然科学版），2002（06）：779 –785.

⑬ 张芳怡，濮励杰，张健．基于能值分析理论的生态足迹模型及应用——以江苏省为例［J］．自然资源学报，2006，21（4）：653 –660.

⑭ 涂小松，濮励杰．苏锡常地区土地利用变化时空分异及其生态环境响应［J］．地理研究，2008，27（3）：583 –593.

⑮ Jiqun，W.，P. Lijie，and L. Shanchi. The spatial – temporal changes of the ecosystem service value by land use and land cover change in Circum – Taihu Lake region. in 2010 18*th International Conference on Geoinformatics*. 2010. IEEE.

度分析和空间统计①方法探讨土地利用变化等的集聚指数、空间自相关性、关联度等空间聚集特征。动态的分析方法则通过建立模型来探讨土地利用变化时空格局动态模拟的理论与方法②。CLUE－S模型、CA模型以及MAS模型被广泛运用到各个尺度、各种类型的土地利用变化和模拟中③④⑤⑥⑦⑧。其中，黎夏等学者⑨通过对CA模型转换规则的不断修正和创新，使得模拟结果日趋合理。由于我国在海岸带土地利用变化方面的研究起步较晚，与土地利用变化相结合的研究很少⑩，导致目前我国海岸带的土地利用变化研究以静态方法为主，除了少量研究尝试使用动态手段进行海岸带土地利用的配置之外⑪，采用动态手段探讨海岸带以及滩涂围垦区土地利用演化机制并进行预测的研究较为鲜见。

2.4 海岸带海涂土壤质量变化过程

海涂土壤是零米线以上潮滩发育形成⑫。海岸带地区由于地处陆海交界

---

① 刘纪远，张增祥，庄大方，等．20世纪90年代中国土地利用变化时空特征及其成因分析［J］．地理研究，2003，22（1）：1－1.

② 刘彦随，陈百明．中国可持续发展问题与土地利用/覆被变化研究［J］．地理研究，2002，021（003）：324－330.

③ 段增强，P. H. Verburg，张凤荣，等．土地利用动态模拟模型的构建及其应用——以北京市海淀区为例［J］．地理学报，2004，059（006）：1037－1047.

④ 杨青生，黎夏．基于遗传算法自动获取CA模型的参数——以东莞市城市发展模拟为例［J］．地理研究，2007，26（002）：229－237.

⑤ 张鸿辉，曾永年，金晓斌，等．多智能体城市土地扩张模型及其应用［J］．地理学报，2008，063（008）：869－881.

⑥ 刘小平，黎夏，艾彬，等．基于多智能体的土地利用模拟与规划模型［J］．地理学报，2006，61（010）：1101－1112.

⑦ 黎夏，刘小平，何晋强，等．基于耦合的地理模拟优化系统［J］．地理学报，2009，64（8）：1009－1018.

⑧ 陈海，杨维鸽，梁小英，等．基于Mult－i Agent System的多尺度土地利用变化模型的构建与模拟［J］．地理研究，2010，29（8）.

⑨ 黎夏，叶嘉安．基于神经网络的单元自动机CA及真实和优化的城市模拟［J］．地理学报，2002，57（2）：159－166.

⑩ 欧维新，杨桂山．土地利用/覆被变化对海岸环境演变影响的研究进展［J］．地理科学进展，2003，22（4）：360－368.

⑪ 张学儒，王卫，P. H. Verburg，等．唐山海岸带土地利用格局的情景模拟［J］．资源科学，2009（8）：1392－1399.

⑫ 陈邦本，方明．江苏海涂土壤的形成与开发［J］．南京农业大学学报，1989，2：013.

处，是目前以及未来人口高度聚集区域。海涂土壤是海岸带地区最为重要的环境因子之一，受到自然过程和人类活动双重影响，土壤质量不断发生变化。

2.4.1 海涂土壤理化性质自然变化过程

海涂土壤的形成是以潮间带沉积物的沉积为前提的，潮间带不断淤长，海涂土壤不断形成，潮间带冲蚀使得海涂土壤消失①。根据沉积物的沉积规律，低潮带内潮汐的动能大，沉积物为推移质，由细砂－粗粉砂的颗粒组成；潮水进入高潮带内因受到沿途潮间浅滩的消能作用，流速减小，沉积物主要为颗粒较细的粉砂－黏粒的悬移质②。淤长型海滩的发育顺序为板沙滩、浮泥滩、盐蒿滩和草滩，其中板沙滩一般位于低潮带，浮泥滩位于中潮带，盐蒿滩位于高潮带，草滩位于潮上带。海涂土壤盐分在自然演变环境下，受到潮汐作用、潮滩发育过程和植物群落的演替等因素的影响而变化③，海涂土壤经历海水盐渍、地表积盐和地表脱盐的过程，江苏省海岸带海涂土壤盐分变化如表2－2所示。海涂土壤潜水矿化度在不同滩涂分带表现为高潮带＞中低潮带＞潮上带。对于土壤肥力自然变化过程，由于低－中潮滩地表只有低等藻类，生物积累薄弱，土壤有机物主要来源于沉积物本身。高潮滩虽然有盐蒿植被生长，但是生物量很小，对土壤有机质积累作用较小；潮上带内有獐毛草、白茅草等草甸植物的生长，土壤表层存在有机质积累。

表2－2　江苏海岸带海涂土壤盐分自然变化过程

滩涂分带	东沙滩		丹顶鹤自然保护区		东台市	
	滩涂类型	全盐量（%）	滩涂类型	全盐量（%）	滩涂类型	全盐量（%）
潮上带	－	－	－	－	白茅滩	0.18
	－	－	獐毛滩	0.55	獐毛滩	0.33
高潮带	盐蒿滩	1.60	盐蒿滩	0.91	獐毛－盐蒿滩	0.75
	－	－	－	－	盐蒿滩	1.20
中潮带	光滩	0.90	浮泥滩	0.71	－	－
低潮带	板沙滩	0.77	板沙滩	0.64	板沙滩	0.52

① 陈邦本，方明．江苏海涂土壤的形成与开发［J］．南京农业大学学报，1989，2：013.
② 同上。
③ 同上。

2.4.2 滩涂围垦后土壤理化性质变化过程

海岸带滩涂围垦后，滩涂土壤脱离了海洋环境，不受海水盐渍作用，存在地表积盐特征，表层土壤盐分很高，粮食作物基本不能生长。20 世纪 50 年代以来，海岸带居民开展种植田菁、淡水养殖以及种植粮食作物达到不断改良盐碱土的目的①②，但土壤改良周期较长。不同土壤理化性质在不同地区变化过程不一。不同地区土壤有机质和全氮变化过程不同。山东渤海湾和杭州湾盐生植被滩围垦后，土壤有机质和全氮不断下降，有机质下降约 40% - 50%，全氮下降约 25% - 40%，约 30 - 40 年后逐渐增加③④，而光滩围垦土壤有机质含量不断增加⑤。然而不管是盐生植被滩还是光滩被围垦，土壤盐分和 pH 值均处于不断减少的状态⑥⑦⑧，21 世纪以来土壤脱盐技术不断多样

---

① Wang, Y., Z. -L. Wang, X. Feng, et al. Long - term effect of agricultural reclamation on soil chemical properties of a coastal saline marsh in Bohai Rim, Northern China [J]. PloS one, 2014, 9 (4): e93727.

② 许艳，濮励杰. 江苏海岸带滩涂围垦区土地利用类型变化研究——以江苏省如东县为例 [J]. 自然资源学报，2014，29 (4)：643 - 652.

③ Wang, Y., Z. -L. Wang, X. Feng, et al. Long - term effect of agricultural reclamation on soil chemical properties of a coastal saline marsh in Bohai Rim, Northern China [J]. PloS one, 2014, 9 (4): e93727.

④ 吴明，邵学新，胡锋，等. 围垦对杭州湾南岸滨海湿地土壤养分分布的影响 [J]. 土壤，2008，40 (5)：760 - 764.

⑤ 金雯晖，杨劲松，王相平. 滩涂土壤有机碳空间分布与围垦年限相关性分析 [J]. 农业工程学报，2013 (5)：89 - 94.

⑥ Wang, L., N. A. Coles, C. Wu, et al. Spatial variability of heavy metals in the coastal soils under long - term reclamation [J]. Estuarine Coastal and Shelf Science, 2014, 151: 310 - 317.

⑦ Xu, Y., L. Pu, M. Zhu, et al. Spatial variation of soil salinity in the coastal reclamation area, eastern China [J]. Journal of Coastal Research, 2014, 30 (2): 411 - 417.

⑧ Zhou, S., J. -L. Cheng, M. -X. Huang, et al. Assessing reclamation levels of coastal saline lands with integrated stepwise discriminant analysis and laboratory hyperspectral data [J]. Pedosphere, 2006, 16 (2): 154 - 160.

化，包括物理、化学、生物和组合等①②③④⑤⑥⑦⑧。滩涂围垦后pH值达到稳定需要10年，土壤有机质达到稳定需要30年，土壤盐分达到稳定需要60年的时间⑨。土壤全磷随着围垦年限不断的增加，围垦50年后全磷增加约76%⑩，但也有学者研究发现全磷随着围垦后而不断减少⑪⑫，由于原来湿地中土壤有机磷含量很高，随着土壤排水条件改变，土壤逐步从厌氧环境转变为有氧环境，有机磷不断分解，吸附的磷增加，土壤磷吸附容量减小。随着人类围垦土壤碱解氮、速效磷含量受随机因素影响较大⑬。有学者比较滨海盐碱地不同土地利用方式对土壤理化性质的影响，得到滨海湿地土壤盐碱化程度高，种植农作物后，土壤pH降低，且有机质、全氮、硝态氮、铵态氮和全磷含量相对较高，与土壤肥力相关的碱性磷酸酶、脱氢酶和FDA水解酶

---

① 陈影影，符跃鑫，张振克，等．中国滨海盐碱土治理相关专利技术评述［J］．中国农学通报，2014（11）：279－285.

② 程镜润，陈小华，刘振鸿，等．脱硫石膏改良滨海盐碱土的脱盐过程与效果实验研究［J］．中国环境科学，2014，34（6）：1505－1513.

③ 李素艳，翟鹏辉，孙向阳，等．滨海土壤盐渍化特征及土壤改良研究［J］．应用基础与工程科学学报，2014，22（6）：1069.

④ 刘莉萍，刘兆普，隆小华．2种盐土改良剂对苏北滨海盐碱土壤盐分及植物生长的影响［J］．水土保持学报，2014，28（2）：127G131.

⑤ 南江宽，陈效民，王晓洋，等．石膏与肥料配施对滨海盐土降盐抑碱的效果研究［J］．南京农业大学学报，2014，37（4）：103－108.

⑥ 王立艳，潘洁，肖辉，等．种植耐盐植物对滨海盐碱地土壤盐分的影响［J］．华北农学报，2014，29（5）：226－231.

⑦ 王相平，杨劲松，姚荣江，等．微咸水灌溉对苏北海涂水稻产量及土壤盐分分布的影响［J］．灌溉排水学报，2014，33（02）：107－109.

⑧ 谢小丁，邵秋玲，李扬．九种耐盐植物在滨海盐碱地的耐盐能力试验［J］．湖北农业科学，2007，46（4）：559－561.

⑨ Wang，L.，N. Coles，C. Wu，et al. Effect of Long－Term Reclamation on Soil Properties on a Coastal Plain，Southeast China［J］．Journal of Coastal Research，2014，296（4）：661－669.

⑩ 吴明，邵学新，胡锋，等．围垦对杭州湾南岸滨海湿地土壤养分分布的影响［J］．土壤，2008，40（5）：760－764.

⑪ Huang，L.，J. Bai，B. Chen，et al. Two－decade wetland cultivation and its effects on soil properties in salt marshes in the Yellow River Delta，China［J］．Ecological Informatics，2012，10（7）：49 － 55.

⑫ Sigua，G. C.，S. W. Coleman，and J. Albano. Beef cattle pasture to wetland reconversion：impact on soil organic carbon and phosphorus dynamics［J］．Ecological Engineering，2009，35（8）：1231－1236.

⑬ Sun，Y.，X. Li，ü. Mander，et al. Effect of reclamation time and land use on soil properties in Changjiang River Estuary，China［J］．Chinese Geographical Science，2011，21（4）：403－416.

等活性也不断增强①。

由上可知，滩涂围垦后土壤质量变化过程，与滩涂围垦前自然状态以及围垦后人类开发利用方式均存在密切联系，需要在众多地区开展广泛研究，比较滩涂围垦对土壤质量的变化过程。目前，对于沿海滩涂围垦区滩涂土壤研究主要集中在滩涂土壤综合评价方面，对于围垦后土壤理化性质的演变研究较少。

2.4.3 土壤质量评价指标体系

从20世纪80年代以来，土壤质量评价成为国内外土壤科学研究的热点。1985年美国实施土壤保护，防止水土流失、泥沙沉积等。加拿大农业部门1989年在全国23个地方设立试验站，监测土壤变化。1991－1992年美国两届关于土壤质量问题的学术讨论会后，于1994年发表《土壤质量与持续环境》(*Defining Soil Quality for a Sustainable Environment*)，科学家们对土壤质量指标与定量化的方法、土壤质量评价与土壤特性和土壤利用适宜度关系作了描述。瑞典环境保护署（EPA）从1993年起，开始“综合土壤分析（ISA）”项目，研究人类活动对土壤生物过程及土壤生物的影响。20世纪90年代以来，我国也高度重视土壤质量的研究，2000年初启动“土壤质量演变规律与持续利用”项目，着重加强对土壤（红壤、潮土、黑土和水稻土）的质量演变和可持续利用的研究②。

土壤质量（soil quality）为“土壤在自然系统内保持动植物生产力，保持或改善大气和水的质量以及支持人类健康和居住的能力”③④ 抑或“土壤实现各种功能的能力”⑤。因此土壤功能成为评价土壤质量的争议之处。为

---

① 郭爱娟，刘存歧，王军霞，等．土地利用方式对滨海盐碱地土壤性质的影响［J］．重庆师范大学学报（自然科学版），2013，30（1）：95－100.

② 张心昱，陈利顶．土壤质量评价指标体系与评价方法研究进展与展望［J］．水土保持研究，2006，13（3）：30－34.

③ 张心昱，陈利顶．土壤质量评价指标体系与评价方法研究进展与展望［J］．水土保持研究，2006，13（3）：30－34.

④ Doran, J. W. and T. B. Parkin. Defining and assessing soil quality［J］. Defining soil quality for a sustainable environment, 1994, 35: 1－21.

⑤ Karlen, D. L., M. Mausbach, J. W. Doran, et al. Soil quality: a concept, definition, and framework for evaluation (a guest editorial)［J］. Soil Science Society of America Journal, 1997, 61 (1): 4－10.

此，美国在1992年的土壤质量问题学术讨论会澄清了土壤质量的内涵，并且一直以来较为权威。土壤功能主要包括三方面：一、生产力；二、环境质量；三、动植物健康。目前，土壤质量评价指标体系中，较为全面地将土壤质量指标体系分为物理学指标、化学指标以及生物学指标（表2－3）。2001年，《农用地分等规程》中农用地自然质量等指数即是从土壤角度出发进行评价，以江苏省农用地分等自然质量评价为例，评价因素主要考虑了土壤障碍层深度、耕作厚度、土壤质地、有机质、pH、排水条件、土壤盐渍化、土壤侵蚀等。

国内有关海岸带滨海盐土土壤质量的评价也较多，但多集中在田块小尺度，从土壤盐分、速效养分以及有机质等因素入手采用模糊隶属度函数方法来评价土壤的质量高低①②③，其评价具有一定的主观性。同时，海岸带中宏观尺度土壤质量评价较少。

表2－3　土壤质量评价指标体系

评价体系	评价指标	
物理指标	赵其国，等④	土壤质地、土层和根系深度、土壤容重和渗透率、田间持水量、土壤持水特征、土壤含水量和土壤温度
	Schoenholtz et al. ⑤	静态指标：土壤质地、土层和表土层厚度、土壤容重、土壤韧性、饱和导水率、土壤流失量、土壤孔隙度、土壤强度、团聚体稳定性和土壤耕性；动态指标：最小持水量、耕作践踏状况、淋失潜力和侵蚀潜力

① 王建庆，冯秀丽，李加林，等．滨海围垦平原区土壤质量时空演变及其影响因素分析［J］．水土保持通报，2013，33（5）．

② 郇明伟，杜洪艳．滨海盐土垦区土壤肥力评价研究［J］．土壤通报，2014，4：978－983.

③ 姚荣江，杨劲松，曲长凤，等．海涂围垦区土壤质量综合评价的指标体系研究［J］．土壤，2013（01）．

④ 赵其国，孙波，张桃林．土壤质量与持续环境［J］．土壤，1997，3：113－120.

⑤ Schoenholtz，S. H.，H. Van Miegroet，and J. Burger. A review of chemical and physical properties as indicators of forest soil quality：challenges and opportunities［J］. Forest ecology and management，2000，138（1－3）：335－356.

续表

评价体系	评价指标	
化学指标	赵其国，等①	有机全 C 和 N、pH、电导率、矿化 N、P、K
	Schoenholtz et al. ②	土壤有机碳和土壤有机质（土壤有机碳指标）；全 N、可交换性 NH4 – N、NO3 – N、矿化 N；全 P、矿化 P、可交换性 P、Bray P、P 吸附性；全 K、可交换性 K；可交换性 Ca、Mg、S；CEC；pH；EC
生物学指标	赵其国，等③	微生物生物量 C 和 N、潜在可矿化 N、土壤呼吸量、生物量 C/有机总 C、呼吸量/生物量
	Nambiar et al. ④	土壤微生物的群落组织和多样性、土壤酶活性、土壤动物
	Doran and Zeiss⑤	土壤生物参数：丰度、多样性、食物链结构和群落稳定性，提出土壤生物如蚯蚓、昆虫和霉菌

2.5 粮食产能研究进展

2.5.1 粮食产能研究

近年来中国耕地和粮食安全问题一直是国内外关注的热点话题，尤其是耕

① 赵其国，孙波，张桃林．土壤质量与持续环境［J］．土壤，1997，3：113 – 120.

② Schoenholtz，S. H.，H. Van Miegroet，and J. Burger. A review of chemical and physical properties as indicators of forest soil quality：challenges and opportunities［J］．Forest ecology and management，2000，138（1 – 3）：335 – 356.

③ 同①。

④ Nambiar，K.，A. Gupta，Q. Fu，et al. Biophysical，chemical and socio – economic indicators for assessing agricultural sustainability in the Chinese coastal zone［J］．Agriculture，ecosystems & environment，2001，87（2）：209 – 214.

⑤ Doran，J. W. and M. R. Zeiss. Soil health and sustainability：managing the biotic component of soil quality［J］．Applied soil ecology，2000，15（1）：3 – 11.

地数量和质量变化及其对粮食产能产生的影响研究更为多见[1][2][3][4][5][6][7][8][9][10]。对于不同地域和时空尺度，耕地数量和质量以及粮食生产潜力表现出一致变化和变化不一致的关系[11][12]。我国东部沿海及长三角地区经济发达，自改革开放以来高产田大面积减少，粮食生产能力降低，对我国和区域粮食安全构成一定的威胁[13][14]。2007 年我国开展了耕地质量等级调查工作，并利用标准样地的粮食产量结合耕地自然质量和利用质量等计算出区域的理论粮食产能和实际粮食产能[15]。也有学者直接用统计年鉴中的粮食产量作为地区粮食产能开展研究。

---

① Gaodi, X., Z. Lin, Z. Caixia, et al. Assessing the multifunctionalities of land use in China [J]. Journal of Resources and Ecology, 2010, 1 (4): 311 -318.

② Guo, J. H., X. J. Liu, Y. Zhang, et al. Significant Acidification in Major Chinese Croplands [J]. Science, 2010, 327 (5968): 1008 -1010.

③ 陈百明，周小萍. 中国近期耕地资源与粮食综合生产能力的变化态势 [J]. 资源科学, 2004, 26 (5): 38 -45.

④ 傅泽强，蔡运龙，杨友孝，等. 中国粮食安全与耕地资源变化的相关分析 [J]. 自然资源学报, 2001, 16 (004): 313 -319.

⑤ 何艳芬，张柏，马超群. 吉林省耕地动态变化及其对粮食生产的影响 [J]. 资源科学, 2004 (04): 119 -125.

⑥ 李小燕，任志远，郝慧梅. 区域粮食安全与耕地总量动态平衡测算研究——以陕西省为例 [J]. 干旱地区农业研究, 2005 (05): 212 -216 +225.

⑦ 李玉平，蔡运龙. 浙江省耕地变化与粮食安全的分析及预测 [J]. 长江流域资源与环境, 2007 (04): 466 -470.

⑧ 马莉，赵景波，张掌权，等. 陕西省耕地数量变化对粮食总产的影响 [J]. 干旱地区农业研究, 2009, 027 (004): 230 -233.

⑨ 石淑芹，陈佑启，姚艳敏，等. 耕地变化对粮食生产能力的影响评价——以吉林中西部地区为例 [J]. 资源科学, 2007 (05): 143 -149.

⑩ 朱红波. 论粮食安全与耕地资源安全 [J]. 农业现代化研究, 2006 (03): 161 -164.

⑪ Tong, C., C. A. Hall, and H. Wang. Land use change in rice, wheat and maize production in China (1961 -1998) [J]. Agriculture, Ecosystems & Environment, 2003, 95 (2 -3): 523 -536.

⑫ 陈佑启. 我国耕地利用变化及其对粮食生产的影响 [J]. 农业工程学报, 2000, 16 (6): 29 -32.

⑬ 苏伟忠，叶高斌，杨桂山. 1985—2010 年太湖流域粮食产能隐性增减评估研究 [J]. 自然资源学报, 2014 (08).

⑭ 肖丽群，陈伟，吴群，等. 未来 10a 长江三角洲地区耕地数量变化对区域粮食产能的影响——基于耕地质量等别的视角 [J]. 自然资源学报, 2012, 27 (4): 565 -576.

⑮ 同上。

2.5.2 土地生产力模型

生产力的概念起源于20世纪20年代的德国，我国学者50年代开始研究农作物生产与气候的关系[①②]，并依据作物产量形成原因与机理，考虑光照、温度、水分、土壤等自然生态因子及管理因子如施肥技术、灌溉水平、耕作方法、育种等，逐步修正光温水生产潜力来估算农业生产潜力[③④]。光、温度、水分大致一定的情况下，土地生产潜力存在阈值，改变客观不利因素，力争发挥最大生产潜力，是生产力研究的重要目标[⑤]。

土地生产潜力模型的建立主要基于两种方法：一是机制法，即根据土地性状对土地潜在产量的影响归纳；二是经验法，即完全依据不同土地上作物产量的记录而推论[⑥]。基于机制法的模型研究较多，因其逻辑思维严密受到学者的广泛关注，典型的土地生产潜力模型包括以瓦赫宁根模型和农业生态区模型（AEZ）为代表，PI（Productivity Index）模型[⑦]，基于WOFOST模型改进的PS123[⑧]，EPIC（Erosion Productivity Impact Calculator）模型[⑨]，SCUAF（Soil Change Under AgroForestry）模型，YIELD模型[⑩⑪]，美国CERES（Crop -

① 邱扬，傅伯杰，王军，等．四川省农作物生产力的地理分布［J］．地理学报，1950（1）：1 -22.

② 竺可桢．论我国气候的几个特点及其与粮食作物生产的关系［J］．地理学报，1964，9（3）：189 -199.

③ 郭旭东，邱扬，连纲，等．基于GIS的甘肃省农业生产潜力研究［J］．地理科学进展，2003，22（4）：400 -408.

④ 张建军，张晓萍，郝明德，等．退耕还林（草）背景下黄土高塬沟壑区长武县粮食潜力及安全分析［J］．水土保持学报，2011，25（003）：231 -235.

⑤ 冷疏影．地理信息系统支持下的中国农业生产潜力研究［J］．自然资源学报，1992，7（1）：71 -79.

⑥ 谢经荣．国外土地生产力评价方法及其进展［J］．资源科学，1992，16（6）：69 -74.

⑦ Rijsberman，F. R. Summary report of the 2nd World Water Forum：from vision to action［J］．Water Policy，2000，2（6）：387 -395.

⑧ 刘洪，郭文利，宇振荣．土地生产力模型（PS123）的校正和验证［J］．中国农业气象，2005，26（3）：150 -154.

⑨ Williams，J.，K. Renard，and P. Dyke. EPIC：A new method for assessing erosion's effect on soil productivity［J］．Journal of Soil and water Conservation，1983，38（5）：381 -383.

⑩ 李忠武，蔡强国，曾光明．黄土高原土地生产力区域特征分析［J］．资源科学，2004，26（S1）：91 -97.

⑪ 李忠武，蔡强国，曾光明．黄土丘陵沟壑区土地利用类型与土地生产力关系模拟研究——以王家沟小流域为例［J］．地理科学，2007，27（1）：53 -57.

Environment Resource Synthesis System）模型①，以及澳大利亚的 APSIM② 等。国外作物生产模型模拟精度较高，但是应用尺度较小；国内，宏观尺度的土地生产力模型包括农用地分等定级和产能核算③与 ESLP 模型④等在省级或者区域尺度上基于 AEZ 模型系统性地从光合、光温、光温水、土地生产潜力和土地生产力多层次不断开展参数本地化的应用研究，但限制不同地区农业生产潜力的主要因素不尽相同，包括无霜期⑤、旱涝盐碱灾害⑥等。与农业生产过程相符合的各级有效系数的确定过程无论在指标设定还是研究尺度方面均较为粗略，多用无霜期的比例、气候湿润度等指标表示温度和水分订正系数，土壤有效系数也多处于探讨阶段⑦⑧，对投入水平和管理因素的影响关注不够，过粗的订正系数使得预测潜力值偏大，并没有真正反映出作物实际生长过程中潜力变化过程⑨⑩。在沿海滩涂地区滩涂湿地的初级生产力受到学术界的广泛关注⑪⑫，但对滩涂围垦区的土地生产潜力研究还比较薄弱。

---

① 吕尊富，刘小军，汤亮，等．基于 WheatGrow 和 CERES 模型的区域小麦生育期预测与评价［J］．中国农业科学，2013，46（6）：1136－1148.

② Zhao，G.，B. A. Bryan，and X. Song. Sensitivity and uncertainty analysis of the APSIM－wheat model：Interactions between cultivar，environmental，and management parameters［J］. Ecological Modelling，2014，279：1－11.

③ 郧文聚，王洪波，王国强，等．基于农用地分等与农业统计的产能核算研究［J］．中国土地科学，2007，021（004）：32－37.

④ 邓祥征，姜群鸥，战金艳．中国土地生产力变化的情景分析［J］．生态环境学报，2009，18（5）：1835－1843.

⑤ 王志强，刘宝元，王旭艳，等．东北黑土区土壤侵蚀对土地生产力影响试验研究［J］．中国科学 D 辑：地球科学，2009，39（10）：1397－1412.

⑥ 陈超，于强，王恩利，等．华北平原作物水分生产力区域分异规律模拟［J］．资源科学，2009，31（009）：1477－1485.

⑦ 郭旭东，邱扬，连纲，等．基于 GIS 的甘肃省农业生产潜力研究［J］．地理科学进展，2003，22（4）：400－408.

⑧ 张建军，张晓萍，郝明德，等．退耕还林（草）背景下黄土高塬沟壑区长武县粮食潜力及安全分析［J］．水土保持学报，2011，25（003）：231－235.

⑨ 郭旭东，邱扬，连纲，等．基于 GIS 的甘肃省农业生产潜力研究［J］．地理科学进展，2003，22（4）：400－408.

⑩ 张建军，张晓萍，郝明德，等．退耕还林（草）背景下黄土高塬沟壑区长武县粮食潜力及安全分析［J］．水土保持学报，2011，25（003）：231－235.

⑪ 韩士群，严少华，张建秋，等．滩涂池塘生态系统的光合能量利用及其影响因子［J］．生态学报，2009，29（002）：1038－1047.

⑫ 蒋蕊竹，李秀启，朱永安，等．基于 MODIS 黄河三角洲湿地 NPP 与 NDVI 相关性的时空变化特征［J］．生态学报，2011，31（22）：6708－6716.

2.6 滩涂围垦的生态效应研究

海岸带滩涂作为全球湿地系统的组成部分，对于维护生态系统平衡和稳定具有重要的意义，对滩涂湿地的围垦会破坏其原有的生态系统结构，将其从自然的生态系统逐渐转向半自然－半人工的生态系统，对其生态环境问题带来一定的影响，因此有较多围绕滩涂围垦带来的生态环境效应的研究，主要围绕土地质量的变化、水文过程以及生物多样性等多方面。

土地质量是指维持生态系统生产力和动植物健康而不发生土壤退化及其他生态环境问题的能力，包括与人类需求有关的土壤、水及生物特性，关系到以生产、保护和管理为目的的土地环境条件[①][②]。土地利用变化对土地质量产生了重大影响，表现为生物多样性降低[③][④]，碳、氮排量增加引发全球变暖[⑤][⑥]，水质下降，富营养化严重[⑦]，土壤侵蚀及土地退化等[⑧]。当然，也有土地利用方式对土地质量带来正面影响，比如生态退耕、自然保护区的建设[⑨]。目前大多数关于滩涂围垦对土地质量影响的研究基本上是围绕土壤盐分问题而展开，由于海岸带滩涂土壤一般为冲积盐土类，属于典型的淤泥质海岸带盐渍土，土壤中有大量来自海相沉积时海水浸渍以及因地面沉降导致

① Dumanski, J., S. Gameda, C. Pieri, et al., Indicators of land quality and sustainable land management: an annotated bibliography [M]. The World Bank, 1998.

② 王军，邱扬．土地质量的空间变异与尺度效应研究进展［J］．地理科学进展，2005，24（4）：28－35.

③ Assessment, M. E., Ecosystems and human well－being [M]. United States of America: Island press, Vol. 5. 2005.

④ 傅伯杰，赵文武，陈利顶．地理—生态过程研究的进展与展望［J］．地理学报，2010，61（11）：1123－1131.

⑤ 葛全胜，方修琦．科学应对气候变化的若干因素及减排对策分析［J］．中国科学院院刊，2010，25（1）：32－40.

⑥ Pachauri, R. K. and A. Reisinger. IPCC fourth assessment report [J]. IPCC, Geneva, 2007.

⑦ 杨桂山，马荣华，张路，等．中国湖泊现状及面临的重大问题与保护策略［J］．湖泊科学，2010，22（6）：799－810.

⑧ 金平华，濮励杰，王金磊，等．137Cs 法用于典型流域土壤侵蚀的初步研究——以太湖流域上游西苕溪流域为例［J］．自然资源学报，2004，19（1）：47－55.

⑨ 邢韶华，尹增芳，闫德千，等．量化退耕还林后土壤碳变化［J］．北京林业大学学报，2007，29（3）：112－119.

海水倒灌所带来的盐分①，海岸带滩涂土壤盐分含量严重影响了区域农业生产发展②③④。因此关于海岸带滩涂土壤盐分问题，国内外做了大量基础性研究工作⑤⑥⑦⑧。江苏省沿海滩涂土壤潮间上带湿地含盐量为0.4% -0.6%⑨，较高的土壤含盐量及季节性返盐，是江苏省滩涂土壤资源利用的首要限制因子⑩。关于江苏省海岸带滩涂土壤盐分问题的研究，很多学者从多角度宽视野深层次展开，研究范围主要基于江苏省沿海三市（连云港、盐城、南通）；研究内容主要聚焦于通过统计学、典范对应分析方法、实验室分析及数值拟合等方法⑪，分析得到滩涂土壤盐分形成过程及分布规律⑫，试图探求影响滩涂土壤盐分变化的主要影响因子和变化驱动机理；研究方法主要针对滩涂土

① Song, J., H. Fan, Y. Zhao, et al. Effect of salinity on germination, seedling emergence, seedling growth and ion accumulation of a euhalophyte Suaeda salsa in an intertidal zone and on saline inland [J]. Aquatic Botany, 2008, 88 (4): 331 -337.

② 李加林，张忍顺，王艳红，等．江苏淤泥质海岸湿地景观格局与景观生态建设［J］．地理与地理信息科学，2003，19（5）：86 -90.

③ 沈永明，曾华，王辉，等．江苏典型淤长岸段潮滩盐生植被及其土壤肥力特征［J］．生态学报，2005，25（1）：1 -6.

④ Zhang, W. and Y. Feng. Characterization of nitrogen - fixing moderate halophilic cyanobacteria isolated from saline soils of Songnen Plain in China [J]. Progress in Natural Science, 2008, 18 (6): 769 -773.

⑤ 刘庆生，刘高焕，励惠国．辽河三角洲土壤盐渍化现状及特征分析［J］．土壤学报，2004，41（2）：190 -195.

⑥ 姚荣江，杨劲松，赵秀芳，等．沿海滩涂土壤盐分空间分布的三维随机模拟与不确定性评价［J］．农业工程学报，2010，26（11）：91 -97.

⑦ Setia, R., P. Marschner, J. Baldock, et al. Is CO 2 evolution in saline soils affected by an osmotic effect and calcium carbonate? [J]. Biology and Fertility of Soils, 2010, 46 (8): 781 -792.

⑧ Ashraf, M. Y., M. Ashraf, K. Mahmood, et al., Phytoremediation of saline soils for sustainable agricultural productivity, in *Plant adaptation and phytoremediation*. 2010, Springer. pp. 335 -355.

⑨ 任美锷．江苏省滩涂围垦区和海涂资源综合调查报告［M］．北京：海洋出版社，1985.

⑩ 梁珍海，刘德辉．泥质海岸防护林对滩涂土壤盐分的影响及机制［J］．南京大学学报（自然科学版），1998.

⑪ 李冬顺，杨劲松，姚荣江．生态风险分析用于苏北滩涂土壤盐渍化风险评估研究［J］．土壤学报，2010（5）：857 -864.

⑫ 刘广明，杨劲松，姜艳．江苏典型滩涂区地下水及土壤的盐分特征研究［J］．土壤，2005，37（002）：163 -168.

壤盐分物理化学性质[①②]以及滩涂土壤盐分变化与植被[③④]和水资源之间的关系[⑤⑥]。因此，以滩涂土壤盐分作为重点，开展滩涂土地质量演变的研究，为改良滩涂土地质量提供重要依据。

对于滩涂围垦的主要水文过程研究，国外开展较早，但由于土地分类原因，绝大多数研究将其归类为湿地研究的一部分。最早的研究可追溯至1977年Obrien针对马萨诸塞州湿地水文的研究[⑦]和20世纪80年代多位学者对于特定湿地区域的水文研究[⑧⑨]；进入90年代，湿地水文的研究进一步深入，在研究区域、研究方法等方面不断拓展，其中值得关注的是Rovansek[⑩]将海岸湿地引入研究范围。之后，相关研究开始逐渐采用模型方法来模拟水文过程及其变化和响应[⑪⑫]；进入21世纪以来，相关水文研究更加注重水文过程

---

① 赵秀芳，杨劲松，姚荣江．基于典范对应分析的苏北滩涂土壤春季盐渍化特征研究[J]．土壤学报，2010，47（3）：422－428.

② Tejada，M．，C. Garcia，J. Gonzalez，et al. Use of organic amendment as a strategy for saline soil remediation：influence on the physical，chemical and biological properties of soil［J］．Soil Biology and Biochemistry，2006，38（6）：1413－1421.

③ 沈永明，曾华，王辉，等．江苏典型淤长岸段潮滩盐生植被及其土壤肥力特征［J］．生态学报，2005，25（1）：1－6.

④ 周虹霞，刘金娥，钦佩．外来种互花米草对盐沼土壤微生物多样性的影响——以江苏滨海为例［J］．生态学报，2005，21（9）：36－37.

⑤ 赵秀芳，杨劲松，姚荣江．基于典范对应分析的苏北滩涂土壤春季盐渍化特征研究[J]．土壤学报，2010，47（3）：422－428.

⑥ Silva，C. C．，M. L. Guido，J. M. Ceballos，et al. Production of carbon dioxide and nitrous oxide in alkaline saline soil of Texcoco at different water contents amended with urea：A laboratory study［J］．Soil Biology and Biochemistry，2008，40（7）：1813－1822.

⑦ O'Brien，A. L. HYDROLOGY OF TWO SMALL WETLAND BASINS IN EASTERN MASSACHUSETTS 1［J］．JAWRA Journal of the American Water Resources Association，1977，13（2）：325－340.

⑧ Arndt，J. and J. Richardson. Hydrology，salinity and hydric soil development in a North Dakota prairie－pothole wetland system［J］．Wetlands，1988，8（2）：93－108.

⑨ Schalles，J. F. and D. J. Shure. Hydrology，community structure，and productivity patterns of a dystrophic Carolina bay wetland［J］．Ecological monographs，1989，59（4）：365－385.

⑩ Rovansek，R. J．，L. D. Hinzman，and D. L. Kane. Hydrology of a tundra wetland complex on the Alaskan Arctic Coastal Plain，USA［J］．Arctic and Alpine Research，1996，28（3）：311－317.

⑪ Sun，G．，H. Riekerk，and N. B. Comerford. MODELING THE FOREST HYDROLOGY OF WETLAND - UPLAND ECOSYSTEMS IN FLORIDA 1［J］．JAWRA Journal of the American Water Resources Association，1998，34（4）：827－841.

⑫ Suhayda，J. N. Modeling impacts of Louisiana barrier islands on wetland hydrology［J］．Journal of Coastal Research，1997：686－693.

的影响①②。国内的相关研究开展相对较晚，2000 年以后才逐渐起步，其中较为重要的是针对黄河三角洲的研究③。近期国内研究主要集中于滩涂围垦工程对于原有滩涂面积、河道结构、港道泥沙淤积的影响，进而对区域防洪、洪水调蓄等产生影响，但多停留于宏观层次，缺乏定量以及机制的深入分析④⑤。

滩涂围垦对物质循环影响的研究主要集中于 C、N 等元素生物地球化学循环方面。国外学者于 20 世纪 80 年代就开始研究湿地土壤有机碳的变化规律⑥；进入 90 年代后，CO_2 作为重要的温室气体受到广泛关注，湿地土气界面碳交换和碳源汇功能成为研究的热点⑦；进入 21 世纪后，海岸湿地和滩涂有机碳、N、P 等物质循环开始被研究者关注⑧，研究重点也逐渐从有机碳空间分布向其源汇特征、变化机制不断加深⑨⑩。国内学者对该领域的研究起步相对较晚，21 世纪初期，我国学者开始了对三江平原湿地利用方式变化对土

---

① Altor, A. E. and W. J. Mitsch. Methane and carbon dioxide dynamics in wetland mesocosms: effects of hydrology and soils [J]. Ecological Applications, 2008, 18 (5): 1307 - 1320.

② Cosentino, B. J., R. L. Schooley, and C. A. Phillips. Wetland hydrology, area, and isolation influence occupancy and spatial turnover of the painted turtle, Chrysemys picta [J]. Landscape Ecology, 2010, 25 (10): 1589 - 1600.

③ Li, S. - n., G. - x. Wang, W. Deng, et al. Influence of hydrology process on wetland landscape pattern: A case study in the Yellow River Delta [J]. Ecological Engineering, 2009, 35 (12): 1719 - 1726.

④ 康文星，何介南，席宏正．洞庭湖滩涂和草甸沼泽湿地调蓄水量的功能研究 [J]．水土保持学报，2008，022 (005)：209 - 212，216.

⑤ 余萍，李绍飞，康丽．永定新河河口滩涂改造工程的防洪影响评价 [J]．中国农村水利水电，2011，1：78 - 81.

⑥ Sahrawat, K. Error caused by carbon dioxide in determination of ammonium by direct steam distillation of tropical wetland rice soils [J]. Plant and Soil, 1982, 69 (2): 283 - 285.

⑦ Waddington, J. and N. Roulet. Atmosphere - wetland carbon exchanges: Scale dependency of CO2 and CH4 exchange on the developmental topography of a peatland [J]. Global Biogeochemical Cycles, 1996, 10 (2): 233 - 245.

⑧ Romigh, M. M., S. E. Davis, V. H. Rivera - Monroy, et al. Flux of organic carbon in a riverine mangrove wetland in the Florida Coastal Everglades [J]. Hydrobiologia, 2006, 569 (1): 505 - 516.

⑨ Howe, A., J. Rodríguez, and P. Saco. Surface evolution and carbon sequestration in disturbed and undisturbed wetland soils of the Hunter estuary, southeast Australia [J]. Estuarine, coastal and shelf science, 2009, 84 (1): 75 - 83.

⑩ Zemanová, K., T. Picek, J. Du? ek, et al. Carbon, nitrogen and phosphorus tranformations are related to age of a constructe wetland [J]. Water, Air, and Soil Pollution, 2010, 207 (1): 39 - 48.

壤有机碳动态影响的研究①，其后，相关研究陆续涌现，并扩展到不同区域、不同类型湿地的碳循环及转化机制研究②③。近期国内研究者不仅从宏观角度估测了全球滩涂有机碳的储量、累积速度④，还进行了滩涂湿地与大气的碳交换和滩涂湿地利用对气候变化可能产生的影响等方面的研究⑤。但是，对于滩涂围垦与土地利用变化对有机碳累积的影响还缺乏认识。目前关于湿地土壤氮素生物地球化学循环的研究多数还仅仅停留在土壤氮素净转化速率、植物对氮的吸收利用和土气界面通量观测水平上⑥，而对湿地土壤有机氮矿化、硝化、铵态氮和硝态氮微生物同化及其物理吸附与释放等关键转化过程的总速率氮素及影响因素的研究还很少见。

生物多样性一直是国内外高度重视的一个生态学热点，特别是1992年生效的《生物多样性公约》对各国生物多样性保护与研究具有极为重要的推动作用。生物多样性主要包括基因、物种、群落、生态系统以及复合生态系统多样性等多个层次，它是人类赖以生存的基础。自20世纪90年代起，国际上开始重视对区域以上层面的生物多样性评价指标的研究⑦；随后，联合国环境规划署、欧盟等先后提出生物多样性评价指标体系⑧，土地利用及其变化是影响生物多样性的主要因素⑨，国外对于土地利用变化在生态系统层面

---

① Song, C. -c., Y. -y. Wang, Y. -s. Wang, et al. Carbon dynamics of wetland in the Sanjiang Plain [J]. Chinese Geographical Science, 2003, 13 (3): 228-231.

② Zhang, Y., W. Ding, J. Luo, et al. Changes in soil organic carbon dynamics in an Eastern Chinese coastal wetland following invasion by a C4 plant Spartina alterniflora [J]. Soil Biology and Biochemistry, 2010, 42 (10): 1712-1720.

③ Gao, J., H. Ouyang, G. Lei, et al. Effects of temperature, soil moisture, soil type and their interactions on soil carbon mineralization in Zoigê alpine wetland, Qinghai-Tibet Plateau [J]. Chinese Geographical Science, 2011, 21 (1): 27-35.

④ 严金龙，丁成，韩香云，等. 全球气候变化中的滩涂湿地土壤有机碳研究 [J]. 盐城工学院学报（自然科学版），2009, 22 (001): 1-5.

⑤ 康文星，何介南，席宏正. 洞庭湖滩涂和草甸沼泽湿地调蓄水量的功能研究 [J]. 水土保持学报，2008, 022 (005): 209-212, 216.

⑥ Eriksson, P., J. Svensson, and G. Carrer. Temporal changes and spatial variation of soil oxygen consumption, nitrification and denitrification rates in a tidal salt marsh of the Lagoon of Venice, Italy [J]. Estuarine, Coastal and Shelf Science, 2003, 58 (4): 861-871.

⑦ Reid, W. V., J. A. McNeely, M. Winograd, et al. Biodiversity indicators for policy-makers [J]. 1993.

⑧ 徐海根，丁晖，吴军，等. 2010年生物多样性目标：指标与进展 [J]. 生态与农村环境学报，2011, 26 (4): 289-293.

⑨ Noss, R. F., H. B. Quigley, M. G. Hornocker, et al. Conservation biology and carnivore conservation in the Rocky Mountains [J]. Conservation Biology, 1996, 10 (4): 949-963.

的研究也有报道，涉及组成、结构和分布等方面内容[①②③]，但总体看还不够深入。我国从20世纪90年代开始进行生物多样性评价研究[④⑤]，既有理论性的[⑥⑦⑧]，也有结合具体研究区的[⑨]。从研究层面来说既有物种多样性层面[⑩⑪]、生物群落层面[⑫]、生态系统层面[⑬]，还有区域层面[⑭]。土地利用对生物多样性的影响主要是通过生物栖息地破坏、景观破碎化及森林砍伐区边缘效应等途径，不同土地利用类型生物多样性存在明显的差异[⑮]，但对于土地利用变化的生物多样性响应研究主要还是局限在物种多样性层面[⑯]。海岸带是生物量最大的生态系统之一，引起海岸带生物多样性减少主要有两个原因，一是城市扩展和围垦等活动大大减少或破坏了湿地、滩涂等海岸生物群

---

① Scheller, R. M. and D. J. Mladenoff. Understory species patterns and diversity in old - growth and managed northern hardwood forests [J]. Ecological applications, 2002, 12 (5): 1329 - 1343.

② Tellería, J. L., R. Baquero, and T. Santos. Effects of forest fragmentation on European birds: implications of regional differences in species richness [J]. Journal of Biogeography, 2003, 30 (4): 621 - 628.

③ Waide, R., M. Willig, C. Steiner, et al. The relationship between productivity and species richness [J]. Annual review of Ecology and Systematics, 1999, 30 (1): 257 - 300.

④ 马克平，生物多样性研究的原理与方法［M］．北京：中国科学技术出版社，1994.

⑤ 曾志新，罗军．生物多样性的评价指标和评价标准［J］．湖南林业科技，1999，026（002）：26 - 29.

⑥ 李慧蓉．生物多样性和生态系统功能研究综述［J］．生态学杂志，2004，23（003）：109 - 114.

⑦ 丁晖，生物多样性评估指标及其案例研究［M］．北京：中国环境科学出版社，2009.

⑧ 贾久满，郝晓辉．湿地生物多样性指标评价体系研究［J］．湖北农业科学，2010（08）：1877 - 1879.

⑨ 万本太，徐海根，丁晖，等．生物多样性综合评价方法研究［J］．生物多样性，2007，015（001）：97 - 106.

⑩ 王云静，刘茂松，徐惠强，等．江苏自然湿地的生物多样性特点［J］．南京大学学报（自然科学版），2002，38（002）：173 - 181.

⑪ 朱万泽，王金锡，张秀艳，等．华西雨屏区不同恢复阶段湿性常绿阔叶林的土壤微生物多样性［J］．生态学报，2007，027（004）：1386 - 1396.

⑫ 刘录三，孟伟，李新正，等．辽东湾北部海域大型底栖动物研究：Ⅱ．生物多样性与群落结构［J］．环境科学研究，2009，22（002）：155 - 161.

⑬ 朱京海，刘伟玲，胡远满，等．辽宁沿海湿地生物多样性评价研究［J］．气象与环境学报，2008.

⑭ 万本太，徐海根，丁晖，等．生物多样性综合评价方法研究［J］．生物多样性，2007，015（001）：97 - 106.

⑮ 谷艳芳，胡楠，丁圣彦，等．开封地区不同土地利用方式农田杂草群落结构及动态[J]．生态学报，2007，27（4）：1359 - 1367.

⑯ 吴建国，吕佳佳．土地利用变化对生物多样性的影响［J］．生态环境学报，2008，17（003）：1276 - 1281.

落的栖息地，二是土地利用变化引起入海泥沙、有毒污染物、营养物质的通量变化[①]。总体上而言，目前对于包括湿地在内的土地利用变化引起的，从生物群落、生态系统以及复合生态系统层面的生物多样性评价研究还不多。对于江苏沿海滩涂来说，目前生态系统和区域层面的生物多样性评价研究还很少，与江苏沿海滩涂在生物多样性保护中的重要地位不符，亟待开展深入研究。

随着研究的不断深入，学者们不再满足于土地利用变化对单个环境要素的影响研究，而是更加倾向于生态环境效应的综合评估，生态安全的系统研究越来越受到重视。土地利用变化是人类活动对自然景观结构进行改变的最直接最根本的形式，合理的景观结构或土地利用结构有利于水分、养分等物质循环[②③]，同时土地利用变化对气候、土壤质量、生物地球化学循环、陆地生物种类的丰度和组成等生态过程都有重要影响。因此许多学者基于景观生态学原理，构建景观生态安全评价体系对研究区进行生态安全的评价[④⑤⑥]以及通过对景观格局与生态过程的耦合研究来探讨人为活动下的生态环境效应[⑦⑧]。受社会经济等众多因素的驱动，滩涂围垦区土地利用结构发生剧烈改变，同时自然生态系统受到破坏，生态环境状况发生改变[⑨]，城乡工矿用地、养殖水面、盐田急剧扩张导致林地、湿地等具有重要生态价值的土地类型面积显著下降是其主要原因。江苏沿海滩涂围垦与土地利用变化对沿海地区的

---

① 欧维新，杨桂山．土地利用/覆被变化对海岸环境演变影响的研究进展［J］．地理科学进展，2003，22（4）：360－368.

② 傅伯杰，马克明．黄土丘陵区土地利用结构对土壤养分分布的影响［J］．科学通报，1998，43（022）：2444－2448.

③ 吕一河，陈利顶，傅伯杰．景观格局与生态过程的耦合途径分析［J］．地理科学进展，2007（03）：3－12.

④ 胡海胜，魏美才，唐继刚，等．庐山风景名胜区景观格局动态及其模拟［J］．生态学报，（11）：4696－4706.

⑤ 韩振华，李建东，殷红，等．基于景观格局的辽河三角洲湿地生态安全分析［J］．生态环境学报，2010，019（003）：701－705.

⑥ 王千，金晓斌，周寅康．江苏沿海地区耕地景观生态安全格局变化与驱动机制［J］．生态学报，2011，31（20）：5903－5909.

⑦ 傅伯杰，赵文武，陈利顶．地理—生态过程研究的进展与展望［J］．地理学报，2010，61（11）：1123－1131.

⑧ 高杨，黄华梅，吴志峰．基于投影寻踪的珠江三角洲景观生态安全评价［J］．生态学报，2010.

⑨ 李加林，张忍顺，王艳红，等．江苏淤泥质海岸湿地景观格局与景观生态建设［J］．地理与地理信息科学，2003，19（5）：86－90.

格局特征和生态环境状况有着明显的影响，而江苏沿海开发战略的实施还会进一步加深这一影响①②，因此开展滩涂土地围垦情况下的景观格局特征的变化与生态安全响应具有重要意义。

2.7 沿海滩涂围垦研究进展述评

学术界一致认为海岸带地区是全球环境变化的关键区域，而对于海岸带滩涂等一些概念有些混淆，通过比较各学者的观点得到，潮滩、潮坪、滩涂的概念基本一致，海涂是指淤泥质潮滩，海滩主要指砂质潮滩。海岸带围垦开发已经成为全球海岸带国家关注的重要发展战略之一，不同国家由于国情不同，对海岸带开发定位也不一。然而对于人多地少的国家，海岸带围垦开发进一步拓展生存空间，增加农用地的面积，无疑成为主要的目标之一。20世纪中期以来，我国海岸带开发强度堪称世界之最，新增农用地是我国海岸带围垦开发的主要任务之一。

海涂土壤不断处于发育状态，其低潮带、中潮带、高潮带和潮上带由于潮汐作用、植被不同，土壤理化性质变化差异较大，主要表现为高潮带地表积盐明显，潮上带处于脱盐状态，低潮带和中潮带处于海水盐渍作用阶段。随着滨海滩涂湿地被围垦土壤质量不断发生改变，随着滨海湿地转变为玉米地、棉花地等其他用地类型，土壤理化性质不断改良。然而不同土壤理化性质随着围垦时间的变化过程须根据实际情况而定。不论围垦初始滨海湿地情况，围垦后土壤 pH 和盐分随着围垦年限的不断增长而不断减小；土壤有机质、全氮、全磷等因素要根据初始湿地的情况而定，总体而言，土壤有机质、全氮含量随着围垦年限增加先减少后降低，土壤全磷随着围垦年限的增加不断增加。土壤碱解氮、速效磷受到随机因素影响较大，随着围垦年限增加变化规律并不显著。因此，土壤理化性质随着围垦的变化过程要根据初始状态、土地利用方式以及时间共同作用决定。

目前，对于耕地数量和质量变化与粮食产能的关系的研究主要集中在经

---

① 朱泽生，孙玲．东台市滩涂生态系统服务价值研究［J］．应用生态学报，2006（05）：878－882.

② Zhou，H.，P. Qin，J. Zhou，et al. Comparisons of ecosystem services among three conversion systems in Yancheng National Nature Reserve［J］. Ecological Engineering，2009，35（5）：609－629.

济发达省份，以省域尺度研究较多，而对于沿海耕地质量较差的地区粮食产能与耕地数量和质量的变化机理研究尚且不足。在沿海滩涂围垦区很多学者多关注沿海地区的第一生产力的变化情况，而忽视了沿海地区土地生产潜力的大小。而土地生产潜力模型国内外模型很多，主要为基于机制法的作物生长模型，其应用尺度较小，宏观尺度土地生产潜力模型较少。国内宏观土地生产力模型主要包括农用地产能核算的方法和 ESLP 模型，这些模型均从土壤质量评价等级来考虑土壤对气候生产潜力的限制因素，但是这恰巧模糊了土壤性状与产量直接的定量关系，因此本书在沿海滩涂地区试图从土壤盐分与作物产量之间的定量关系，引进土壤盐分修正系数，得到沿海滩涂围垦区的土地生产潜力大小。

土地利用变化及其生态环境响应是当前地球科学研究的前沿和热点，随着江苏沿海开发战略的实施，滩涂围垦将带来土地利用格局的巨大变化，并对生态状况产生深刻影响。但通过对国内外土地利用变化过程及模拟，滩涂资源围垦开发利用生态环境效应研究的回顾与学习，可以发现在全球变化的研究框架下，土地利用变化仍然是学术界关注的焦点，而海岸带滩涂资源的开发利用也产生了诸多生态环境问题，引起了不少学者的兴趣，但是两者的研究较为分散，两者之间的融合性研究还较少。土地利用变化的研究散见于地理科学、土地科学以及城乡规划学等各个领域，往往聚焦于城市化背景下的土地利用问题，或是耕地、林地、草地等主要的土地利用类型，鲜有关注海岸带滩涂围垦区土地利用变化及其生态环境效应；此外，有关滩涂资源开发利用的研究也很少从土地利用变化科学的角度出发来探讨其变化过程、机理、驱动力以及情景模拟，对其生态环境效应的研究也尚未形成统一的理论体系，从而导致不同研究者出于各自研究目的和学科特点对滩涂围垦的水文、土壤、大气、物质循环和生物多样性等方面的响应机制进行研究，相对而言，对沿海开发背景下滩涂围垦区综合生态状况响应的研究还较为不足。此外，无论在土地利用变化还是滩涂围垦领域，虽然大家都在尝试对定量模型进行研究，但是主要还停留于数理统计、空间计量分析和“黑箱研究”的层面，相对缺少必要的内在机理和物理过程解释，对滩涂围垦所带来的土地利用变化和生态环境响应机制还缺乏深入的认识，难以科学指导江苏沿海滩涂的可持续开发，亟待开展滩涂围垦背景下土地利用变化及其生态响应的综合集成研究。

第3章 江苏沿海滩涂区域概况

本研究主要涉及江苏沿海地区、江苏沿海滩涂围垦区以及如东沿海滩涂围垦区这三个尺度。本章节首先阐述江苏沿海地理位置、气候、地质、土壤、土地利用特征等基本信息，然后描述江苏沿海滩涂围垦过程以及江苏沿海滩涂围垦区概况和如东沿海滩涂围垦区基本情况。

3.1 江苏沿海概况

3.1.1 地理位置

江苏省位于北纬30°46′-35°07′、东经116°22′-121°55′范围内，总面积为10.17万平方千米，占全国总面积的1.04%，位于长江、淮河下游，位居全国东部地区，由黄淮平原和长江三角洲组成。全省与山东省、上海市、浙江省、安徽省接壤，东滨黄海，拥有888.945千米的海岸线①。江苏沿海县市包括三个市，土地面积为2.4万平方千米，占江苏省总面积的23.64%。从行政区划来看，江苏省沿海是由南通市、盐城市和连云港市组成，包括14个县市，分别为赣榆县、连云港市、灌云县、灌南县、响水县、滨海县、射阳县、大丰市、东台市、海安县、如东县、通州区、海门市和启东市，如图3.1所示。

3.1.2 气候

全球气候不仅具有纬度地带性特征，而且由于下垫面的影响，有大陆性气候和海洋性气候之分②。我国海岸带地区主要分布在暖温带湿润地区、暖

---

① 张长宽，江苏省近海海洋环境资源基本现状［M］. 北京：海洋出版社，2013.

② 周淑贞. 世界气候分类刍议［J］. 华东师范大学学报（自然科学版），1980，000(003)：1.

温带半湿润地区、北亚热带湿润地区、中亚热带湿润地区、南亚热带地区、边缘热带地区、中热带地区。江苏海岸带受季风气候控制，处于北亚热带向暖温带过渡地带，兼受海洋性和大陆性气候双重影响，苏北灌溉总渠以北，沿海全年太阳总辐射能量达 118 - 126kCal/cm^2，年日照量 2400 - 2650h；苏北灌溉总渠以南，沿海全年太阳总辐射能量达 110 - 118kCal/cm^2，年日照量 2100 - 2400h，年平均气候自北向南递增，总渠北 13 - 14℃，总渠南 14 - 15℃；年平均降水量总渠北 900 - 1000 毫米，总渠南 1000 - 1100 毫米①②。

3.1.3 地质地貌

地壳在发展过程中不断地形成各种层状岩石，包括沉积岩、变质岩和火山岩，同时在悠久的地质年代发生了多次沧海桑田，如扬子台地区早古生代曾长期沉没于海水中，后来受到加里东运动的影响，到泥盆纪初期，大部分地区隆起为陆，但此后多次海侵③。在江苏省界内，各地质年代的地层比较完整，从最古老的太古代变质岩到最新的第四纪沉积层，不同地质年代岩层主要集中出露在北部和西南部低山丘陵地区④，其他大部分平原地区为第四纪沉积层。地球地表形态很大程度上受到内力控制和外力作用共同影响而成。地球表面上存在大型地貌单元如海洋、大陆、山地、高原、盆地等，这些主要是由于地壳构造运动所形成的；同时在重力、流水等外力作用下，形成山地斜坡、河谷、河漫滩、河口三角洲、喀斯特海岸海蚀、堆积地貌等⑤。江苏省 85% 的面积为平原，包括江、河、湖、塘等，其海拔都在 45m 以下，且半数以上在 10m，甚至 5m 以下，里下河平原、东部滨海平原和长江三角洲尤为低平，基本都在 5m 以下⑥。

---

① 任美锷，江苏省滩涂围垦区和海涂资源综合调查报告［M］．北京：海洋出版社，1985.

② 许艳，濮励杰，张润森，等．近年来江苏省海岸带土地利用/覆被变化时空动态研究［J］. 长江流域资源与环境，2012，21（5）：565 - 571.

③ 张祖陆，地质与地貌学［M］．北京：科学出版社，2012.

④ 沈德福，史学正，吕成文，等．江苏沿江地区土壤肥力空间分布及其区域对比研究［J］．长江流域资源与环境，2005，14（3）：316 - 321.

⑤ 张祖陆，地质与地貌学［M］．北京：科学出版社，2012.

⑥ 卢晓旭，陆玉麒，靳诚，等．江苏湿地资源旅游开发适宜性评价［J］．自然资源学报，2011，26（2）：278 - 290.

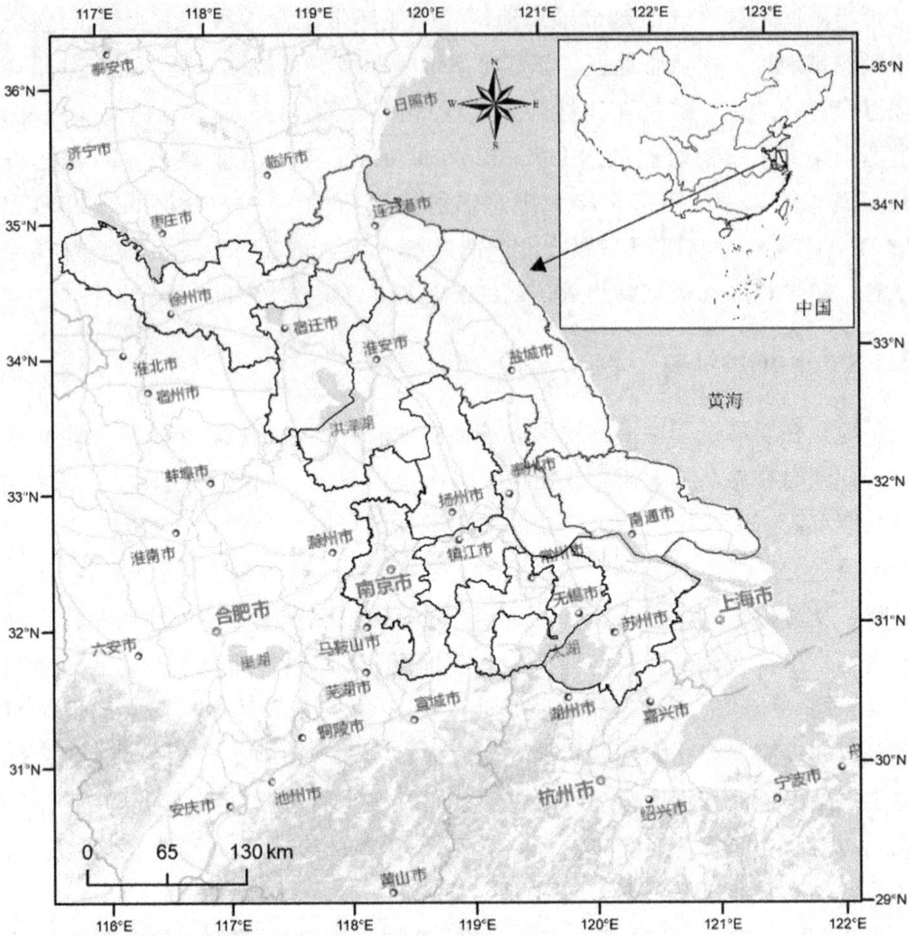

图 3.1　江苏沿海县市示意图

3.1.4 成土母质与土壤分布

江苏省成土母质按其成因可分为九类，包括残积母质、坡积母质、河流冲积母质、黄土和黄土状堆积物、第四纪红土母质、火山喷发堆积物、湖相沉积母质、三角洲相沉积物和海相沉积物。其中，海相沉积物主要分布于海安至盐城以东海积平原地区。南通至如东以东和赣榆、东海、灌云等县东部也有分布。沉积物主要特征为灰黄、青灰色砂壤或棕黄、褐色黏土淤泥，含碳酸钙和可溶性盐，有海生动物体及贝壳碎片。

江苏土壤一共分为 14 类，包括棕红壤、黄棕壤、黄褐土、棕壤、褐土、粗骨土、石灰岩土、基性岩土、紫色土、砂姜黑土、潮土、沼泽土、水稻土、滨海盐土，如图3.2所示。江苏海岸带地区主要分布着滨海盐土、潮土、水稻土等。滨海盐土是海相沉积物在海潮或高盐度地下水作用下形成的土壤，其剖面通体含盐，且盐分组成较单一，以氯化物为主。滨海盐土主要分布于苏北滨海平原，北起锈针河口，南抵长江口的启东嘴。滨海盐土的演变可分为盐分沉积堆积的地质过程，以及自然或人为条件下的成土过程，这两个过程同时进行；土壤特性的变化，主要表现在土壤、地下水的脱盐淡化与表层土壤的熟化两方面，两者相互制约、相互促进，土壤的熟化加速了脱盐进程，盐分减少又促进表土的有机质增加、结构改善、微生物活性加强等。江苏滨海盐土质地特征为沿苏北沿岸北部较黏，南部较轻，中部为壤质；其黏土矿物以伊利石为主，蒙脱石在中部岸段高于南北岸段；土壤盐分的离子组成，随盐分含量不同而变化，氯和钠离子含量占绝对优势。滨海盐土中的水盐运动是影响该类型土壤利用程度的重要因素，其水盐运动主要受气候、土壤性状、地下水位、自然植被等自然、人为因素影响。

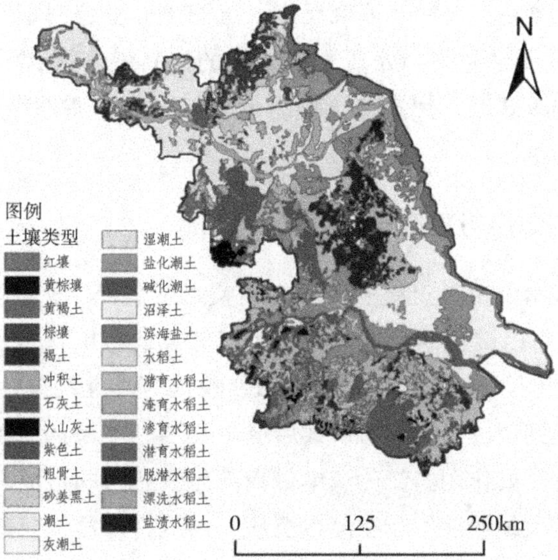

图3.2　江苏土壤图

潮土是发育于近代河流冲积母质，受地下潜水作用，经长期旱作耕种而形成的一类半水成土，曾被称为冲积土和浅色草甸土，是江苏省面积最大的旱耕土壤，共254万公顷，占全省土壤总面积的41%。江苏省处于我国西高东低大地形的东部低平地段，长江、淮河、黄河于此汇入东海，其带来的大量泥沙是构成潮土产生的物质基础。潮土具有两个与其发生发育过程相关的显著特征：受地下水频繁地季节性升降的影响，潮土土体中下部氧化还原环境季节性变化，致使其还原电位常低于上部土壤；在人类长期的耕作、施肥和排灌等农业措施下，原本有机质含量低、土壤结构发育差的潮土，其有机质和主要养分不断更新、积累，同时形成土壤有机－无机复合体，有利于土壤结构的形成。根据潮土的不同沉积物类型，结合土壤pH、石灰含量、地下水化学性质等，可将其分为潮土、灰潮土、脱盐潮土和盐化潮土四个亚类。其中，潮土亚类主要分布于黄淮平原，共133.26万公顷，占全省土壤总面积的21.66%。根据母质来源和性质可划分为棕潮土与黄潮土两个土属。棕潮土母质源自沂蒙山区及沂沭河支流上游低山丘岗片麻岩等酸性变质岩和砂页岩风化产物；土壤呈微酸性至中性，无石灰性反应，缺磷少钾。黄潮土为江苏省潮土土类中面积最大的土属，面积117.57万公顷，发育于黄河泛滥所致的冲积、沉积母质，集中分布在废黄河沿岸的徐州、连云港、淮安三市。其土层深厚，石灰含量高，中性偏碱反应；黄潮土养分普遍不高，且与土壤质地轻重相关，如质地重的养分高于质地轻的，其中全氮含量低，全磷含量高，速效磷则比较缺乏，钾素与土壤质地密切相关，质地轻的表现为缺钾，质地重的表现为富钾。

3.1.5 江苏海岸历史变迁

江苏现代海岸是在历史演变过程中慢慢形成的①。据史料记载，黄河在1194年至1855年以淮河的河道入海，为江苏苏北海岸带来了大量泥沙，但1855年之后，黄河从山东入海后，滨海、响水等苏北海岸由于泥沙供应不足，海岸不断受到侵蚀，废黄河口共后退20千米②。黄河从苏北入海对苏北岸线的塑造起着重要作用。江苏海岸带南部与长三角的形成和发育过程密切关联，长江携带大量泥沙不断在河口沉积，形成许多沙洲，随着地球自然作用，长江河口逐渐由北向南移动，沙洲不断淤长成陆，海岸线逐渐往南延伸。江苏省中部海岸由黄河和长江三角洲共同作用发育而成，有辐射状沙洲，同时进一步促进中部海岸的淤长。江苏省海岸类型简单，大多数属于淤

---

① 陈邦本，方明．江苏海涂土壤的形成与开发［J］．南京农业大学学报，1989，2：013.
② 同上。

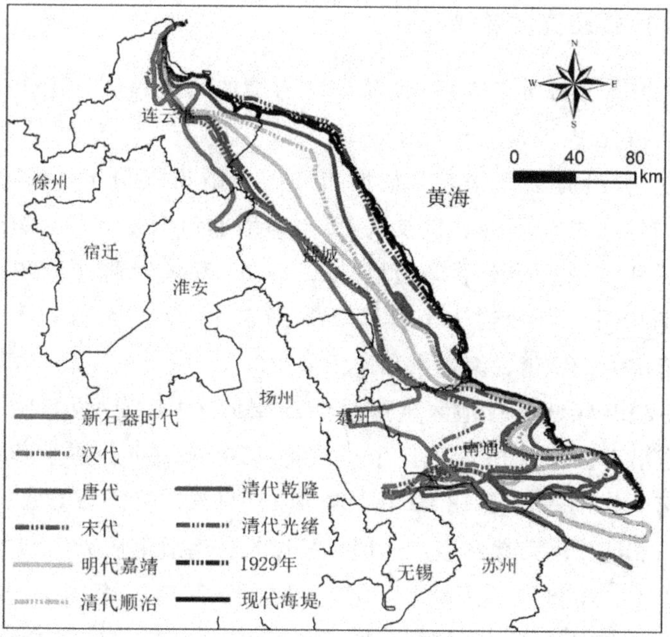

图 3.3　江苏海岸带历史变迁①

泥质海岸，在北部海州湾和连云港附近有砂质海岸和基岩性海岸存在。通过《江苏省海岸带综合考察报告》的历代海岸线分布（图 3.3）可以看出，不同海岸断面滩涂淤积速率不同。启东、海门和如东东部海岸线淤积于明朝和清朝，之后一直处于稳定状态；如东北部海岸线自明朝后淤积后，一直处于稳定状态。东台、大丰、射阳、滨海、响水滩涂自从宋朝开始到清朝一直处于淤积状态。连云港海岸属于基岩性海岸，滩涂淤积速率较小且相对稳定。1977 – 2014 年江苏省中部滨海湿地射阳河口以南岸线段总体以淤长为主，总体淤长速度在 20m/yr②。受到岸外辐射沙脊群和废黄河口的细颗粒沉积物供给，江苏中部海岸潮滩快速淤长，沉积速率为 1 – 5cm/a③。

---

① 任美锷，江苏省滩涂围垦区和海涂资源综合调查报告［M］．北京：海洋出版社，1985.

② 李建国，濮励杰，徐彩瑶，等．1977 – 2014 年江苏中部滨海湿地演化与围垦空间演变趋势［J］．地理学报，2015，70（01）：17 – 28.

③ 王文昊，高抒．江苏中部海岸潮滩沉积速率特征值的数值实验分析［J］．南京大学学报（自然科学版），2014，50（5）：656 – 665.

3.1.6 社会经济发展状况

2000－2013 年江苏省人口从 7327.24 万增加到 7939 万，三个沿海县市人口与全省的占比从 27.78% 下降到 26.58%。2013 年江苏沿海县市人口为 2106.83 万。从沿海县市来看，盐城市和连云港市人口不断增长，分别从 795.57 万增加到 823.77 万，以及从 455.6 万增加到 520.18 万，而南通市人口从 2000－2010 年一直处于下降趋势，从 784.53 万减少到 762.88 万，2010－2013 年略有上升，上升到 766.51 万，如图 3.4 所示。从人口绝对数来看，从大到小依次为盐城市、南通市和连云港市。

2000－2013 年江苏省地区生产总值从 8553.69 亿元增加到 59161.75 亿元。江苏省沿海县市 2013 年地区生产总值为 10300 亿元，三个沿海县市地区生产总值与全省的占比从 18.42% 下降到 17.41%。从沿海县市来看，南通市、盐城市和连云港市地区生产总值不断增长，南通市从 736.44 亿元增加到 5038.89 亿元，盐城市从 548.59 亿元增加到 3475.5 亿元，连云港市从 291.13 亿元增加到 1785.42 亿元（图 3.4）。从地区生产总值的绝对数来看，从大到小依次为南通市、盐城市和连云港市，但三个县市的增长速度不同，其中南通市的增长速度最快，其次分别为盐城市和连云港市。

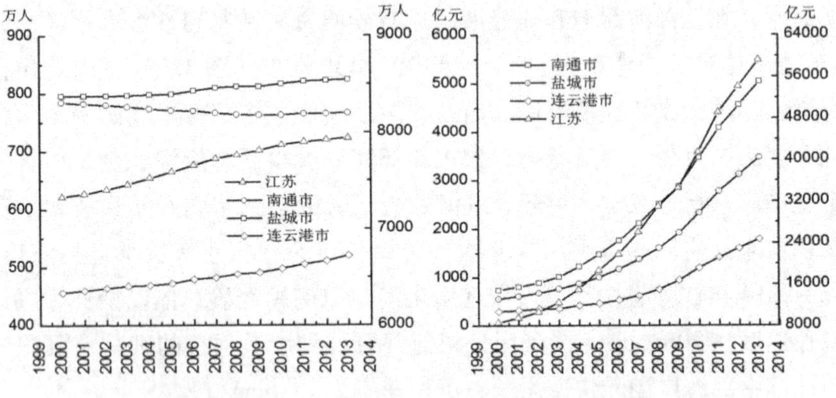

图 3.4　江苏沿海人口（左图）和地区生产总值（右图）变化情况

综上所示，不管从人口还是地区生产总值来看，沿海县市的人口数量和经济发展相对落后于全省其他县市，从沿海县市的内部来看，南通市人口数量处于第二位，但其地区生产总值最高，经济发展水平最好；盐城市人口数量处于第一位，但地区生产总值处于第二位，经济发展水平一般；连云港市人口数量处于第三位，地区生产总值也最小。从 2013 年人均地区生产总值来看，从高到低依次为南通市、盐城市和连云港市，分别为 6.57 万元/人、4.22 万元/人和 3.43 万元/人。江苏省沿海县市占了全省近 1/4 的土地，承载了全省近 1/5 的人口，产出江苏省近 1/6 的地区生产总值。

3.1.7 江苏沿海土地利用格局

1980 年江苏省沿海土地利用类型中（图 3.5，表 3－1），耕地面积最大为 17901.89 平方千米，占比为 72.94%。其次为城镇用地及农村居民点，面积为 1635.29 平方千米，占比为 6.66%。滩涂和草地面积处于第三位和第四位，面积分别为 1329.61 平方千米和 1297.55 平方千米，占比分别为 5.42% 和 5.29%。接下来其他土地利用类型按照面积排序分别为其他建设用地、水域、林地、滩地和未利用地。

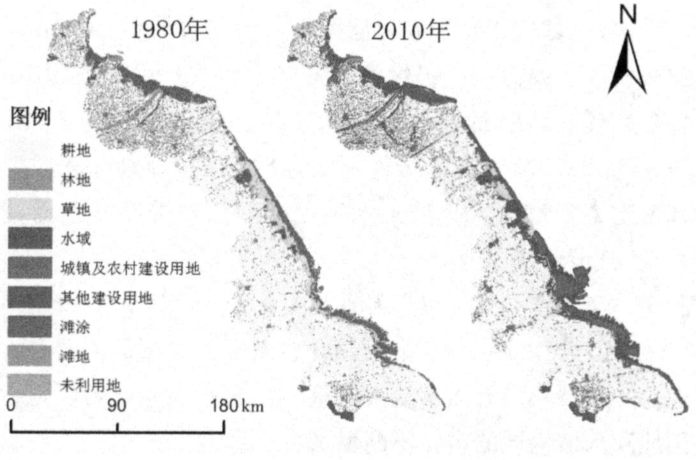

图 3.5　江苏沿海城市土地利用格局分布

表 3－1　1980－2010 年江苏沿海地区土地利用结构

土地利用类型	1980 年		2010 年	
	面积（平方千米）	占比（%）	面积（平方千米）	占比（%）
耕地	17901.89	72.94	17197.29	68.14
林地	302.96	1.23	274.29	1.09
草地	1297.55	5.29	575.86	2.28

续表

土地利用类型	1980 年		2010 年	
	面积（平方千米）	占比（%）	面积（平方千米）	占比（%）
水域	722.20	2.94	1380.93	5.47
城镇及农村居民点	1635.29	6.66	2401.41	9.52
其他建设用地	1146.85	4.67	1175.72	4.66
滩涂	1329.61	5.42	1910.69	7.57
滩地	205.58	0.84	202.85	0.80
未利用地	2.00	0.01	118.64	0.47
总计	24543.94	100.00	25237.67	100.00

与 1980 年江苏省土地利用类型相比，2010 年土地总面积增加了 694.27 平方千米，来源于滩涂淤长。耕地面积减少为 17197.29 平方千米，占比减少为 68.14%。其次为城镇用地和农村居民点，面积增加到 2401.41 平方千米，占比增加到 9.52%。滩涂面积仍然处于第三位水平，面积为 1910.69 平方千米，占比为 7.57%。草地面积不断减少，与之相反的是水域面积不断增加，水域面积增加到 1380.93 平方千米，占比为 5.47%。草地面积减少到 575.86 平方千米，占比为 2.28%。其他土地利用类型面积排序分别为其他建设用地、林地、滩地和未利用地。

综上所述，江苏省沿海县市主要景观为耕地，其次为城镇用地和农村居民点。1980－2010 年由于工业化、城镇化以及经济发展的需要，大量耕地转为建设用地，海岸带滩涂天然草地被围垦转为水域用地或者耕地，经济效益好的建设用地和水域用地的占比不断增加。

3.2 江苏沿海粮食生产情况

3.2.1 江苏沿海县市粮食生产情况

江苏省粮食总产量 1949－2013 年持续上升，从 748 万吨增加到 3422.98 万吨，粮食总产量增加了近 3.58 倍（图 3.6）。1949－2013 年，夏粮产量从 217 万吨增加到 1195.83 万吨，增加了 4.5 倍，秋粮产量从 531.5 万吨增加到 2227.15 万吨，增加了近 3.19 倍。秋粮产量是夏粮产量的 2 倍。2011 年江苏沿海县市粮食总产量为1336.89万吨，占江苏省粮食总产量（3307.76万吨）的40.42%。1980年江苏沿海县市粮食总量为610.33万吨，占江苏省粮食总产量（2417.95万吨）的25.24%（图3.7）。江苏沿海县市粮食总量在江苏省粮食总量的占比不断提升。

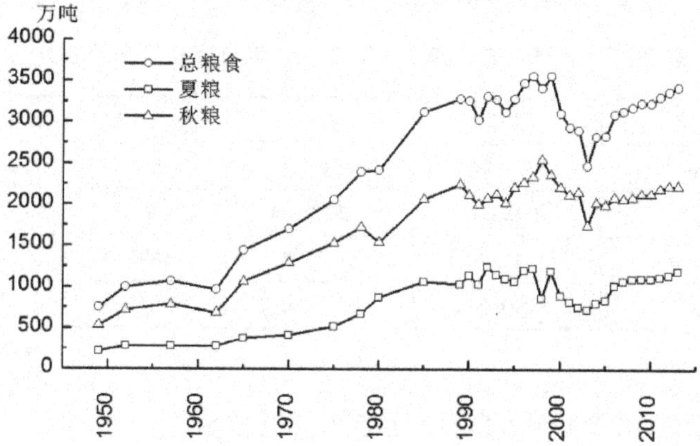

图3.6 1949-2013年江苏省粮食产量变化

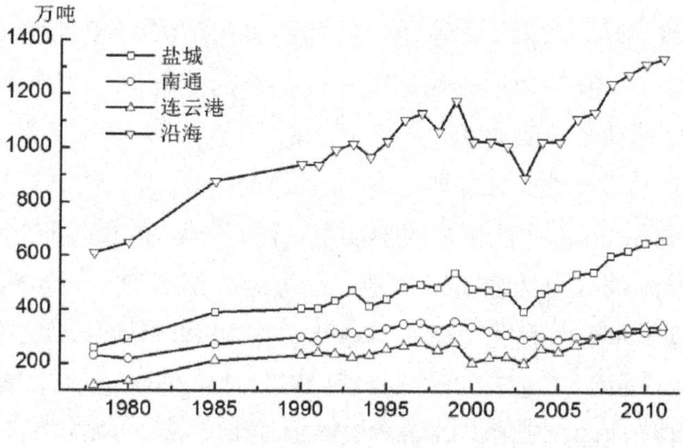

图3.7 江苏沿海县市1978-2013年粮食产量变化

比较沿海三个市来看，盐城粮食总产量最高，占江苏省粮食总产量的20.01%（表3-2），其次为连云港（10.46%），南通（9.95%）粮食总产量最低。2011年盐城市、南通市和连云港市粮食总产量分别为661.79万吨、329.12万吨和345.98万吨，盐城的粮食总产量约为南通市和连云港的2倍，连云港和南通市粮食总产量相当。

从粮食单产来看（表3－2），江苏省2011年小麦和水稻的粮食单产分别为4844kg/hm^{2}和8290kg/hm^2。江苏沿海县市粮食单产高于江苏省平均水平，盐城市小麦和水稻的粮食单产分别为5708kg/hm^{2}和9217kg/hm^2，南通市小麦和水稻的粮食单产分别为5835kg/hm^{2}和8651kg/hm^2，连云港市小麦和水稻的粮食单产分别为5675kg/hm^{2}和9053kg/hm^2。

表3－2　2011年江苏及其沿海三市粮食产量及单产情况

	江苏	盐城	南通	连云港
粮食产量	3307.76	661.79	329.12	345.98
占比	100.00	20.01	9.95	10.46
小麦单产（kg/hm^2）	4844.00	5708.00	5835.00	5675.00
稻谷单产（kg/hm^2）	8290.00	9217.00	8651.00	9053.00

3.2.2 江苏沿海县市农用地分等和产能核算

2001年国家出台农用地分等定级规程，2004年江苏省农用地分等定级成果在《江苏省农用地资源分等研究》一书中出版。其中江苏沿海县市农用地32.9%为四等地，27.69%为三等地，27.16%为五等地，6.52%为六等地，2.96%为二等地，2.02%为七等地，仅有0.74%为一等地（图3.8）。江苏沿海县市农用地自然质量指数偏低。

2008年江苏省国土资源厅开展了农用地产能核算研究，将江苏省分等单元自然质量等指数代入理论产能核算数学模型，得到分等单元的理论单产。从计算结果得到，沿海地区自然质量二等地、三等地、四等地、五等地、六等地、七等地对应的理论单产分别为20280.71kg/hm^2、19819.91kg/hm^2、19453.39kg/hm^2、19046.36kg/hm^2、18527.23kg/hm^{2}和18172.03kg/hm^2。江苏省沿海地区水田、水浇地和旱地的理论单产分别为19420.73kg/hm^2、19033.38kg/hm^2，和19083.80kg/hm^2。江苏省沿海地区水田、水浇地和旱地的可实现单产分别为18220.10kg/hm^2、17153.97kg/hm^{2}和17020.01kg/hm^2。

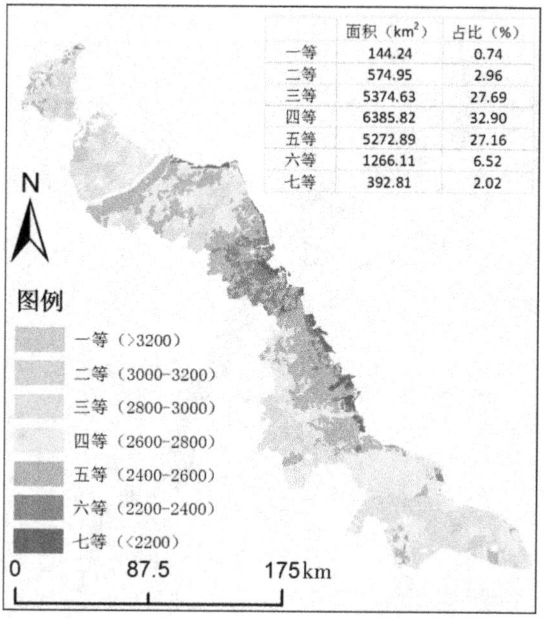

图3.8 江苏沿海县市农用地分等定级成果

3.3 江苏沿海滩涂围垦区概况

3.3.1 沿海滩涂围垦区示意图

江苏沿海滩涂围垦区是人类框围潮滩而形成的，对于低高程潮滩，框围之后需要进行吹沙填埋处理。据统计江苏省目前共有387个滩涂围垦区（图3.9），大面积的围垦滩涂用于农业、养殖以及盐田开发，带来了很大的社会经济效益。随着改革开放以来，尤其21世纪以来，我国工业化、城市化和国际化进程不断加快，沿海滩涂开发利用方式逐渐多样化，比如工业区、港口开发区、绿色能源开发区等。江苏省滩涂围垦区示意图如图3.9所示。

3.3.2 江苏沿海滩涂围垦开发利用过程

江苏省沿海滩涂围垦经历了三个阶段，第一阶段为人工围垦阶段；第二阶段为人工与半机械手段结合阶段；第三阶段为机械化围垦阶段。滩涂围垦技术不断提升的过程导致近年来滩涂围垦面积不断加大。滩涂围垦后，首先进行土

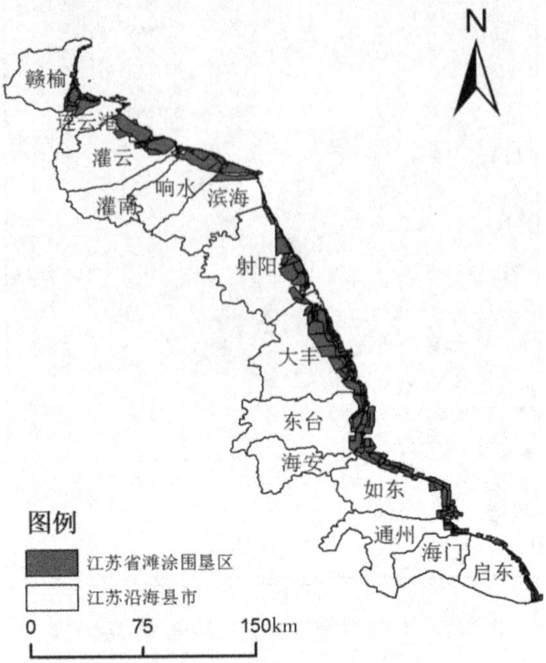

图 3.9　江苏沿海滩涂围垦区示意图

地平整工作，一般情况下在滩涂围垦区内挖一个很深的坑取砂用于周边土地的平整，如图 3.10 所示。由于土壤盐分较高，滩涂围垦初期大部分盐碱地处于闲置状态并种植改良作物，土壤脱盐后开始种植粮食作物；在法律法规允许的情况下，进行渔业养殖、能源开发以及城镇和工业建设，如图 3.11 所示。

图 3.10　滩涂围垦开发利用过程取土坑

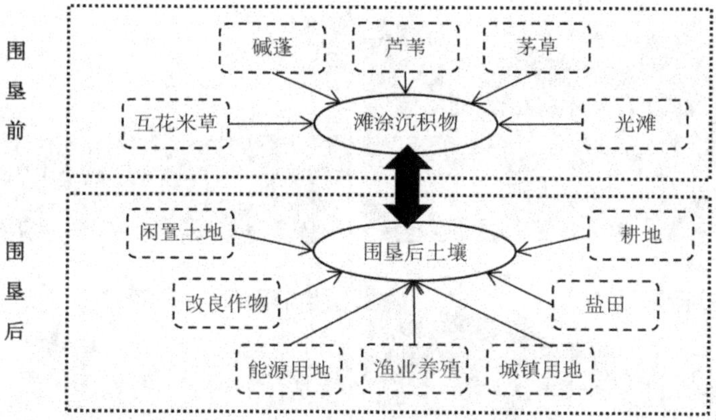

图 3.11　江苏沿海滩涂围垦过程示意图

随着人类围垦开发，海堤和挡潮闸的建设阻挡住海潮的入侵，滩涂沉积物不再被海水浸泡，随着降水、灌溉等过程，土体中盐分不断流失。人们在新围垦的垦区开垦渔业养殖水面带来巨大经济效益，在部分海岸区域，可以建设深水港带动海港城镇建设，盐田和工业区也是新围垦滩涂的重要利用方式之一。在连云港和盐城海岸，其砂质海滩以及湿地自然保护区都是海岸旅游开发的黄金地段。当海岸带土壤盐分下降到一定程度后，在沿海滩涂上可以种植粮食作物（图 3.12）。江苏省未围垦滩涂滨海湿地上主要分布的植被有互花米草、碱蓬、茅草、芦苇等（图 3.13）。

图 3.12　江苏沿海滩涂土地利用方式

图 3.13　江苏滨海湿地互花米草（左）和碱蓬（右）

3.4 如东县滩涂围垦区概况

如东县位于我国东部沿海地区（120°42′－121°22′E，32°12′－32°36′N）①，濒临黄海，下辖15个镇，34个社区居民委员会、13个居民委员会，218个村民委员会，面积1872平方千米。如东县拥有丰富的土地资源，其中农用地、建设用地和水域用地的面积分别为14.33万公顷、3.13万公顷以及1.7万公顷。研究区域如图3.14所示。潮滩是如东县最为宝贵的土地资源之一，总面积为6.93万公顷，从1951年以来，如东的滩涂资源已围垦开发2.41万公顷②。本研究涉及6个围垦区③，具体见表3－3、图3.14。

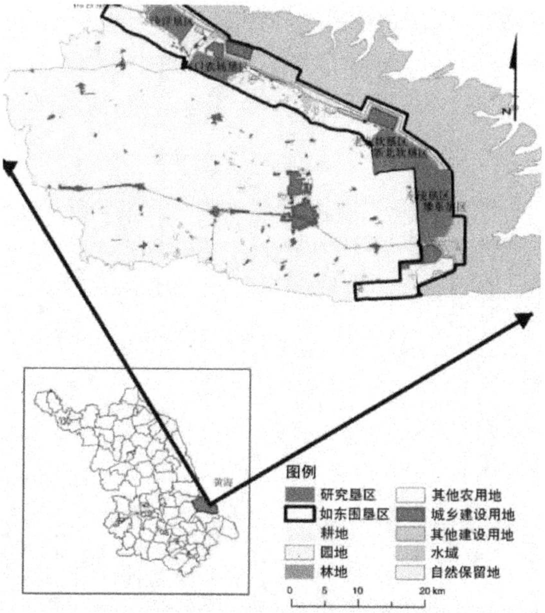

图3.14 研究区示意图

① 许艳，濮励杰．江苏海岸带滩涂围垦区土地利用类型变化研究——以江苏省如东县为例［J］．自然资源学报，2014，29（4）：643－652.

② 任美锷，江苏省滩涂围垦区和海涂资源综合调查报告［M］．北京：海洋出版社，1985.

③ 同①。

表3-3 如东县滩涂围垦区情况表

名称	围垦时间（年）	框围面积（公顷）	起围高程（米）	围堤长度（千米）
豫东垦区	2007	2067	2.5	13.351
凌洋垦区	1996	2333	3	10.866
东凌垦区	1982	3400	3.0-4.0	16.58
新北坎垦区	1974	2133	3.0-3.5	13.6
洋口农场垦区	1960	2067	3.0-4.0	14.9
老北坎垦区	1951	1200	3.0-3.5	7

第4章 江苏沿海滩涂围垦及土地利用变化分析

由前面章节介绍，江苏沿海滩涂大多数为淤泥质海岸，且中部海岸受到辐射沙洲的影响淤长速率较高，北部海州湾和连云港为砂质和基岩性海岸，岸段相对稳定，南部海岸淤长速率较低。然而江苏省沿海滩涂围垦力度自20世纪以来不断加大，围垦速度远高于淤长速率①。江苏省20世纪以来经历了两次围垦高峰，第一次在20世纪10年代；第二次在20世纪50年代②。本章节研究江苏省沿海滩涂在1948年以后滩涂围垦过程以及滩涂围垦后土地利用格局的演变特征，最后简要分析滩涂围垦开发的原因。

4.1 江苏海岸带滩涂围垦时空特征分析

江苏沿海地区土地利用受到经济、社会和政策因素的影响，耕地、建设用地等土地利用类型不断发生变化。沿海地区土地利用变化的热点区域分布在建成区和沿海滩涂地带，建成区周边建设用地蚕食着其他土地利用类型，同时沿海地区潮间带滩涂湿地资源不断遭到人类围垦并开发利用。1949年以来，江苏省共围垦开发滩涂资源31.80万公顷，其中1948－1984年共围垦了18.93万公顷，1985－1989年共围垦0.9万公顷，1990－1994年共围垦了0.46万公顷，1995－1999年共围垦了3.06万公顷，2000－2004年共围垦了2.18万公顷，2005－2009年共围垦了3.66万公顷，2010－2014年共围垦了2.60万公顷（图4.1）。从近60多年滩涂围垦历史来看，江苏省滩涂围垦可以分为三个阶段，第一阶段为1948－1984年，滩涂围垦面积最大，为18.93公顷，年均围

① 李建国，濮励杰，徐彩瑶，等．1977－2014年江苏中部滨海湿地演化与围垦空间演变趋势［J］．地理学报，2015，70（01）：17－28.

② 张晓祥，严长清，徐盼，等．近代以来江苏沿海滩涂围垦历史演变研究［J］．地理学报，2013，68（11）：1549－1558.

垦 5116 平方米；第二阶段为 1985－1994 年，滩涂围垦面积最小，为 1.36 公顷，年均围垦 1360 平方米；第三阶段为 1995－2014 年，滩涂围垦面积居中，为 11.5 公顷，但年均围垦面积最大，其值为 5750 平方米。

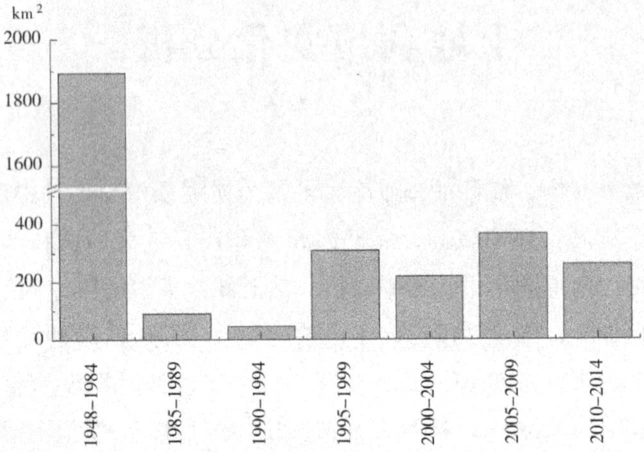

图 4.1　不同时间段沿海滩涂围垦面积

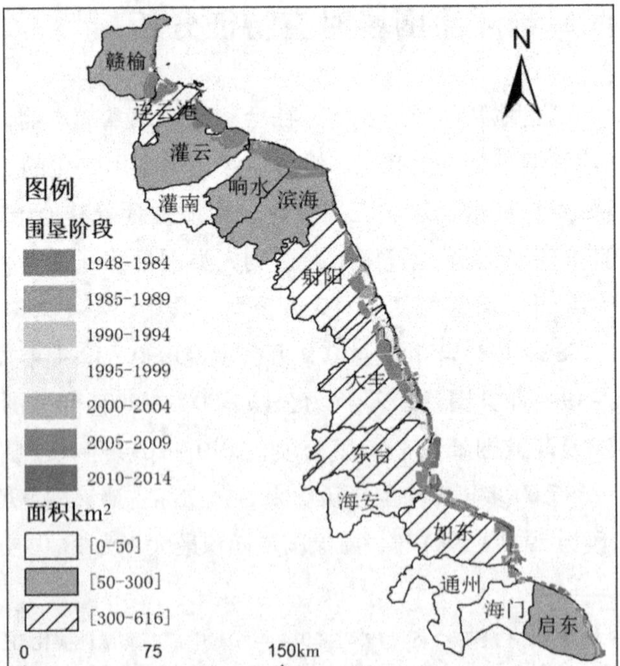

图 4.2　江苏沿海滩涂不同时间段围垦区

从图4.2中可以看出，1948－1994年滩涂围垦主要发生在整个沿海地区，1995－2014年滩涂围垦主要发生在江苏中南部。从三个县市比较来看，盐城市滩涂围垦面积最大，为1859.60平方千米，其次为南通，围垦面积为684.56平方千米，最后为连云港，围垦面积为636.09平方千米。从江苏省14个县市来看，除了灌南县外，大丰市、如东、东台、射阳河连云港滩涂围垦面积较大，分别为6.16万公顷、4.22万公顷、4.14万公顷、3.97万公顷和3.27万公顷，其次为响水、滨海、灌云、启东和赣榆，滩涂围垦面积分别为2.43万公顷、1.89万公顷、1.59万公顷、1.51万公顷和1.50万公顷，最后，通州、海安和海门围垦的面积最小，分别为0.44万公顷、0.43万公顷和0.24万公顷。

不同县市滩涂围垦在不同阶段表现不一，如图4.3所示。连云港市1948－1984年滩涂围垦力度较大，围垦面积为569.79平方千米，但1984年以来滩涂围垦面积较小，围垦总和仅为66.29平方千米；盐城市1948－1984年共围垦了1031.38平方千米，1985－2014年围垦了828.21平方千米；南通市1948－1984年共围垦了291.92平方千米，1985－2014年共围垦了392.63平方千米。盐城市1948－1984年围垦面积大于1985－2014年围垦面积，而南通市1948－1984年围垦面积小于1985－2014年围垦面积。连云港位于黄海北部，每年都会受到台风灾害的影响，由于黄河泥沙来源的减少，滩涂淤长甚少，而且连云港部分海岸属基岩性海岸，因此连云港市1948－1984年滩涂资源开发基本达到最大潜力，沿海滩涂再开发难度较大且成本较高。盐城市和南通市沿海滩涂不仅受到黄河泥沙的影响，同时受到长江泥沙来源的补给，滩涂淤长速度较快，其中东台市淤长速度最快。随着经济发展水平和工业化水平不断提高，沿海人类围垦滩涂的技术逐步实现机械化，滩涂广袤的射阳、大丰、东台和如东县不断开展着滩涂围垦工作。

沿海不同县市在不同围垦阶段差异较大。1985－2014年连云港市滩涂资源围垦面积较小，从不同县市来看，滩涂围垦面积主要集中在连云港市区，围垦面积为44.36平方千米，围垦高峰期在2000－2014年，赣榆和灌云围垦面积较小，仅为21.94平方千米（图4.4）。1985－2014年盐城市滩涂资源围垦面积较大，从不同县市来看，滩涂围垦内部差异较大。响水和滨海滩涂围垦力度较小，围垦面积仅为17.46平方千米，主要因为响水和滨海海岸已经为侵蚀性海岸，滩涂围垦区仍不断受到海水吞噬；射阳县、大丰市、东台市

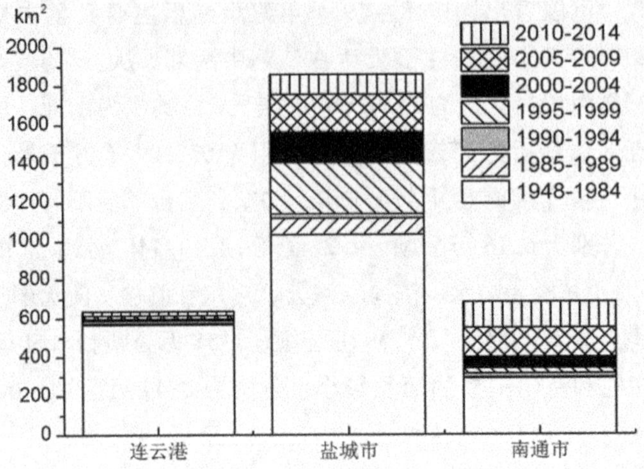

图 4.3　不同围垦阶段沿海城市滩涂围垦情况

滩涂围垦面积较大，分别为 187.21 平方千米、311.82 平方千米和 311.72 平方千米，射阳县滩涂围垦开始较早，存在两个高峰时期，分别为 1985 - 1989 年，面积为 64.47 平方千米，1995 - 2004 年，面积为 122.75 平方千米；大丰市滩涂围垦高峰时期为 1995 - 2009 年，围垦面积为 256.16 平方千米，东台市滩涂围垦存在两个高峰时期，分别为 1995 - 2000 年，面积为 120.80 平方千米，另一个为 2005 - 2014 年，面积为 173.33 平方千米。与 1948 - 1984 年相比，1985 - 2014 年南通市滩涂资源围垦面积较大，但主要集中在如东县和启东市，如东县围垦高峰期为 2005 - 2014 年，围垦面积为 172.50 平方千米，其潮间带较宽，滩涂资源丰富；启东市虽然潮间带较窄，但其海岸线较长，因此 2000 - 2014 年也一直开展滩涂围垦工作，围垦面积为 96.19 平方千米。然而，海安、海门和通州由于海岸线较短，海岸滩涂资源较小，滩涂围垦力度很小（图 4.4）。

因此，在 1985 - 1989 年江苏省围垦集中在射阳县；1990 - 1994 年集中在大丰和如东县；1995 - 1999 年集中在东台和大丰；2000 - 2004 年集中在射阳和大丰；2005 - 2009 年集中在大丰、东台和如东；2010 - 2014 年集中在东台和如东。

通过重心模型计算得到江苏省沿海 1948 - 1984 年滩涂围垦区重心位于射阳县西北角（图 4.5）。1985 - 2014 年江苏省沿海滩涂围垦重心从 1948 - 1984 年后不断向东和向南偏移。1984 - 1989 年江苏省滩涂围垦重心向东偏移

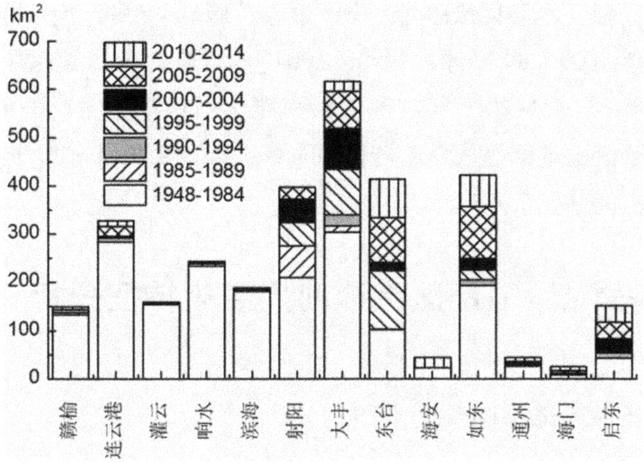

图 4.4　不同围垦阶段沿海县市滩涂围垦情况

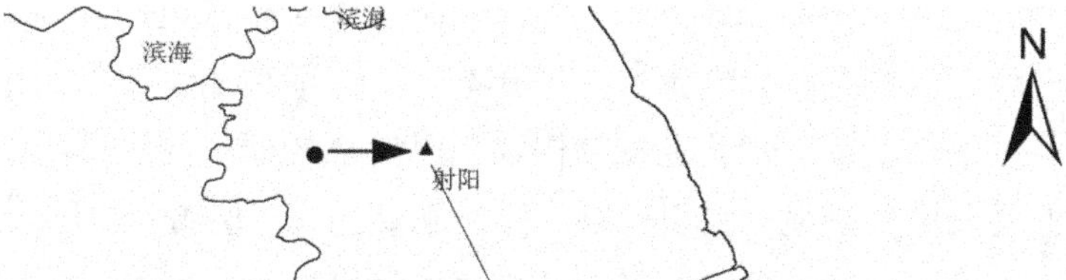

图 4.5　江苏省沿海滩涂围垦重心转移路径

1.3 千米；1989－1994 年江苏沿海滩涂围垦重心向南偏移 7.3 千米，江苏沿海滩涂围垦重心从射阳县转移到大丰市中心；1994－1999年江苏省沿海滩涂围垦重心向南偏移0.89千米；1999－2004年江苏省沿海滩涂围垦重心向东偏移1.1千米；2004－2009年江苏省沿海滩涂围垦重心向南偏移2.8千米，江苏省沿海滩涂围垦重心从大丰转移到东台；2009－2014年江苏省沿海滩涂围垦重心向南偏移1.3千米。

4.2 江苏省滩涂围垦区土地利用变化特征分析

4.2.1 江苏省滩涂围垦区类型划分

1948－2014年江苏省共387个滩涂围垦区。江苏滩涂围垦以来，生态系统服务功能较高的滩涂湿地不断减少，互花米草、碱蓬群落被围垦后，脱离了原立地环境，群落生长态势不如从前。滩涂土壤粉砂粒组分较高，保水能力不足，同时，土壤溶液盐分较高，养分不足，也不利于农作物的生长，滩涂围垦后经过整理复垦，能够生长农作物，但产量较低。同时，滩涂围垦后大量的企业受到廉价土地的吸引安置在滩涂围垦区，地方政府不断加大交通道路的建设，沿海地区建设用地仍有不断增长的趋势。利用2014年Landsat8拍摄的OLI遥感影像，分析江苏省这387个滩涂围垦区土地利用方式的特征。通过Envi4.8软件的监督分类，提取滩涂围垦区内的耕地，并结合遥感影像对滩涂围垦区土地利用方式进行划分。

从图4.6所示，连云港滩涂围垦的主要利用方式为城镇、工业和养殖，农业利用方式较少；盐田和工业区主要分布在连云区，赣榆海岸线主要分布城镇用地，灌云海岸线主要分布着养殖产业。盐城市滩涂围垦开发综合性较好，以农业和养殖为主，兼顾部门工业发展；盐城滨海和响水以盐田开发为主，射阳以农业和养殖为主，大丰滩涂开发较为综合，以农业、工业和养殖为主；东台以农业和养殖为主。南通市滩涂围垦开发综合性也较强，主要开发利用方式为工业、养殖和农业；农业开发利用方式主要分布在如东，养殖利用方式分布在如东和启东；城镇工业利用方式在如东和通州均有分布。滩涂围垦后存在很大一部分垦区处于未开发利用状态，主要分布在东台市、如东县和通州区。

江苏省农业开发利用方式的垦区在不同阶段占比不同，1948－1984年滩

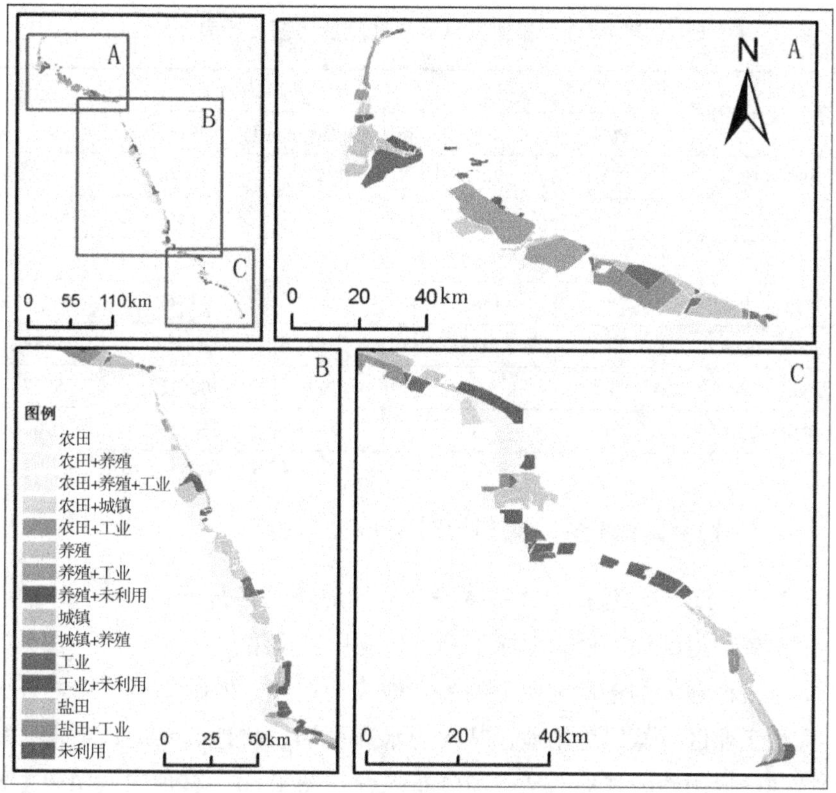

图 4.6　江苏沿海围垦区分类

涂围垦区中有约 47.81% 为农业滩涂围垦区。1985－1989 年滩涂围垦区中有约 60% 为农业滩涂围垦区。1995－1999 年滩涂围垦中农业垦区占 50%。2000 年之后围垦的滩涂垦区农业开发利用较少。2010－2014 年没有农业垦区，如表4－1 所示。有学者提出，江苏沿海用途以农业、水产养殖、国营盐场为主，工业用地和港口建设用地大大不足①，然而江苏省滩涂围垦开发目前正在向用地效益高的工业用地和港口建设用地转变。

① 张晓祥，严长清，徐盼，等．近代以来江苏沿海滩涂围垦历史演变研究［J］．地理学报，2013，68（11）：1549－1558.

表4－1　农业围垦区与滩涂围垦区占比表

围垦阶段（年份）	农业围垦区		滩涂围垦区		面积占比
	数量	面积（平方千米）	数量	面积（平方千米）	
1948－1984	53	905.85	139	1894.67	47.81%
1985－1989	2	53.85	17	90.36	59.59%
1990－1994	2	3.53	11	46.44	7.60%
1995－1999	8	158.37	28	307.35	51.53%
2000－2004	2	3.38	75	219.07	1.54%
2005－2009	2	21.15	70	366.43	5.77%
2010－2014	0	0	46	260.34	0.00%

4.2.2 沿海滩涂围垦开发利用时空特征分析

4.2.2.1 江苏省沿海滩涂围垦开发利用时空特征分析

根据统计得到江苏沿海滩涂不同土地利用类型结构（图4.7），江苏省滩涂围垦区占比最大的土地利用类型为其他建设用地，即独立于城镇之外的工矿、大型工业区、盐田等用地，其次为水库坑塘、耕地、滩地、草地、裸土地、城乡建设用地和林地。从空间分布来看（图4.8），其他建设用地主要分布在江苏沿海滩涂垦区的北部，水库坑塘主要分布在滩涂围垦区的中部和南部；耕地在整个沿海滩涂垦区均有分布，草地主要分布在围垦区的中部，裸土地主要分布在围垦区的中南部，城乡建设用地主要分布在滩涂围垦区的北

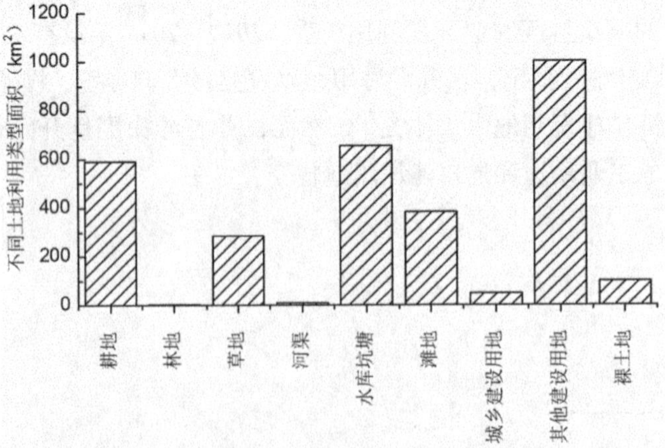

图4.7　江苏滩涂围垦区不同土地利用类型占比

部；林地面积很小，主要分布在沿海滩涂北部。

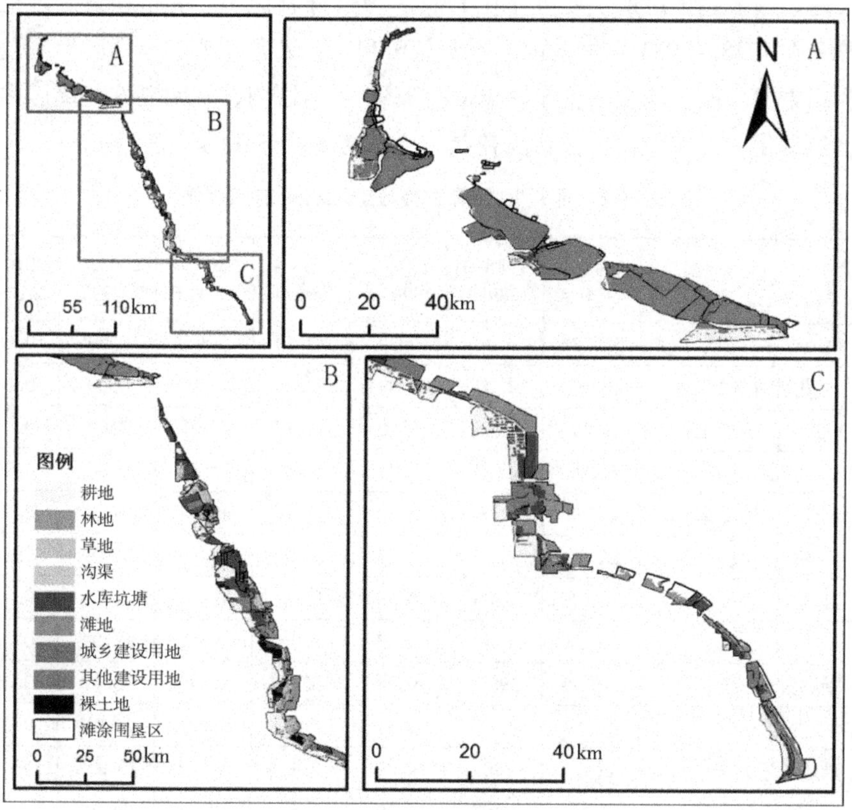

图 4.8　不同年限滩涂围垦区土地利用结构图（2010）

表 4－2 显示了江苏省不同围垦阶段不同土地利用类型变化情况。从不同围垦阶段来看，江苏省沿海滩涂 91.13% 耕地分布在 1948－1984 年围垦区，7.2% 耕地分布在 1995－1999 年滩涂围垦区，主要因为 1948－1984 年滩涂围垦面积较大，而且围垦时间较长，大量滩涂沉积物已经被开发为耕地土壤。82.95% 林地分布在 1948－1984 年围垦区，14.83% 林地分布在 2000－2004 年围垦区，这部分主要分布在滩涂北部连云港地区。22.22% 草地分布在 1948－1984 年围垦区，在 1995－2009 年围垦区均有分布，说明在围垦年限较长的垦区种植人工草地，而在新围垦的垦区内存在天然盐生植被草地。在不同年限垦区河渠均有分布，其中 1948－1984 年垦区占比最大。47.69% 水库坑塘分布在 1948－1984 年垦区，44.54% 分布在 1995－2009 年垦区内，说明滩涂围垦开发过程中，均先修建沟渠，加快土壤脱盐。滩地主要分布在

2000－2014年垦区内部，说明2000－2014年垦区内有很多滩地被围垦但尚未开发。城乡建设用地主要分布在1948－1984年垦区内。其他建设用地也主要分布在1948－1984年垦区内，说明盐田和工业区是江苏省早期滩涂围垦开发利用方式。裸土地主要分布在1995－1999年垦区内，说明在这些垦区内草地已经退化，但农作物生长状况较差，土地基本处于裸露状态。

表4－2　不同围垦阶段垦区土地利用结构变化

	1948－1984年	1985－1989年	1990－1994年	1995－1999年	2000－2004年	2005－2009年	2010－2014年
耕地（平方千米）	539.79	6.44	0.20	42.58	2.07	0.00	0.06
占比（%）	91.31	1.09	0.03	7.20	0.35	0.00	0.01
林地（平方千米）	2.20	0.05	0.00	0.00	0.39	0.00	0.01
占比（%）	82.95	1.97	0.00	0.00	14.83	0.00	0.25
草地（平方千米）	63.68	17.30	0.67	37.53	40.94	106.30	20.18
占比（%）	22.22	6.04	0.23	13.09	14.29	37.09	7.04
河渠（平方千米）	5.64	0.20	0.28	0.61	0.43	1.46	0.00
占比（%）	65.35	2.37	3.27	7.06	5.02	16.94	0.00
水库坑塘（平方千米）	315.12	39.65	9.68	133.47	87.49	73.32	2.09
占比（%）	47.69	6.00	1.47	20.20	13.24	11.10	0.32
滩地（平方千米）	11.10	1.03	4.99	2.18	40.07	131.58	193.24
占比（%）	2.89	0.27	1.30	0.57	10.43	34.25	50.30
城乡建设用地（平方千米）	44.88	0.22	0.00	4.44	0.19	0.00	0.00
占比（%）	90.25	0.44	0.00	8.92	0.39	0.00	0.00
其他建设用地（平方千米）	883.86	10.04	28.85	15.60	43.05	20.91	0.30
占比（%）	88.16	1.00	2.88	1.56	4.29	2.09	0.03
裸土地（平方千米）	15.65	14.74	1.63	65.80	1.17	0.16	0.00
占比（%）	15.79	14.87	1.65	66.36	1.18	0.16	0.00

4.2.2.2 农业滩涂围垦区土地利用格局演变

从上面分析可以发现，连云港市的滩涂围垦开发以城镇和工业开发为主，盐城和南通市滩涂围垦开发综合性较强。然而盐城市射阳县、大丰和东台农业开发围垦区主要于20世纪开发而成；21世纪开发的滩涂围垦区基本用于工业、养殖开发或者处于未利用状态。南通市启东和海门以养殖利用为主，农业开发围垦均是1948－1984年开发而成。通州和如东南部以养殖和工业为主。如东县滩涂围垦利用方式齐全，不同年限滩涂围垦均有农业垦区的存在。因此本章节选取如东县为典型县市，分析不同年限农业垦区土地利用变化的特征，为进一步指导农业垦区土地利用提供基本数据。

1. 农业滩涂围垦区土地利用结构变化

土地利用类型包括农用地、建设用地和未利用地三大类。滩涂围垦40年期间未利用地面积占比急剧下降，大量未利用地转为耕地、坑塘水面以及建设用地等，而40年后趋于稳定，未利用地占垦区的7%左右，主要表现为河流水面（图4.9）。从图4.9左可看出，农用地在围垦前30年不断增加，围垦30－50年期间，农用地格局较为稳定，围垦50年后，受到城市化、工业化影响，农用地有下降趋势。

农用地主要包括耕地和坑塘水面（表4－3）。从农用地二级地类（耕地、坑塘水面以及其他农用地）比较发现，耕地在20年到50年期间迅速增加，此期间，人类将快速改良好的脱盐土壤用于耕作①；从耕地内部结构来看，旱地面积呈现下降趋势，而水田和水浇地面积呈现上升趋势，主要因为旱地种植的作物蒸腾小，有利于土壤快速脱盐改良，而水田和水浇地容易带来土壤次生盐渍化（图4.9右）。坑塘水面围垦10年面积占比较小②，主要因为围垦工程开发结束后基础设施配套的缺乏，大量沿海滩涂未开发，在围垦10－30年期间占比稳定，30年后围垦区整体地下水位下降，土壤脱盐显著，因此大量坑塘水面可以转为耕地。对于其他农用地如林地、草地等，在围垦之前呈现波动变化，40年之后平稳上升。沟渠对于滩涂脱盐具有重要作用，除了20年滩涂围垦区以外，滩涂沟渠面积占比较高。果园在围垦20年后出现，而后呈现增加趋势；随着海堤建造标准提高，滩涂围垦区内林地建设薄弱。设施农用地、田坎、其他园地、其他林地变化影响因素较多，且占比较小，变化规律不明显。

---

① 许艳，濮励杰．江苏海岸带滩涂围垦区土地利用类型变化研究——以江苏省如东县为例［J］．自然资源学报，2014，29（4）：643－652.

② 同上。

表4-3 不同围垦年限滩涂围垦区土地利用结构

	%	10年	20年	30年	40年	50年	60年
农用地	水田	—	0.36	2.49	3.70	48.85	0.15
	水浇地	—	—	21.37	22.76	—	50.72
	旱地	31.27	27.11	12.62	23.99	12.81	8.32
	沟渠	15.26	1.43	8.54	5.34	9.27	9.04
	坑塘水面	2.22	28.22	30.61	19.75	7.78	4.06
	农村道路	0.52	4.42	2.38	4.15	1.97	2.55
	设施农用地	0.07	—	1.23	0.23	0.54	0.06
	园地	—	1.01	0.87	0.50	0.91	0.28
	林地	—	—	0.88	1.13	—	0.66
	草地	—	4.80	0.06	—	0.08	—
	田坎	—	—	0.01	—	—	—
	合计	49.33	67.34	81.04	81.54	82.22	75.82
建设用地	村庄	0.12	7.02	4.20	9.69	10.37	13.92
	建制镇	—	—	—	—	—	0.20
	采矿用地	—	—	0.03	—	0.16	1.10
	公路用地	—	—	—	1.33	0.15	1.17
	风景名胜及特殊用地	—	0.00	2.37	0.21	—	0.43
	合计	0.12	7.03	6.60	11.23	10.68	16.82
未利用地	河流水面	—	10.96	10.85	7.23	6.94	7.36
	盐碱地	—	12.96	—	—	0.15	—
	裸地	—	0.14	—	—	—	—
	沿海滩涂	50.55	1.56	1.51	—	—	—
	合计	50.55	25.63	12.36	7.23	7.10	7.36
合计	100	100	100	100	100	100	

滩涂围垦区建设用地类型较为单一，主要为村庄、建制镇、公路用地、采矿用地以及风景名胜及特殊用地，建设用地变化趋势较为特殊，呈现间歇性周期增加。在围垦10年期间，建设用地面积占比小于1%，10-30年建设用地需求约为7%，30-50年建设用地需求增加到约10%，60年建设用地占

比增加到16%，因此建设用地需求周期约为20年（表4-3）。村庄用地格局的形成受到社会经济因素及其偶然因素共同作用，在一定程度上反映出滩涂围垦区人类生活适宜程度。从表4-5中可以看出，在围垦10年，滩涂围垦区几乎没有人类生活，只存在人类生产活动。围垦20年后村庄用地占比不断增加，到60年后，村庄规模扩大，形成了建制镇。公路用地主要存在于围垦时间较长的区域，由于人类大量入住，对交通需求增强而产生。采矿用地格局的形成主要受垦区经济发展和区位因素决定。滩涂围垦区内风景名胜与特殊用地主要用于海神庙、灯塔、军事国防用地等①。

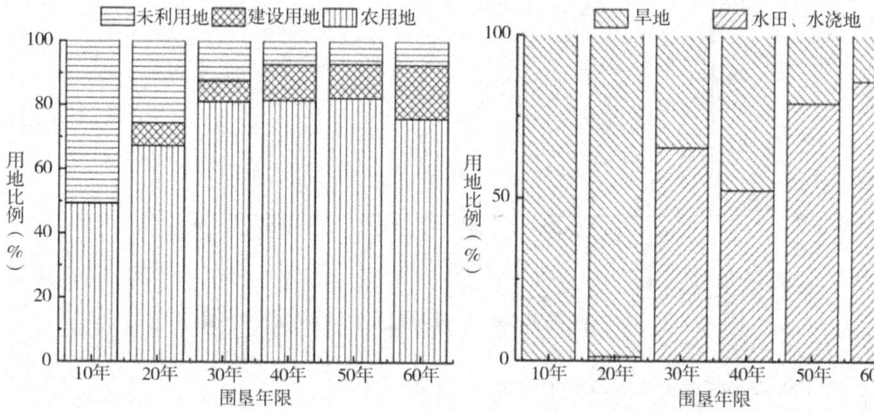

图4.9 不同围垦年限滩涂围垦区土地利用类型（左）和农用地类型（右）变化

2. 农业滩涂围垦区土地利用强度与土地利用多样性

通过计算出不同围垦年限滩涂围垦区土地利用程度与土地利用多样性指数。从图4.10可以看出，在滩涂围垦开发以来，土地利用强度处于不断上升趋势，在前30年土地利用上升程度较快，年平均增长速度为4.4%，而30年后，土地利用程度上升速度较缓②，增长速度分别为1.2%、0.3%、0.02%、0.1%。从图4.10可看出，土地利用程度增长曲线呈现“S”形。从土地利用多样性指数可以发现，围垦初期土地利用多样性指数很低，随着人类围垦开发，土地利用多样性指数随之增加，围垦30年土地利用多样性指数达到最高值，而后，人类不断对景观格局施加干预，景观

① 石雨婷．我国粮食贸易格局的主要影响因素及未来发展方向研究［J］．现代农业科技，2014，22.

② 同上。

趋于单一化，土地利用多样性指数开始下降。因此，在纯自然景观下和人造景观情况下，土地利用多样性指数均较低，而其过渡时期土地利用多样性指数最高①，在土地利用比较复杂的情况下，尤其是应注意土地利用带来的生态风险等影响②。

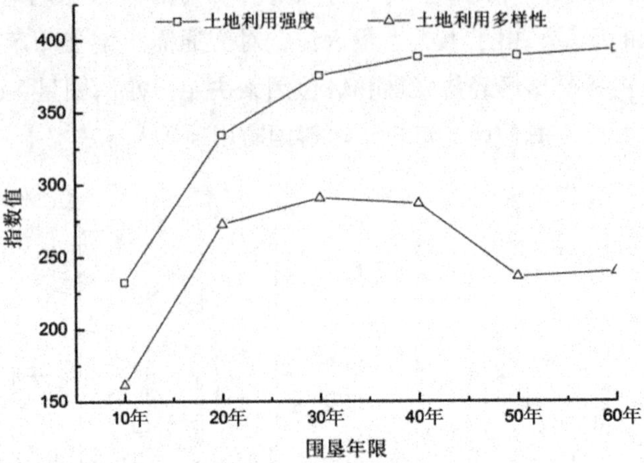

图 4.10　不同围垦年限滩涂围垦区土地利用特征指数

3. 农业滩涂围垦区土地利用格局演变过程

滩涂围垦是人类在短时间内高强度干预自然景观的人类活动，前面结果分析发现滩涂围垦区农用地、耕地以及坑塘水面这几大主要用地类型在围垦10年、30年存在转折点，围垦10－30年土地利用强度变化速度最快；土地利用多样性在围垦30年达到最大值。目前，国内有关土壤质量对滩涂围垦的响应研究③显示土壤质量在滩涂围垦30年达到稳定态；也有学者研究植被多样性对滩涂围垦的响应，结果表明植被多样性在围垦25年达到稳定态④。不同地区土地利用格局的形成是受到结构性和随机性因素共

① 石雨婷．我国粮食贸易格局的主要影响因素及未来发展方向研究［J］．现代农业科技，2014，22.

② 同上。

③ Verburg，P.，G. De Koning，K. Kok，et al. A spatial explicit allocation procedure for modelling the pattern of land use change based upon actual land use［J］. Ecological modelling，1999，116（1）：45－61.

④ 慎佳泓，胡仁勇，李铭红，等．杭州湾和乐清湾滩涂围垦对湿地植物多样性的影响［J］．浙江大学学报（理学版），2006，33（3）：324－328.

同作用的影响①，本书结果与国内其他同行结果基本一致。江苏南部海岸带滩涂围垦区开发方式以农业为主，土地利用变化存在三个阶段②：

第一阶段：围垦0－10年。在滩涂围垦初期（0－10年），由于滩涂土壤质地较差，地下水深度较高，土壤盐分较高，不适宜粮食作物生长，只能种植改良作物如田菁，或者开发为养殖水面等，加之围垦工程实施后基础设施配套不全，改良作物以及养殖水面陆续出现，此阶段基本无人类居住于滩涂围垦区。

第二阶段：围垦10－30年。围垦10年之后，土壤受到作物和人类活动影响一直处于脱盐过程中，人类一方面开始海水养殖；另一方面开始尝试旱作，受到盐分和养分限制，粮食产量较低。此阶段处于自然景观向人文景观的过渡期，人类逐步居住在滩涂围垦区。

第三阶段：围垦30年以后。此阶段滩涂围垦区土壤长期脱离了海洋环境，地下水位下降，矿化度降低；同时，人类不断开展脱盐排碱，提高土壤肥力，土地生产力水平不断地上升。优良的土地生产力吸引大量的人口入住海岸带，建设用地大量出现在滩涂围垦区，自然景观已经基本演变为人文景观。

4.2.3 1980－2010年江苏滩涂围垦区土地利用变化特征

以江苏省沿海滩涂围垦区作为界线裁剪江苏省1980年、1995年、2000年、2005年和2010年TM遥感影像，得到结果如图4.11所示。从表4－4可以看出，江苏省沿海滩涂围垦区耕地和水域面积不断上升，耕地面积从1980年490.27平方千米增加到2010年590.09平方千米，水域面积从1980年155.84平方千米增加到2010年664.14平方千米。城镇和农村居民点面积上升缓慢，1980－2005年基本不变，2005－2010年从34.41平方千米增加到49.72平方千米。其他建设用地面积和滩涂面积相对稳定。2005－2010年未利用地面积增加到99.16平方千米，说明在这个阶段大量滩涂被围垦处于围而未用状态。1980－2010年期间草地面积不断减小，从1980年的932.15平

① Verburg, P., G. De Koning, K. Kok, et al. A spatial explicit allocation procedure for modelling the pattern of land use change based upon actual land use [J]. Ecological modelling, 1999, 116 (1): 45－61.

② 许艳，濮励杰．江苏海岸带滩涂围垦区土地利用类型变化研究——以江苏省如东县为例[J]．自然资源学报，2014，29（4）：643－652.

方千米减少到2010年的285.46平方千米。林地面积在1980－2005年相对稳定，面积约为14.14平方千米，在2005－2010年下降到2.65平方千米。

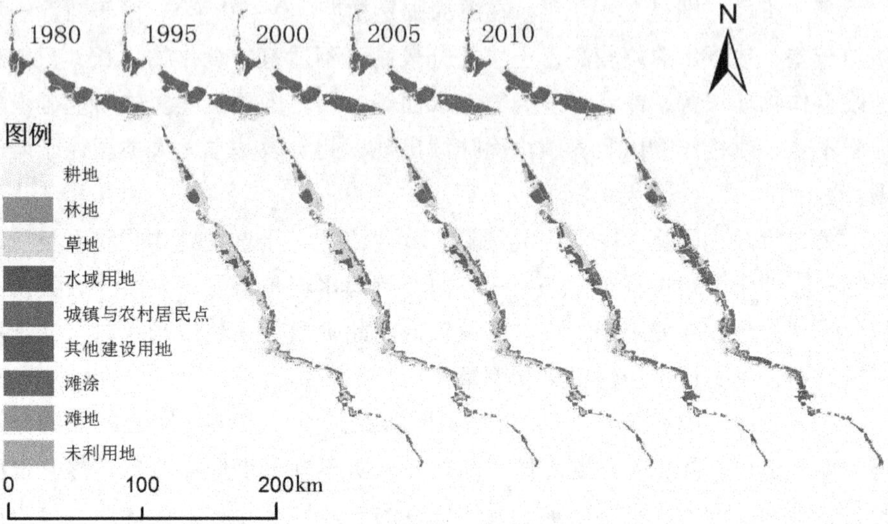

图4.11　1980－2010年江苏省滩涂围垦区土地利用变化

表4－4　1980－2010年滩涂围垦区土地利用变化

	1980年	1995年	2000年	2005年	2010年
耕地	490.27	495.15	577.82	590.59	590.09
林地	14.14	14.14	13.56	13.53	2.65
草地	932.15	928.80	695.54	523.17	285.46
水域用地	155.84	153.18	254.11	279.06	664.14
城镇与农村居民点	34.26	39.55	34.78	34.41	49.72
其他建设用地	1001.26	997.06	1054.73	1118.34	1002.59
滩涂	390.50	390.52	387.86	485.14	383.77
滩地	1.93	1.93	1.93	0.40	0.40
未利用地	1.23	1.23	1.23	0.21	99.16

从土地利用转移矩阵来看，1980－1995年土地利用变化主要集中在耕地、草地、水域用地和城镇与农村居民点等土地利用类型（表4－5）。草地和水域用地分别有4.81平方千米、6.12平方千米转入耕地。耕地有4.44平

方千米、1.63平方千米分别转出为水域用地和城镇及农村居民点。1995－2000年土地利用变化主要集中在耕地、草地、水域用地和其他建设用地等土地利用类型（表4－6）。草地有81.59平方千米转入为耕地，有68.55平方千米转入为其他建设用地。其他建设用地有14.99平方千米转入为耕地。耕地有14.89平方千米转出为水域用地。2000－2005年，土地利用变化主要集中在耕地、草地、水域用地、其他建设用地和滩涂等土地利用类型（表4－7）。其中，草地和水域用地分别有31.87平方千米和1.83平方千米转入耕地，耕地有1.08平方千米、3.57平方千米和16.38平方千米分别转出为草地、水域用地和其他建设用地。草地、水域用地和滩涂分别有12.81平方千米、10.54平方千米以及14.73平方千米转入其他建设用地。2005－2010年，土地利用变化主要集中在耕地、林地、草地、水域用地、城镇及农村居民点、滩涂和其他建设用地等土地利用类型（表4－8）。林地、草地、水域用地分别有10.73平方千米、20.71平方千米和5.38平方千米转入耕地。耕地分别有9.6平方千米、8.92平方千米、15.92平方千米以及5.21平方千米转为水域用地、城镇及农村居民点、未利用地和其他建设用地。草地、水域用地和滩涂分别有36.64平方千米、50.53平方千米以及35.05平方千米转为其他建设用地，其他建设用地分别有27.81平方千米、162.86平方千米、9.86平方千米、24.10平方千米、15.19平方千米转为草地、水域用地、城镇及农村居民点、未利用地和滩涂。

综上得到，江苏省沿海滩涂围垦区在1980－1995年土地利用类型变化表现为草地、水域用地转为耕地，耕地转为水域用地；在1995－2000年土地利用类型变化表现为草地转为耕地，草地转建设用地、耕地和草地转为水域用地；在2000－2005年土地利用类型变化表现为草地转耕地，草地、水域和滩涂转其他建设用地以及草地转水域用地；在2005－2010年土地利用类型变化表现为草地转为耕地，草地、水域和滩涂转为其他建设用地以及草地和滩涂转为水域用地。在1980－2010年期间一直存在草地转为耕地，然而从1995年以后，大量的草地、滩涂转为其他建设用地和水域用地，江苏沿海滩涂围垦开发利用正逐步从农业为主开发利用方式向养殖以及城镇工业建设转变。

表 4-5 1980-1995 年江苏省滩涂围垦区土地利用变化转移矩阵

	km²	1995									
		耕地	林地	草地	水域用地	城镇及农村建设用地	未利用地	滩涂	滩地	其他建设用地	总计
1980	耕地	483.73	0.00	0.45	4.44	1.63	0.00	0.00	0.00	0.01	
	林地	0.00	14.14	0.00	0.00	0.00	0.00	0.00	0.00	0.00	
	草地	4.81	0.00	926.20	1.09	0.00	0.00	0.03	0.00	0.02	
	水域用地	6.12	0.00	1.31	147.32	0.12	0.00	0.00	0.00	0.97	
	城镇及农村建设用地	0.49	0.00	0.00	0.00	33.76	0.00	0.00	0.00	0.00	
	未利用地	0.00	0.00	0.00	0.00	0.00	1.23	0.00	0.00	0.00	
	滩涂	0.00	0.00	0.01	0.00	0.00	0.00	390.48	0.00	0.00	
	滩地	0.00	0.00	0.00	0.00	0.00	0.00	0.00	1.93	0.00	
	其他建设用地	0.00	0.00	0.83	0.33	4.03	0.00	0.00	0.00	996.05	
	总计	495.15	14.14	928.80	153.18	39.55	1.23	390.52	1.93	997.05	3021.55

表 4-6 1995-2000 年江苏省滩涂围垦区土地利用变化转移矩阵

		2000									总计
	km^2	耕地	林地	草地	水域用地	城镇及农村建设用地	未利用地	滩涂	滩地	其他建设用地	
1995	耕地	479.20	0.00	0.17	14.89	0.64	0.00	0.00	0.00	0.26	
	林地	0.00	13.56	0.00	0.00	0.00	0.00	0.00	0.00	0.58	
	草地	81.59	0.00	694.66	83.99	0.00	0.00	0.01	0.00	68.55	
	水域用地	0.62	0.00	0.70	151.74	0.00	0.00	0.00	0.00	0.11	
	城镇及农村建设用地	1.41	0.00	0.00	0.12	34.15	0.00	0.00	0.00	3.87	
	未利用地	0.00	0.00	0.00	0.00	0.00	1.23	0.00	0.00	0.00	
	滩涂	0.00	0.00	0.01	2.66	0.00	0.00	387.85	0.00	0.00	
	滩地	0.00	0.00	0.00	0.00	0.00	0.00	0.00	1.93	0.00	
	其他建设用地	14.99	0.00	0.00	0.70	0.00	0.00	0.00	0.00	981.36	
	总计	577.82	13.56	695.54	254.11	34.78	1.23	387.86	1.93	1054.73	3021.55

表 4-7　2000-2005 年江苏滩涂围垦区土地利用变化转移矩阵

		2005									总计
	km²	耕地	林地	草地	水域用地	城镇及农村建设用地	未利用地	滩涂	滩地	其他建设用地	
2000	耕地	556.48	0.00	1.08	3.57	0.30	0.00	0.00	0.00	16.38	
	林地	0.00	13.53	0.00	0.04	0.00	0.00	0.00	0.00	0.00	
	草地	31.87	0.00	475.01	33.18	0.00	0.00	142.64	0.00	12.81	
	水域用地	1.83	0.00	3.04	238.54	0.00	0.00	0.16	0.00	10.54	
	城镇及农村建设用地	0.41	0.00	0.35	1.75	30.95	0.00	0.00	0.00	1.32	
	未利用地	0.00	0.00	0.00	0.88	0.00	0.21	0.13	0.00	0.00	
	滩涂	0.00	0.00	42.10	0.97	3.15	0.00	326.89	0.00	14.73	
	滩地	0.00	0.00	0.86	0.06	0.00	0.00	0.00	0.40	0.61	
	其他建设用地	0.00	0.00	0.70	0.03	0.00	0.00	0.02	0.00	1053.98	
	总计	590.59	13.53	523.14	279.02	34.41	0.21	469.83	0.40	1110.38	3021.50

表 4－8　2005－2010 年江苏沿海滩涂围垦区土地利用变化转移矩阵

		2010									总计
	km^2	耕地	林地	草地	水域用地	城镇及农村建设用地	未利用地	滩涂	滩地	其他建设用地	
2005	耕地	550.94	0.00	0.00	9.60	8.92	15.92	0.00	0.00	5.21	
	林地	10.73	2.65	0.00	0.00	0.15	0.00	0.00	0.00	0.00	
	草地	20.71	0.00	257.43	164.52	2.10	41.72	0.00	0.00	36.64	
	水域用地	5.38	0.00	0.22	222.80	0.09	0.00	0.00	0.00	50.53	
	城镇及农村建设用地	0.00	0.00	0.00	4.27	28.60	0.00	0.00	0.00	1.53	
	未利用地	0.00	0.00	0.00	0.00	0.00	0.21	0.00	0.00	0.00	
	滩涂	1.77	0.00	0.00	92.08	0.00	17.21	326.74	0.00	35.05	
	滩地	0.00	0.00	0.00	0.00	0.00	0.00	0.00	0.40	0.00	
	其他建设用地	0.56	0.00	27.81	162.86	9.86	24.10	15.19	0.00	872.43	
总计	590.09	2.65	285.46	656.13	49.72	99.16	341.93	0.40	1001.40	3026.95	

4.3 江苏省滩涂围垦区耕地数量空间分布

前面介绍了江苏省沿海滩涂围垦过程、土地利用格局演变过程以及滩涂围垦区在1980－2010年土地利用变化特征分析。滩涂围垦区耕地数量和空间分布决定这个地区粮食产能的大小。因此本章节通过1984年4－5月和2014年3－4月的TM遥感影像对耕地信息进行提取，得到不同年限的滩涂围垦区耕地面积。1984年94%耕地位于1948－1984年滩涂围垦区，面积约为287.56平方千米。2014年82%耕地位于1948－1984年滩涂围垦区，另有15%耕地位于1985－1999年滩涂围垦区，约有0.6%耕地位于2005－2009年滩涂围垦区，如图4.12所示。

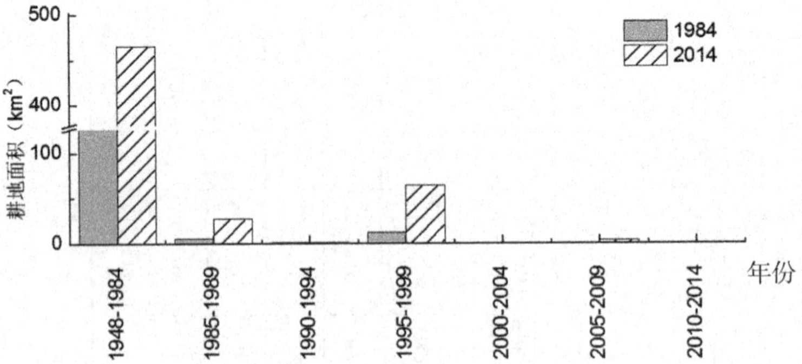

图4.12　滩涂围垦区耕地变化情况

通过统计得到不同围垦时间的滩涂围垦区耕地的面积，如表4－9所示，1950－1960年滩涂围垦区耕地的面积为68.18平方千米，1960－1970年滩涂围垦区耕地的面积为74.96平方千米，1970－1980年滩涂围垦区耕地的面积为263.60平方千米，1980－1990年滩涂围垦区耕地的面积为86.56平方千米，1990－2000年滩涂围垦区耕地的面积为65.37平方千米，2000－2010年滩涂围垦区耕地的面积为4.11平方千米。从耕地占农业围垦区的面积来看（表4－9），围垦后50年内耕地在农业滩涂围垦区内占比不断增加，围垦60年耕地占比减少。说明围垦后随着土壤不断改良，耕地面积不断增加，然而随着人口不断聚集，城镇建设用地增加，耕地在滩涂围垦区内的占比相对减小。从图4.13可以看出，沿海滩涂围垦区内耕地主要分布在盐城和南通，盐城主要包括射阳、大丰、东台，南通主要包括如东、通州和启东。

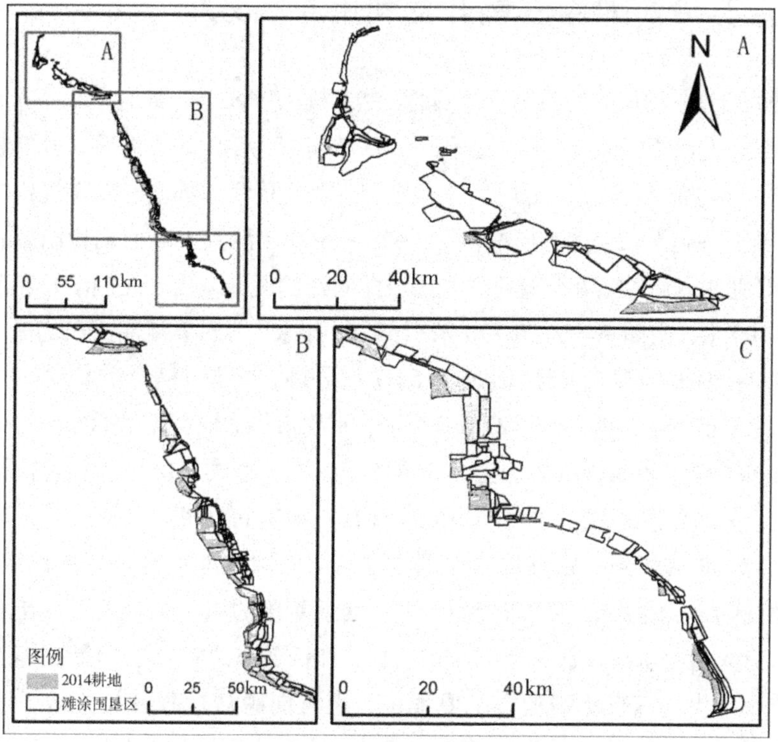

图 4.13　2014 年江苏沿海滩涂耕地数量空间分布图

表 4－9　2014 年不同围垦阶段耕地面积分布

围垦年限（年）	耕地面积（平方千米）	农业滩涂围垦区面积（平方千米）	占比（%）
1950－1960	68. 18	175. 28	38. 90
1960－1970	74. 96	108. 27	69. 23
1970－1980	263. 60	471. 01	55. 96
1980－1990	86. 56	209. 85	41. 25
1990－2000	65. 37	161. 90	40. 38
2000－2010	4. 11	24. 53	16. 75

4.4 江苏沿海滩涂围垦开发利用原因分析

淤泥质淤长海岸是滩涂围垦开发的自然基础。1128 年，黄河夺淮经苏北入黄海，导致苏北海岸线发生了巨大变化，1855 年黄河北归山东入海后，虽然直接的泥沙来源被切断，但其巨大的水下三角洲仍在为现代海岸的淤长发育提供丰富的泥沙来源，只是淤长速度有所减慢[①]。1980－1990 年滩涂大断面测量结果表明位于东台附近淤长最快，每年达 150 米，以此向两侧逐渐减慢，北侧淤长速度一般为 50－100 米，南侧一般为 20－70 米[②]。近 20 年来，江苏省滩涂面积仍呈增加趋势，1987－2003 年滩涂面积增加了 5237.4 公顷，平均每年增加 327.3 公顷，2003－2007 年滩涂面积增加了 2323.0 公顷，平均每年增加 580.7 公顷[③]。

江苏沿海土壤属于滨海盐土类，草甸滨海盐土亚类，由长江和废黄河输送大量泥沙入海淤积而成。这些陆源泥沙含有一定量的有机和无机养分，只有它们在滨海地带堆积到一定高度，在潮汐涨落的间隙中滩面有一定的出露时间，沉积物受到自然作用的影响，母质便进行初期阶段的成土过程而形成土壤。盐土中含有大量的水溶性盐，影响作物生长，滩面越来越高，土壤受到海水影响愈来愈小，代之以自然淋盐占主要地位，土壤向脱盐过程发展，地下水向淡化过程发展，草本植物的生物产量也大大增加。地面积盐、盐蒿、碱蒿、碱蒿－茅草、茅草的土壤盐分分别为 9.47、6.73、5.09、3.32、1.04g/kg[④]。

耕地后备资源开发是滩涂围垦开发的根本任务。自我国改革开放以来，城市化和工业化发展速度迅猛，耕地资源不断流失，耕地供需矛盾日益扩大，为了缓解人地矛盾，中国政府实施全球最严格的耕地保护制度，采用耕地占补平衡、土地用途管制制度和基本农田制度等，并不断地开发耕地后备资源。江苏省是典型的人多地少地区，占全国 1% 的土地面积养活占全国 6% 的人口，GDP 占全国的 10%。江苏省耕地面积经历了增加—急剧减少—缓慢减少—快速减少的变化过程。苏北滨海平原区、里下河浅洼平原区及宁镇扬

---

① 唐正东．江苏省海岸淤长特征及潮滩围垦潜力［J］．海洋开发与管理，1991（4）：19－24.

② 同上。

③ 王志明，李秉柏，严海兵，等．近 20 年江苏省海岸线和滩涂面积变化的遥感监测［J］．江苏农业科学，2011，39（006）：555－557.

④ 杨延春，邹志国，施朱峰．江苏滨海盐土土壤盐分与侵蚀规律［J］．江苏农业科学，2012，40（10）：347－349.

低山丘岗区耕地有所增加，苏南长江三角洲平原区耕地则急剧减少，出现耕地重心向后备资源丰富、人地矛盾较为缓和的地区移动的趋势①。沿海滩涂如此大面积的未利用地必然成为地区重要的耕地后备资源，能够一定程度上缓解地区粮食安全问题。

经济与政策是滩涂围垦开发的直接驱动力。古代江苏沿海地区经济以海盐生产为主兼渔副业，为了满足社会产品需求，“废灶兴垦”得到了发展②③，农民在沿海滩涂围垦区零星种植棉花、小麦、蚕豆等作物，盐户数量大量下降，同时，张謇在沿海滩涂区发起农垦事业，1932 年江苏沿海各场盐户改垦者占 70% －80%④，滩涂围垦区目前土地利用呈现以耕地为主的格局。沿海开发是江苏省经济发展的新的增长极，上升为地方发展战略，一方面政府为了保证地区粮食安全，重点加大新增耕地的复垦工作；另一方面在某些区位优越地区发展港口产业。随着人口不断迁入滩涂围垦区，市场的形成逐步促使公路用地、采矿用地的形成。

4.5 本章小结

1948 年以来大量的滨海滩涂湿地资源围垦开发为其他用地类型。江苏省滩涂围垦区占比面积最大的土地利用类型为其他建设用地，即独立于城镇之外的工矿、大型工业区、盐田等用地；其次为水库坑塘、耕地、滩地、草地、裸土地、城乡建设用地和林地。从空间分布来看，其他建设用地主要分布在江苏沿海滩涂垦区的北部，水库坑塘主要分布在滩涂围垦区的中部和南部，耕地在整个沿海滩涂垦区均有分布，草地主要分布在围垦区的中部，裸土地主要分布在围垦区的中南部，城乡建设用地主要分布在滩涂围垦区的北部。

从围垦开发阶段来看，江苏省滩涂围垦可以分为三个阶段，第一阶段为 1948 －1984 年，滩涂围垦面积最大，围垦了 18.93 万公顷；第二阶段为 1985 －1994年，滩涂围垦面积最小，围垦了 1.36 万公顷；第三阶段为 1995 －

---

① 郭杰，欧名豪，刘琼，等. 江苏省耕地资源动态变化及驱动力研究［J］. 长江流域资源与环境，2009，18（2）：139 －145.

② 王英，潘抒灵. 经济学视域下江苏沿海开发的历史演进［J］. 科学经济社会，2011，2.

③ 朱红波. 论粮食安全与耕地资源安全［J］. 农业现代化研究，2006（03）：161 －164.

④ 秦厚德. 南通沿海开发的历史回顾及阶段性特征［J］. 海洋开发与管理，2010，27（2）：79 －82.

2014 年，滩涂围垦面积居中，围垦了 11.5 万公顷，但年均围垦数量最大。从空间分布来看，1948 - 1994 年滩涂围垦主要发生在江苏中北部，1995 - 2014 年滩涂围垦主要发生在江苏中南部。1948 - 2014 年江苏沿海滩涂围垦重心不断迁移，从射阳县一直迁移至东台市，向南迁移了约 12.29 千米，向东迁移了约 2.4 千米。江苏省农业开发利用方式的垦区在不同阶段占比不同，1948 - 1984 年滩涂围垦区中有约 47.81% 为农业滩涂围垦区。1985 - 1989 年滩涂围垦区中有约 60% 为农业滩涂围垦区。1995 - 1999 年滩涂围垦中农业垦区占 50%。2000 年之后围垦的滩涂垦区农业开发利用较少。2010 - 2014 年没有农业垦区。不同围垦时间滩涂围垦区耕地面积占比不同。1950 - 1960 年、1960 - 1970 年、1970 - 1980 年、1980 - 1990 年、1990 - 2000 年和 2000 - 2010年滩涂围垦区耕地面积分别为 68.18 平方千米、74.96 平方千米、263.60 平方千米、86.56 平方千米、65.37 平方千米和 4.11 平方千米。随着围垦年限增长，耕地在农业围垦区内占比不断增加，围垦后 50 年后耕地占比受到城镇建设用地影响变小。沿海滩涂围垦区内耕地主要分布在盐城和南通，盐城主要包括射阳、大丰、东台，南通主要包括如东、通州和启东。

沿海滩涂围垦区农业综合开发主要按照改良作物种植、海水养殖、淡水养殖、粮食作物种植、人类居住的顺序开展，整个滩涂围垦区开发利用需要 30 年。土壤初步改良需要 10 年时间，农用地变化趋势呈现 S 形曲线，农用地达到稳定需要 30 年时间；建设用地变化逐步增加，呈现周期性变动，周期为 20 年；未利用地呈现先下降后平稳波动。滩涂围垦区土地利用强度变化呈现 S 形增长，开发强度 30 年后最终会达到饱和，同时土地利用多样性变化呈现倒 U 形①，滩涂围垦区土地利用 30 年类型会趋于单一化，因此江苏沿海开发规划至少需要规划到未来 30 年，保证合理的土地利用空间格局。如东滩涂围垦区历年开发利用受到不确定性因素影响较小，以农业开垦为主，基本没有工业，而在沿海大开发不确定性较强的政策强力驱动下，必须合理做好土地利用分区规划，保证农业开发区土壤初期改良的 10 年时间，规划未来 30 年的土地利用格局，严格新增建设用地面积，保证一定数量的农业用地，预留生态用地，实现沿海滩涂资源的可持续利用。

① 石雨婷．我国粮食贸易格局的主要影响因素及未来发展方向研究［J］．现代农业科技，2014，22.

第 5 章　江苏如东滩涂围垦区土地利用变化驱动机理分析

作为典型的海陆交互作用下的敏感脆弱地区，滩涂不仅受到河流、海洋、降雨等自然因素的影响，在很大程度上还受到高强度人类活动的影响，并且随着我国“沿海开发”和“海上苏东”计划的实施，滩涂开发成为沿海地区一项重要的国家战略以及我国经济发展新的增长点①，因此人类活动对其的影响将逐渐超过自然因素而占据主导地位。在自然因素和人类社会的双重作用下，该地区的土地利用变化过程截然不同于其他诸如快速城市化、农牧交错带等地区。为了详细了解研究区的土地利用变化过程，本章将分别针对如东县沿海滩涂围垦区土地利用变化的总体特征，以及不同陆海梯度和不同围垦年限下的土地利用格局进行分析，并尝试揭示滩涂围垦背景下土地利用变化的驱动力机制，以期为江苏省沿海开发战略的实施提供参考。

5.1 数据来源与处理

本研究中土地利用变化分析的时段为 1990 年至 2008 年，所用土地利用数据分别为 1990 年、1995 年、2000 年、2005 年和 2008 年五个时期的 Landsat TM、TM + 遥感影像数据，影像获取时间均为相应年份的 9 月至 11 月，空间分辨率为 30m × 30m，遥感解译工作全部由目视解译获得。本研究根据土地利用和土地覆被变化特征，参照《全国土地分类》（过渡期间适用）并结合如东县滩涂围垦区的实际情况，将遥感解译数据的土地利用类型分为耕地、养殖水面、农村居民点、独立建设用地和未利用地五类（表 5 - 1），且基于 ArcGIS9.3 提取研究区域 5 期土地利用和土地覆被信息建立土地利用数据库。垦区界线等数据则根据如东县国土资源局的规划图件数字化得到；土

① Wang, Y. The mudflat coast of China [J]. Canadian Journal of Fisheries & Aquatic ences, 1983, 40 (1): 160 - 171.

地利用变化驱动力分析所涉及的GDP、工农业产值、固定资产投资等社会经济数据则来源于《如东统计年鉴》(1990－2008年)。

表5－1 滩涂围垦区土地利用分类体系

土地利用类型	含义
耕地	垦区内种植农作物的土地，包括熟地，新开发、复垦、整理地，休闲地（含轮歇地、轮作地）
养殖水面	垦区内的水域，包括淡水、海水养殖区
农村居民点	垦区内用于生活居住的宅基地
独立建设用地	垦区内的工矿、港口、交通、水利等建设用地
未利用地	垦区内未被开垦利用的原始光滩和草滩

5.2 土地利用变化总体特征

5.2.1 数量变化

基于ArcGIS9.3平台，提取1990年、1995年、2000年、2005年和2008年5个年份各类用地的数量及其空间布局（图5.1），并在此基础上，通过计算土地利用动态度来综合反映滩涂围垦区在1990年至2008年间的土地利用数量变化特征。

土地利用动态度（Land use dynamic degree，LUDD）可以衡量滩涂围垦区土地利用变化的速度，以比较土地利用时空分异特征，并预测其变化趋势，其表达滩涂围垦区一定时间间隔内某一种土地利用类型的变化速度，关注于单一土地利用类型的变化情况，表达式为：

$$LUDD = \frac{U_b - U_a}{U_a} \times \frac{1}{T} \times 100\% \quad (5-1)$$

式中，U_a为滩涂围垦区某土地利用类型在研究期初的面积，U_b为滩涂围垦区某土地利用类型在研究期末的面积，T为研究时段。

从1990年至2008年，滩涂围垦区土地利用变化在数量上（表5－2、图5.2）总体表现为耕地、养殖水面、农村居民点和独立建设用地的增加，以及未利用地的减少。其中，耕地面积呈现波动上升趋势，除了2000年的面积

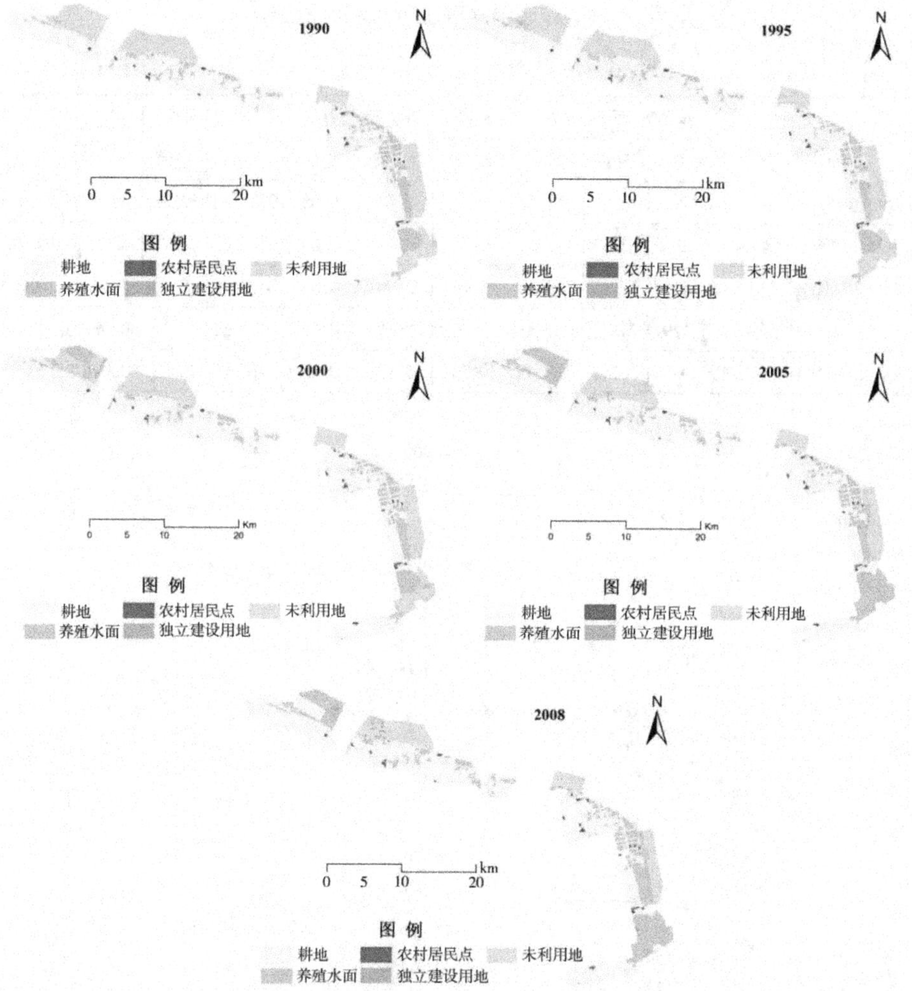

图 5.1　如东县滩涂围垦区土地利用格局（1990 –2008 年）

比 1995 年略有下降，整体上呈现逐渐增加的趋势；养殖水面除了 1995 年的面积略低于 1990 年以外，其整体亦呈现出逐年增长趋势；农村居民点面积则表现出由快速增长到缓慢增长的变化过程，即 1990 年到 1995 年间农村居民点增长极为明显，而 1995 年后的增加趋势开始逐渐放缓；1990 年到 1995 年间滩涂围垦区内并无独立建设用地分布，2000 年后才开始呈现急速增加的趋势；未利用地呈现逐年减少趋势，尤其是在 1995 年至 2005 年的 10 年间，未利用地面积急剧下降。

表5-2 滩涂围垦区土地利用数量变化

单位：公顷、%

年份	耕地		养殖水面		农村居民点		独立建设用地		未利用地		合计	
	面积	比例	面积	比例	面积	比例	面积	比例	面积	比例		
1990	16355.04	54.14	3887.74	12.87	215.52	0.71	0.00	0.00	9751.48	32.28	30209.78	100.00
1995	16506.83	54.64	3723.2	12.32	227.92	0.75	0.00	0.00	9751.83	32.28	30209.78	100.00
2000	16284.87	53.91	5215.57	17.26	229.41	0.76	5.96	0.02	8473.96	28.05	30209.78	100.00
2005	16961.94	56.15	7500.91	24.83	229.43	0.76	25.98	0.09	5491.51	18.18	30209.78	100.00
2008	16961.94	56.15	7979.54	26.41	229.43	0.76	252.02	0.83	4786.85	15.85	30209.78	100.00

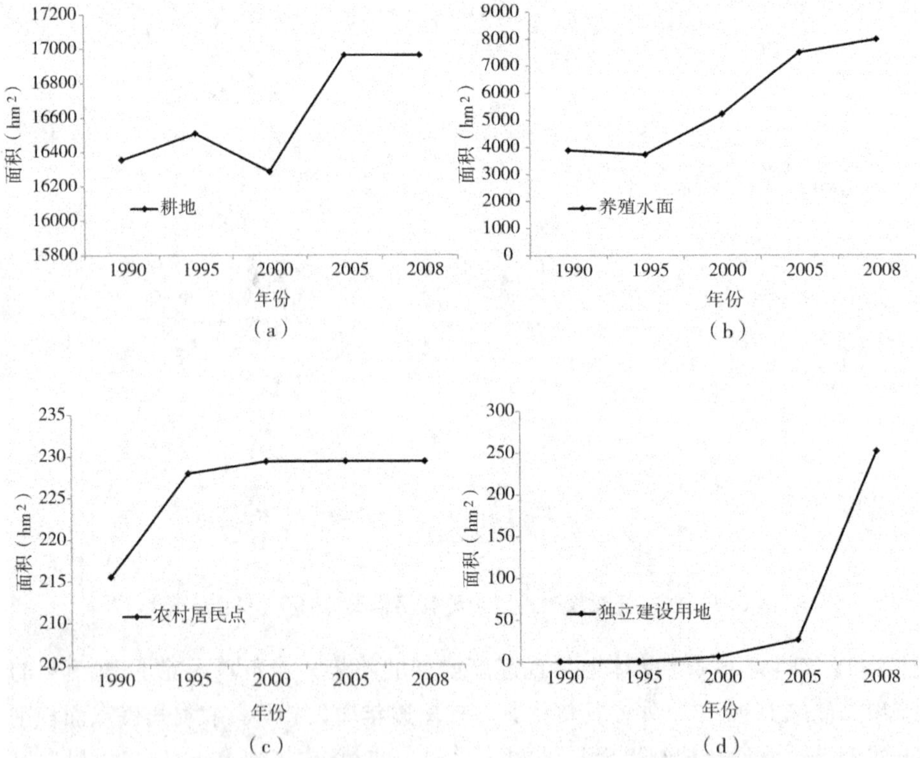

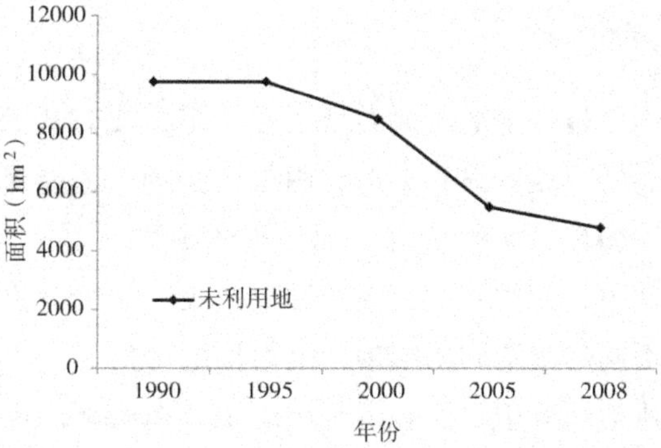

（e）

图 5.2　土地利用数量变化趋势（1990－2008 年）

从不同土地利用类型的动态度来看（表 5－3），耕地和养殖水面均在 2000－2005 年间增长较为显著，土地利用动态度分别为 0.83% 和 8.76%；农村居民点的土地利用动态度最高值出现在 1990－1995 年间，为 1.15%，反映了其增长速度逐年放缓的特征；独立建设用地则由于基数较低且增长态势极为迅速，2000－2005 年和 2005－2008 年两个阶段的土地利用动态度分别高达 67.13% 和 209.00%；未利用地面积的减少规律与耕地以及养殖水面的增长规律保持一致，均在第三阶段变化较为显著，2000－2005 年间未利用地减少速度为－7.04%，表明耕地、养殖水面和未利用地是如东县滩涂围垦区最为主要的三种土地利用类型，其变化规律的一致性反映了三者之间此消彼长的相互关系，耕地、养殖水面和未利用地的相互变化是研究区近 20 年土地利用变化的主要贡献者。

表 5－3　滩涂围垦区土地利用动态度

单位：%

年份	耕地	养殖水面	农村居民点	独立建设用地	未利用地
1990－1995	0.19	－0.85	1.15	——	0.00
1995－2000	－0.27	8.02	0.13	——	－2.62
2000－2005	0.83	8.76	0.00	67.13	－7.04
2005－2008	0.00	2.13	0.00	290.00	－4.28
1990－2008	0.21	5.85	0.36	——	－2.83

5.2.2 结构变化

土地利用结构是指一定的用地类型按照一定构成方式的集合，根据系统论中结构决定功能的观点，只有土地利用结构合理，才能保证一定地域内土地利用系统的良性循环，从而获得土地利用的最大效益①。在不同的历史时期和社会经济条件下，人类开发土地资源的广度、深度、方向及侧重点均有所差异，导致了不同的土地利用结构，继而形成土地利用不同空间和功能格局的组合关系。耕地、养殖水面和未利用地是如东县滩涂围垦区占主导性地位的三类土地利用类型，各研究年份耕地所占比例均超过50%，2008年则高达56.15%；养殖水面由1990年的12.87%增长至2008年的26.41%，且在2005年之后逐渐成为面积仅次于耕地的土地利用类型；未利用地则由1990年的32.28%逐年降至2008年的15.85%，并且随着人类开发活动的加强，逐渐成为面积比例第三的土地利用类型。

由于土地是拥有耗散结构的自然历史综合体，其结构和功能具有一定的有序性特征，外界干扰对土地利用系统的演变存在着极其重要的影响。土地利用结构变化则是指在人类有目的的行为指导下，通过对土地利用系统施加干扰，以致在不同的时空尺度上对土地利用系统的有序程度产生影响和扰动，国内外有不少学者用熵的概念来描述和刻画土地利用系统结构的有序程度和结构复杂性②。熵最初是物理学中的概念，后来被逐渐应用于信息论和控制论等领域中，且人们逐渐利用物理学和土地利用科学在系统论方面的共性，将信息熵的概念引入土地利用结构的分析当中，研究土地利用在地理空间上分布的不确定性和复杂程度，并据此提出了土地利用结构信息熵的概念，将其定义为不同人地关系及其作用形式和结果在地理空间上的分布情况。

假设某区域的土地总面积为 A，可以划分为 n 种土地利用类型，且各土地利用类型的面积分别为 Ai（$i=1$，2，……，n），则可得：

$$A = \sum_{i=1}^{n} A_i \tag{5-2}$$

① 王万茂．土地利用规划学［M］．北京：科学出版社，2006.

② 谭永忠，吴次芳．区域土地利用结构的信息熵分异规律研究［J］．自然资源学报，2003，18（1）：112－117.

各土地利用类型所占比例 P_i 为：

$$P_i = \frac{A_i}{A} p_i = \frac{A_i}{A} \tag{5-3}$$

则可得土地利用结构信息熵的计算公式为：

$$H = -\sum_{i=1}^{n} p_i l\,\mathrm{n}\, p_i \tag{5-4}$$

式中，H 为土地利用结构信息熵，其大小可以反映区域土地利用系统的多样性和有序程度。根据熵值原理，当区域处于未开发状态时，土地利用结构信息熵为0，反之当区域已经发展成熟，各类用地已趋于稳定，土地利用结构信息熵达到最大。一般而言，土地利用结构信息熵值越小，表示土地利用系统的有序程度则越高，反之亦然。当区域内各种土地利用类型的面积相等，即 $P_1 = P_2 = \cdots = P_n = 1/n$ 时，土地利用结构信息熵达到最大。

基于如东县滩涂围垦区1990年至2008年各年份的土地利用结构信息熵分析，可以揭示滩涂围垦区土地利用系统复杂性和多样性程度的变化趋势。从图5.3中可以看出，1990年至2008年间土地利用结构信息熵呈现波动上升趋势，熵值逐渐由1990年的0.9963上升至2008年的1.0446，总体上而言，滩涂围垦区土地利用结构日益复杂和多样化；而1990年至1995年，以及2000年至2005年间土地利用结构信息熵则有所下降。在20世纪90年代早期，随着围垦活动的影响，未利用地面积进一步减少，养殖水面和农村居民点面积得到较快增长，土地利用的多样性和复杂程度略有降低。而随着进入21世纪后，滩涂围垦利用的强度增加，耕地面积进入急速增长阶段，并且滩涂资源利用方式亦朝着多样化的方向发展，即随着如东县沿海开发中工矿用地需求的增长，独立建设用地也作为滩涂围垦区一种土地利用类型开始出现，在一定程度上加大了土地利用系统结构的多样性和复杂程度。

土地利用程度主要反映土地利用的广度和深度，其不仅能反映土地利用中土地本身的自然属性，亦可反映人类因素与自然环境因素综合作用下不同的土地利用结构所导致的利用广度和深度。土地利用程度介于土地利用的上限和下限之间。土地利用的上限指土地资源利用达到了极限，人类基本上无法对其再作进一步的利用与开发；土地利用下限则指的是人类开发利用土地

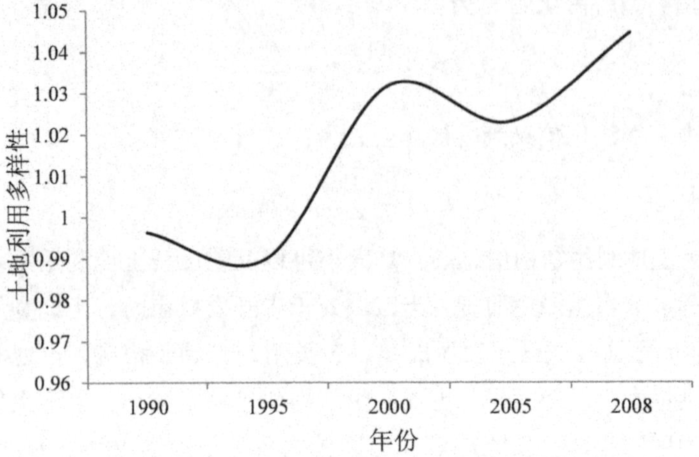

图 5.3　滩涂围垦区土地利用多样性

资源的起点。本研究基于土地利用程度的综合分析方法①，根据如东县滩涂围垦区土地利用类型的特点，赋予滩涂围垦区不同土地利用类型不同的分级指数（表 5 -4），并给出定量评价模型［式(5 -5)］。

表 5 -4　土地利用程度分级表

土地利用类型	分级指数
未利用地	1
养殖水面	2
耕地	3
农村居民点	4
独立建设用地	4

$$L = 100 \times \sum_{i=1}^{n} A_i C_i L \in [100,400] \qquad (5-5)$$

式中，L 为滩涂围垦区的土地利用程度指数；A_i 为滩涂围垦区内土地利用类型 i 的土地利用程度分级指数；C_i 为滩涂围垦区内土地利用类型 i 的面积百分比；n 为土地利用程度分级数。

基于式（5 -5）的土地利用程度指数结果表明（图 5.4），滩涂围垦区

① 庄大方，刘纪远．中国土地利用程度的区域分异模型研究［J］．自然资源学报，1997(2)：105 -111.

土地利用程度指数呈现持续的逐年上升趋势，由 1990 年的 223.2858 增长至 2008 年的 243.4892，表明滩涂围垦区受到人类活动的影响程度日益增加。从滩涂围垦区土地利用变化的本质来看，主要变化过程是在人类围垦活动的影响下，自然滩涂逐渐转变为农业用地和建设用地的过程，因此土地利用程度必然会随着时间发展而呈现逐渐上升的趋势，并且随着人类围垦活动的加剧和建设用地所占比例的逐渐增加，滩涂围垦区土地利用程度指数的增长速度还将会进一步加快。

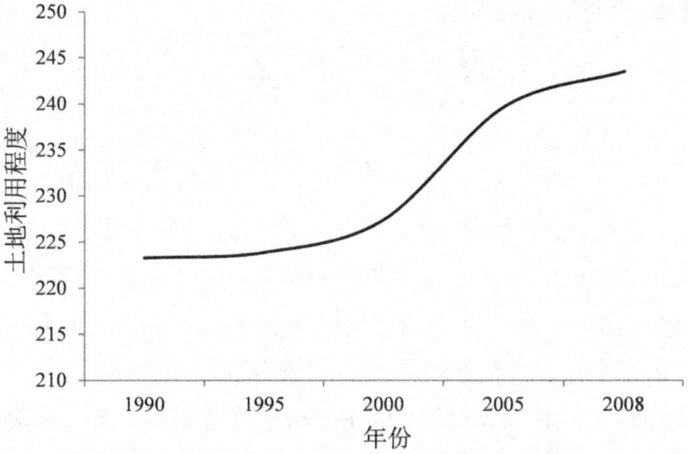

图 5.4　滩涂围垦区土地利用程度

5.2.3 空间变化

土地利用格局的空间变化也是反映土地利用总体特征的重要指标，本节将基于各土地利用类型的重心变化分析来揭示滩涂围垦区土地利用格局的空间演变特征。重心的概念源于力学，是指一个物体各部分受重力影响下所产生合力的作用点[①]，学者将重心概念引入地理学，指在区域空间上存在某一点，在该点前后左右各个方向上的力量对比保持相对均衡[②]。重心分析已经

① 徐建华，岳文泽，谈文琦．城市景观格局尺度效应的空间统计规律——以上海中心城区为例［J］．地理学报，2004，59（6）：1058－1067.

② 王言峰，陈璐，张慧芳．基于重心模型与泰勒系数的陕西省空间差异［J］．甘肃行政学院学报，2008，000（004）：119－124.

在人口地理①②、城市空间格局③等各个方面得到了较为广泛的应用。而在土地利用变化研究中，土地利用类型的重心是指在区域内各土地利用类型子矢量的合力点，即维持区域各类型土地利用的平衡点。各研究时期滩涂围垦区土地利用类型的分布和变化存在较大的不同之处，重心自然处于持续的变动之中，描绘重心的变化轨迹恰好可以反映滩涂围垦区各土地利用类型在空间上的演变情况。本研究将基于重心分析方法，测算滩涂围垦区各土地利用类型的分布重心，并分析不同研究时期重心的变化轨迹，揭示土地利用空间变化特征。重心的计算公式如下：

$$X_t = \frac{\sum_{i=1}^{n} P_{ti} X_i}{\sum_{i=1}^{n} P_{ti}}, Y_t = \frac{\sum_{i=1}^{n} P_{ti} Y_i}{\sum_{i=1}^{n} P_{ti}} \tag{5-6}$$

$$D_{ab} = \sqrt{(X_{ta} - X_{tb})^2 + (Y_{ta} - Y_{tb})^2} \tag{5-7}$$

式中，X_t、Y_t分别表示第 t 年某种土地利用类型重心的经、纬度坐标，n 为组成研究区域的子单元，在本研究中为各垦区；P_{ti}为第 t 年单元 i 的因素值，本研究中为垦区 i 的某种土地利用类型的面积，X_i、Y_i为第 i 单元即第 i 垦区的经、纬度坐标，D 为坐标之间的欧氏距离。

通过式（5－6）和（5－7），计算如东县滩涂围垦区各土地利用类型的重心及转移距离如图 5.5 和表 5－5 所示，耕地和未利用地的重心离滩涂围垦区中心的距离较近，农村居民点和养殖水面次之，独立建设用地离滩涂围垦区中心的距离最远。1990－2008 年间不同土地利用类型重心的迁移距离由大至小依次为：独立建设用地 > 养殖水面 > 未利用地 > 耕地 > 农村居民点。耕地重心共迁移了 1.40 千米，其中 1990－1995 年向东南方向移动了 0.17 千米，1995－2000 年向西移动了 0.10 千米，2000－2005 年向西北方向移动了 1.13 千米，2005－2008 年重心没有发生变化。养殖水面重心共迁移了 9.61 千米，其中 1990－1995 年向西移动了 0.26 千米，1995－2000 年向东北方向移动了 6.70 千米，2000－2005 年向东南方向移动了 1.84 千米，2005－2008

① 徐建华，岳文泽．近 20 年来中国人口重心与经济重心的演变及其对比分析［J］．地理科学，2001，21（5）：385－389.

② 许家伟，侯景伟，宋宏权，等．1990－2009 年中国区域差异与空间格局——以人口重心与经济重心为例［J］．人文地理，2011，026（004）：85－90.

③ 王彬，王宜强．改革开放以来福建省经济重心格局演变及其空间差异［J］．地理研究，2011，30（10）：1882－1890.

年继续向东南方向移动了 0.82 千米。农村居民点重心共迁移了 1.14 千米，其中 1990 - 1995 年向东南方向移动了 0.97 千米，1995 - 2000 年继续向东南方向移动 0.16 千米，2000 - 2005 年和 2005 - 2008 年间重心均没有发生变化。独立建设用地重心共迁移了 24.42 千米，其中 2000 - 2005 年向东南方向移动了 19.11 千米，2005 - 2008 年向西移动了 5.31 千米。未利用地重心共迁移了 5.24 千米，其中 1990 - 1995 年重心没有发生移动，1995 - 2000 年向东南方向移动了 2.01 千米，2000 - 2005 年向东北方向移动了 1.95 千米，2005 - 2008 年向西北方向移动了 1.28 千米。

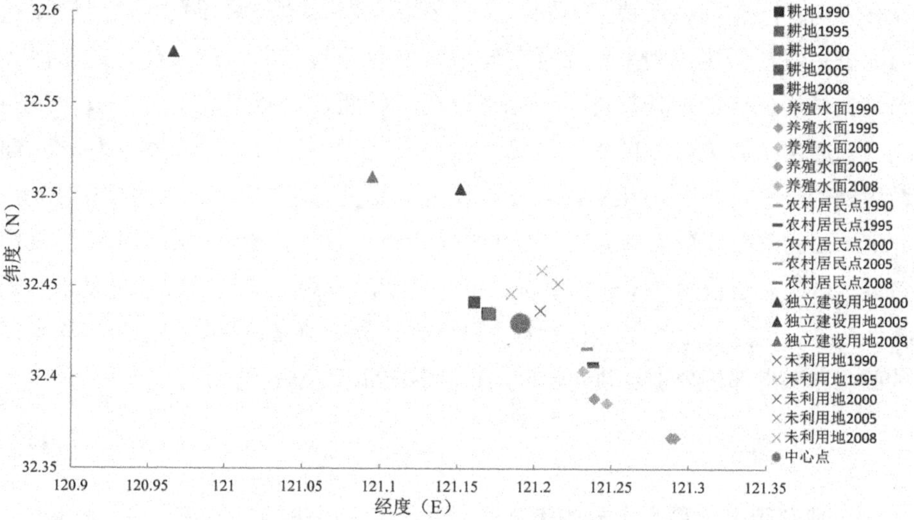

图 5.5　土地利用重心转移

表 5-5　土地利用重心转移距离

单位：千米

土地利用类型	1990 - 1995	1995 - 2000	2000 - 2005	2005 - 2008	合计
耕地	0.17	0.1	1.13	0	1.4
养殖水面	0.26	6.7	1.84	0.82	9.61
农村居民点	0.97	0.16	0	0	1.14
独立建设用地	0	0	19.11	5.31	24.42
未利用地	0	2.01	1.95	1.28	5.24

从不同地类的重心分布来看，耕地和未利用地重心分布在滩涂围垦区的

中间地带，反映这两种土地利用类型在空间分布上比较均匀，是如东县滩涂围垦区最为主要的土地利用类型，具有广泛的分布；农村居民点和养殖水面重心则分布于滩涂围垦区的东南部，尤其是如东盐场、如东新盐场和东凌垦区有大量的养殖水面，导致其重心往东南部偏移；独立建设用地主要分布于西北部的洋北垦区和凌洋垦区，因此其重心分布于滩涂围垦区的西北部。

通过分析不同土地利用类型重心的空间迁移规律，可以看出耕地的迁移幅度较小，基本上局限于滩涂围垦区中心的周边，未利用地的重心虽然也分布于滩涂围垦区中心周围，但是相对而言其迁移现象较为明显，且各时期的迁移方向均不相同，反映了不同研究阶段海岸带滩涂资源开发的热点区域较为随机；农村居民点则主要在早期向东南方向迁移，说明位于垦区的东南方向是农村居民点的增长热点，而此规律随着后期农村居民点增长的放缓逐渐减弱，后两个研究阶段的农村居民点重心没有发生迁移；养殖水面和独立建设用地的迁移现象则均相对而言非常显著，受垦区中部养殖水面增加的影响，养殖水面的重心逐渐由东南部向西北方向迁移，而独立建设用地则由于受到洋口港垦区工矿建设用地增长的影响，中心逐渐向东南方向迁移，且可见未来仍将保持这一趋势，虽然其重心的演变趋势都是愈来愈靠近垦区中心，但是垦区的西北和东南部仍分别是独立建设用地和养殖水面集聚的区域。

5.2.4 类型转换

土地利用变化最为直接的表现形式是土地利用的类型转换，所谓的土地利用类型转换是指一定时间序列之内的不同土地资源利用方式在地域空间上置换和更替的过程，是实现区域土地利用动态优化配置的重要前提与途径①。将一定时间序列内滩涂围垦区内的所有土地资源之间的相互转换特征进行统计成表，进而形成土地利用转移矩阵，由表5-6、5-7、5-8、5-9可知，1990-1995年最主要的土地利用类型转换为养殖水面转变为耕地，以及耕地转变为农村居民点，分别为165.34公顷和12.56公顷。1995-2000年，随着滩涂围垦开发力度的加大，有60.82公顷和1211.17公顷的未利用地转变为耕地和养殖水面，亦有5.96公顷的未利用地直接转变为独立建设用地。2000-2005年，未利用地转变为其他土地利用类型仍然是最为主要的土地利

① 刘彦随，李九全．论城市土地优化配置的原则及标准［J］．南京师大学报（自然科学版），1996，19（3）：73-77.

用类型转移模式，未利用地转为耕地、独立建设用地和养殖水面的面积分别为 671. 46 公顷、19. 93 公顷和 2307. 92 公顷；此外，也有 56. 03 公顷的养殖水面转变为耕地。2005 –2008 年，耕地、独立建设用地和农村居民点继续保持稳定，没有发生转出；未利用地依然是土地利用类型转换的源点，共有 148. 40 公顷和 580. 50 公顷的未利用地转变为独立建设用地和养殖水面；同时，有 77. 64 公顷的养殖水面转变为独立建设用地。

综上可知，1995 年以前，未利用地没有发生大规模的转出，主要的土地利用类型转换发生在耕地、养殖水面和农村居民点之间；1995 年之后，受到沿海开发战略的影响，滩涂资源围垦利用的力度进一步加大，有大量未利用地转换为养殖水面、耕地和独立建设用地，以及养殖水面与耕地、独立建设用地之间的转换；总体上看来，1990 年至 2008 年的 18 年间，如东县滩涂围垦区土地利用类型转换主要表现为农用地和建设用地对未利用地的占用。

表 5 –6　1990 –1995 年土地利用转移矩阵

单位：公顷

	耕地	独立建设用地	农村居民点	未利用地	养殖水面	合计
耕地	16341. 26	0. 00	12. 56	0. 29	0. 93	16355. 04
独立建设用地	0. 00	0. 00	0. 00	0. 00	0. 00	0. 00
农村居民点	0. 15	0. 00	215. 36	0. 01	0. 01	215. 52
未利用地	0. 09	0. 00	0. 00	9751. 31	0. 07	9751. 48
养殖水面	165. 34	0. 00	0. 01	0. 22	3722. 18	3887. 74
合计	16506. 83	0. 00	227. 92	9751. 83	3723. 20	30209. 78

表 5 –7　1995 –2000 年土地利用转移矩阵

单位：公顷

	耕地	独立建设用地	农村居民点	未利用地	养殖水面	合计
耕地	16223. 48	0. 00	1. 67	0. 06	281. 63	16506. 83
独立建设用地	0. 00	0. 00	0. 00	0. 00	0. 00	0. 00
农村居民点	0. 18	0. 00	227. 74	0. 00	0. 00	227. 92
未利用地	60. 82	5. 96	0. 00	8473. 86	1211. 17	9751. 83
养殖水面	0. 39	0. 00	0. 00	0. 05	3722. 76	3723. 20
合计	16284. 87	5. 96	229. 41	8473. 96	5215. 57	30209. 78

表 5－8　2000－2005 年土地利用转移矩阵

单位：公顷

	耕地	独立建设用地	农村居民点	未利用地	养殖水面	合计
耕地	16234.41	0.00	0.06	0.08	50.32	16284.87
独立建设用地	0.00	5.96	0.00	0.00	0.00	5.96
农村居民点	0.05	0.00	229.36	0.00	0.00	229.41
未利用地	671.46	19.93	0.00	5474.65	2307.92	8473.96
养殖水面	56.03	0.09	0.00	16.79	5142.66	5215.57
合计	16961.94	25.98	229.43	5491.51	7500.91	30209.78

表 5－9　2005－2008 年土地利用转移矩阵

单位：公顷

	耕地	独立建设用地	农村居民点	未利用地	养殖水面	合计
耕地	16961.94	0.00	0.00	0.00	0.00	16961.94
独立建设用地	0.00	25.98	0.00	0.00	0.00	25.98
农村居民点	0.00	0.00	229.43	0.00	0.00	229.43
未利用地	0.00	148.40	0.00	4762.62	580.50	5491.51
养殖水面	0.00	77.64	0.00	24.24	7399.04	7500.91
合计	16961.94	252.02	229.43	4786.85	7979.54	30209.78

5.3 土地利用变化的陆海梯度特征

5.3.1 土地利用格局的陆海梯度

为了探讨土地利用格局在陆海梯度上的差异，本研究以 20 世纪 50 年代岸线为基础，向海域方向以 1000m 为间隔建立 7 个缓冲区，以分析土地利用格局和结构在陆海方向上的梯度特征，由图 5.6 可知，耕地比重主要呈现陆海方向上的下降趋势，即距离海岸越近，耕地的比例逐渐降低，随着围垦活动进一步向海岸线方向扩展，2005 年和 2008 年的第六缓冲带开始出现耕地分布，反映了围垦区外延的未利用地在人类围垦开发活动影响之下开始逐渐熟化转变为耕地的过程。

养殖水面在早期表现出显著的先增加后又逐渐减少的陆海梯度特点，1990 年和 1995 年的养殖水面均在第三缓冲带达到最大值，而 2000 年、2005 年和 2008 年的养殖水面空间分布则呈现出 M 形曲线的陆海梯度特征。除了第三缓冲带是养殖水面的峰值以外，第六缓冲带的养殖水面比例也成为其另外一个峰值，且随着时间的推进，第六缓冲带的峰值与第三缓冲带之间的差距逐渐缩小。究其原因，可能是对围垦区外缘地带的围垦开发活动使得第六梯度的养殖水面面积逐渐增加，因此形成了养殖水面在陆海梯度分布上的双峰值空间格局。

农村居民点总体上来说所占面积比例较小，各年的陆海梯度趋势均不明显，或者说有微弱的下降趋势，即农村居民点倾向分布于远离海岸线的区域。这一特点与耕地分布的陆海梯度特征是较为一致的，也反映了农村居民点作为滩涂围垦区农业生产活动配套居住用地的特点。

独立建设用地在早期没有分布，1990 年和 1995 年的独立建设用地面积为 0，2000 年和 2005 年的独立建设用地也相当有限，并没有表现出一定的陆海梯度规律，2008 年的独立建设用地则呈现出先增加后减少的陆海梯度特征。峰值出现在第六缓冲带，说明独立建设用地不仅在后期才随着沿海开发力度加大而出现，而且其分布在远离内陆靠近海岸的区域，这是由于独立建设用地大部分为沿海港口、工业园区等独立工矿和交通水利用地。

未利用地表现出显著的增长趋势，内陆部分的滩涂资源已经转换熟化为耕地、养殖水面、农村居民点等土地利用类型，而越远离内陆的区域则未利用地分布越广，人类活动的影响越小，这一特点在 1990 年和 1995 年尤为明显。而在 2000 年以后，第六缓冲带的未利用地面积比例存在降低趋势，形成了缓冲带外缘的波动性，说明滩涂围垦区外缘也逐渐受到人类活动的强烈扰动，反映了人类活动影响下滩涂自然生态系统逐渐向人工生态系统转变的过程。

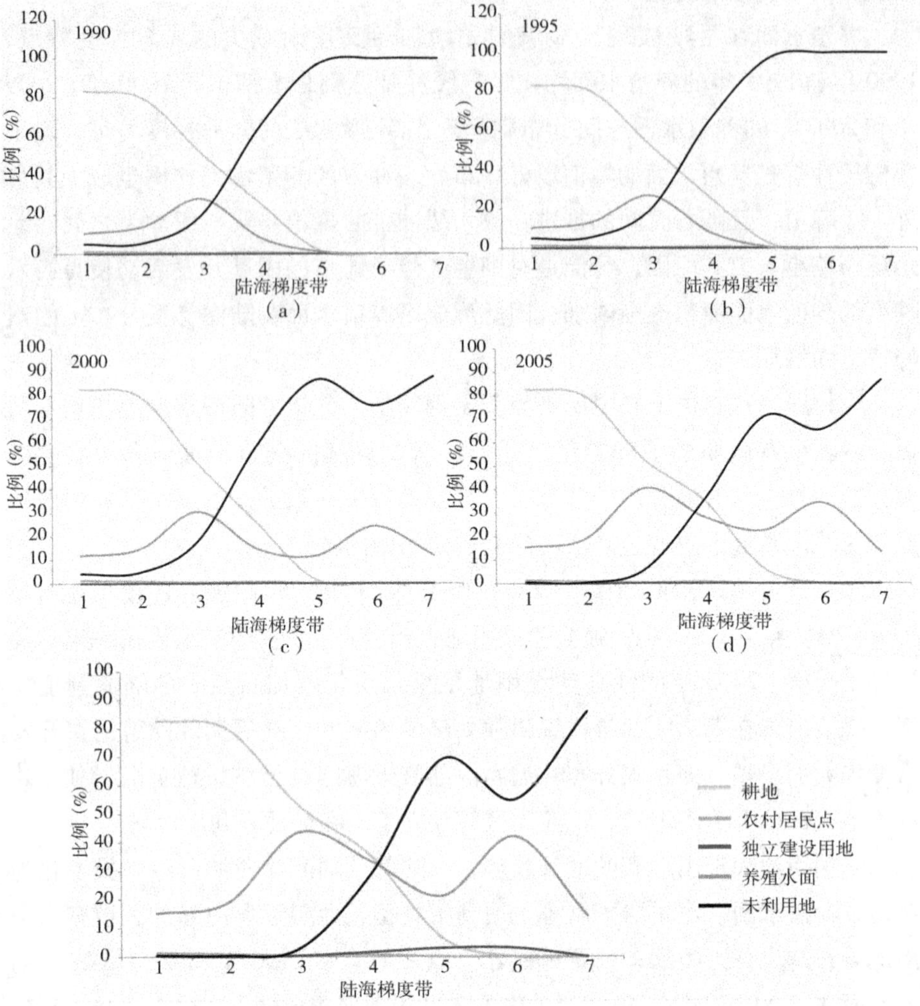

图 5.6　土地利用格局的陆海梯度

5.3.2 土地利用多样性的陆海梯度

在陆海方向上，不但各类型的土地数量表现出一定的梯度特征，土地利用多样性也表现出了一定的规律性。本节将从土地利用结构信息熵的陆海梯度来剖析土地利用多样程度和复杂程度在陆海方向上的分布特征。

从图 5.7 中可以看出，不同年份的土地利用结构信息熵基本上都呈现倒 U 形曲线，第四缓冲带为土地利用结构信息熵的最高值，且随着时间的推

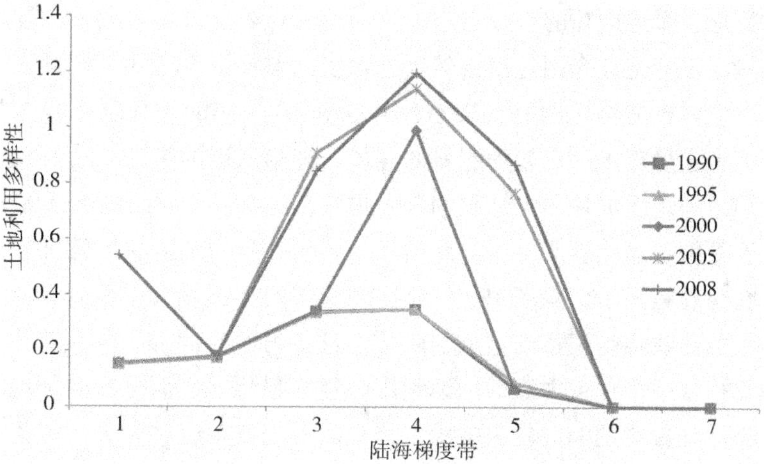

图 5.7　土地利用多样性的陆海梯度

移，峰值有增加的趋势，曲线越加陡峭。可见土地利用的多样性程度在陆海空间分布上呈现先升后降的特征，内陆的熟化程度较高，基本上都是连片的耕地和农村居民点，而靠近海岸的缓冲带内则主要是自然滩涂的分布，导致第一、二、六、七缓冲带的多样性都相对较低；而中间部分则由于人类围垦活动的影响，土地利用变化显著，耕地、养殖水面、建设用地和未利用地夹杂相间出现，导致了较高的多样性和复杂程度，并且这种复杂程度还将随着时间的推移日益增高。

总体上来说，1990 年和 1995 年各缓冲带的土地利用结构信息熵没有大的变化，两条曲线几乎重合，而 2000 年以后，各年份的陆海梯度曲线则有较大的差异，尤其是在缓冲带的中间部分，多样性逐年增加的趋势非常显著。因此，第三、四、五缓冲带目前还是属于大规模开发的阶段，仍未达到所有土地资源的熟化和土地利用格局的相对稳定状态，该区域是未来土地利用开发的重点区域。

5.3.3 土地利用程度的陆海梯度

土地利用程度的陆海梯度可以揭示人类活动对滩涂围垦区土地利用结构影响在陆海方向上的空间分布特征。通过分析图 5.8 可以发现，不同年份的土地利用程度指数均在陆海方向上呈现下降趋势，尤其是第二缓冲带到第五缓冲带之间的下降趋势相当明显，反映了土地利用人工化程度在陆海方向上的分布特征，靠近内陆的部分由于人类活动的影响，已经趋向于高度的人工化，而海岸带的土地利用还以自然生态系统的滩涂资源为主，因此人工化程度较低。但是较为特殊的是，2000、2005 和 2008 年的土地利用程度指数在第六缓冲带上呈现出一个较为明显的峰值，即第六缓冲带的土地利用人工化程度比周边邻近缓冲带的土地利用程度指数相对要高，原因在于 2000 年后滩涂围垦区外缘独立建设用地的突然增加。各研究年份陆海梯度特征在时间序列上的变化趋势显示，除了 1990 年和 1995 年两条曲线几乎重合以外，其余各个年份的曲线均呈现逐渐增加的趋势，且在第四缓冲带至第六缓冲带之间比较明显，说明缓冲带内缘的土地利用已经愈趋稳定，而外缘的土地利用程度对人类活动影响的响应较为敏感，相应的人为扰动性也较大，并由此产生了强烈的土地利用变化。

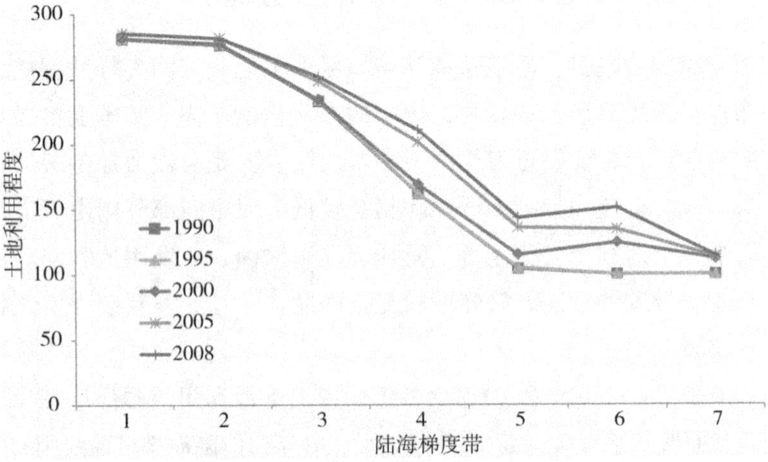

图 5.8　土地利用程度的陆海梯度

5.4 不同围垦年限的土地利用时空格局

5.4.1 不同围垦年限的土地利用格局

除了从空间角度分析土地利用格局在陆海方向上的梯度特征以外，还有必要从时间角度考察不同围垦年限下土地利用格局的差异。通过对比各研究年份不同围垦年限的土地利用格局（图 5.9）可以发现，未利用地和耕地是占据主导位置的土地利用类型，分别分布于围垦历史较短和较长的垦区，且随着开垦活动的推进，养殖水面开始增多，在 2005 年后逐渐形成未利用地、养殖水面、耕地三种土地利用类型并存的格局，且 2008 年的凌洋垦区（L）、洋北垦区一期（M）、洋北垦区二期（N）、洋口港垦区一期（O）等垦区也开始出现了一定面积的独立建设用地。总体上看来，形成了三种比较典型的垦区类型，一种是以耕地为主导的垦区类型，主要为老北坎垦区（A）、洋东垦区（C）、栟北垦区（D）、环东垦区（E）、环港垦区（F）、掘东垦区（G）、王家潭垦区（H）、新北坎垦区（I）、东凌垦区（J）；一种是以养殖水面为主的垦区，主要为如东盐场（B）、如东新盐场（K）、凌洋垦区（L）、洋北垦区二期（N）；一种是以未利用地为主或者未利用地和独立建设用地交互出现的垦区，主要为洋北垦区一期（M）、洋口港垦区一期（O）、环港垦区外侧（P）和豫东垦区（Q）。

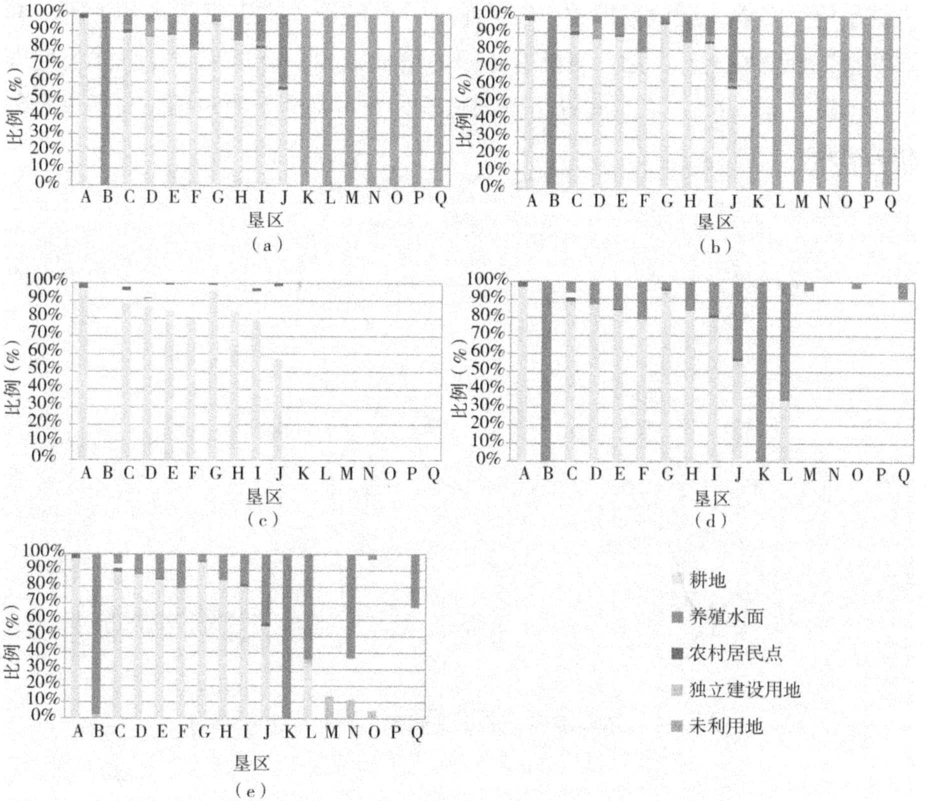

图 5.9　不同围垦年限的土地利用格局

（a、b、c、d、e 分别代表 1990 年、1995 年、2000 年、2005 年和 2008 年）

5.4.2 不同围垦年限的土地利用多样性

通过分析不同围垦区的土地利用结构信息熵，可以揭示不同围垦年限的土地利用多样性程度，从时间维度探讨土地利用多样性的变化规律。从图5.10可以看出，以2008年为例，不同垦区之间的土地利用多样性差异很大，其中凌洋垦区（L）的多样指数最高，为0.46；东凌垦区（J）次之，为0.33，而如东盐场（B）、如东新盐场（K）、洋北垦区一期（M）、洋北垦区二期（N）、洋口港垦区一期（O）、环港垦区外侧（P）和豫东垦区（Q）最低。可以绘制2008年各垦区围垦年限和土地利用结构信息熵之间的散点图（图5.11），来描述围垦年限与土地利用多样性程度之间的相关关系，结果显示围垦年限较短垦区的土地利用多样性为0，因为作为未利用地的原始滩涂占据了绝大多数，土地利用类型较为单一，而随着人类围垦活动的加剧，多样性指数会急剧上升，然后再随着年限的增加减少，直至稳定，总体上呈现由0值激增至0.45左右再逐渐下降的过程，并不是简单的正相关关系或者负相关关系。

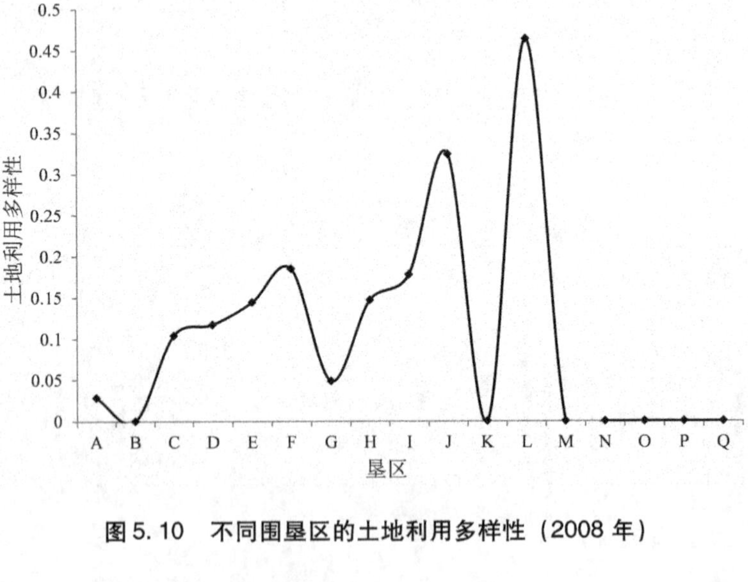

图5.10　不同围垦区的土地利用多样性（2008年）

5.4.3 不同围垦年限的土地利用程度

通过计算不同垦区的土地利用程度指数，可以从时间维度上揭示土地利用程度随围垦年限增加的演变规律。以2008年为例（图5.12），围垦年限较

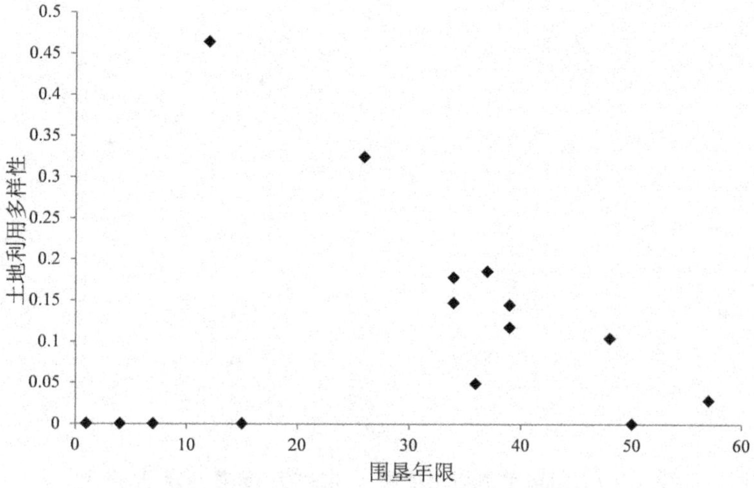

图 5.11　围垦年限与土地利用多样性的相关性（2008 年）

长垦区的土地利用程度要高于围垦年限较短垦区的土地利用程度。为了揭示围垦年限与土地利用程度之间的定量关系，同样可以绘制 2008 年各垦区围垦年限与土地利用程度指数之间的散点图（图 5.13），二者之间存在着显著的正相关关系，说明随着人类围垦活动的推进，滩涂围垦区的土地利用程度将持续增加。

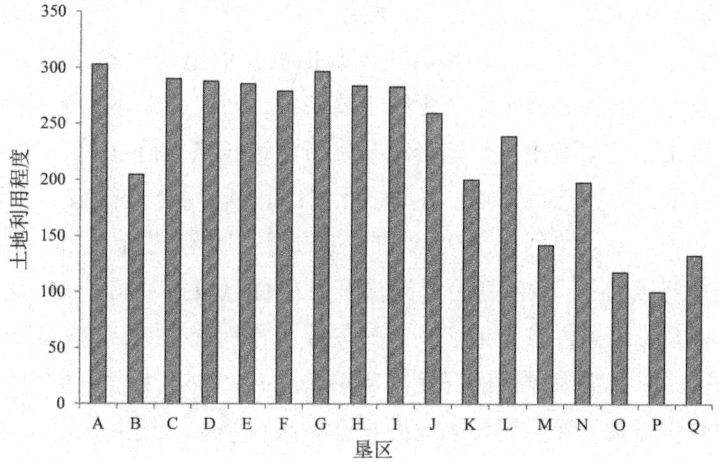

图 5.12　不同围垦区的土地利用程度（2008 年）

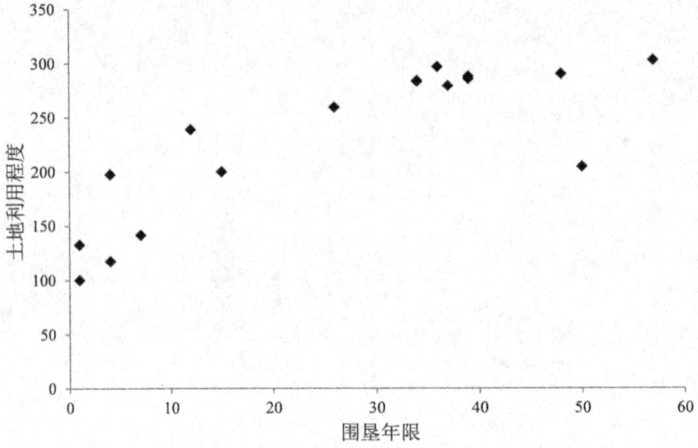

图 5.13　围垦年限与土地利用程度的相关性（2008 年）

5.5 土地利用变化驱动力分析

5.5.1 政策因素

政策引导和激励机制是如东县滩涂围垦区土地利用变化非常重要的驱动因素，江苏沿海地区在历史上就是人类活动频繁的地区，滩涂围垦则是人类利用滩涂资源的主要方式之一。20 世纪六七十年代末，人地矛盾越来越突出，江苏沿海地区将以增加耕地为主要目的的围海造田运动逐渐推向高潮，沿海滩涂成为江苏省后备土地资源的主要来源，而以长期不断淤长为特征的如东县沿海滩涂也逐渐成为土地资源开发新的增长点。但是受到滩涂土壤含盐量高、质量低等特点的影响，沿海滩涂资源的利用特点往往是围而不垦。直到改革开放以来，特别是 1995 年江苏省提出“海上苏东”和“沿海大开发”战略思想以后①，一系列沿海滩涂开发的优惠政策和措施相应出台，例如对在区位及资源条件较差地区从事开发给予特别优惠等，这些政策与措施有效推动了如东县沿海滩涂的开发与利用。从 1995 年开始，研究区内滩涂未利用地的面积开始下降，建设用地面积开始缓慢增加；同时，由于耕地保护制度和耕地占补平衡制度的实施，使得研究区大面积的滩涂资源转为农田，

① 王玉，贾晓波，张文广，等．江苏海岸带土地利用变化及驱动力分析［J］．长江流域资源与环境，2010（s1）：7－12.

从而表现出农业用地面积快速增加的趋势。

进入 21 世纪后，如东县沿海滩涂地区的基础设施建设进一步加强，再加上土壤自然和人工脱盐使得土壤盐分降低，滩涂开发开始逐步由围而不垦、围多垦少向垦围结合、以垦为主转变，并且土地利用开始向多元开发发展，所以从 2000 年到 2005 年，滩涂未利用地下降速率增加，农业用地面积增速加快，并且建设用地面积也开始出现增加的趋势。2007 年 4 月，江苏全面启动新一轮沿海开发，在新一轮沿海开发战略的推动下，2008 年研究区建设用地呈现出急速增加的态势，2008 年如东县新增沿海开发区 2 个、其他开发区企业 4 个，说明此次沿海开发以开发区和工业发展为主。2009 年，国务院批准实施《江苏沿海地区发展规划》，将沿海开发上升为国家战略，明确了沿海地区发展的总体要求和 2009 –2012 年的主要目标、重点任务，如东县滩涂围垦区将面临着又一轮的大规模开发。

由此可见，在政策的驱动下，研究区的土地利用变化表现出未利用地的逐渐减少以及农业用地与建设用地的不断增加。可以根据如东县滩涂围垦区土地利用变化状况将其划分为三个阶段：第一个阶段（1995 年以前）是围垦初期阶段，各种土地利用类型面积相对稳定，变化不大；第二阶段（1995 – 2005）是农业用地扩展阶段，该阶段以明显的土壤脱盐为特征，加上耕地保护制度与耕地占补平衡制度的实施，大量的自然滩涂转变为农业用地；第三阶段（2005 年以后）是建设用地扩张阶段，这一阶段以未利用地向建设用地快速转变为主要特征，这一阶段沿海开发区建设与工业发展是主要的政策驱动因素。

5.5.2 自然因素

影响滩涂围垦区土地利用的自然因素很多，如海洋动力和泥沙沉积造成的冲淤变化，土壤盐分与有机质等土壤因素，坡度，动植物生长状况和包括诸如台风在内的自然灾害等气象因素。如东县沿海属于典型的淤长型滩涂，为当地的围垦活动提供了物质基础，但是土壤盐分却极大地制约了沿海滩涂的开发利用（李冬顺，2010），过高的盐分使得农作物很难生长，这也是滩涂开发初期形成“围多垦少”特征的原因。通过实地调查发现，滩涂资源在围垦初期主要还是以滩涂原生状态或者是盐场的方式进行利用，在随后几年的漫长脱盐过程中，除了降雨自然洗盐以外，更多的是引种耐盐植物和水产养殖等方式来进行洗盐，当土壤盐分降到农作物生长的适宜范围后，人们便将大面积的土地开垦为农业用地。

除了自然淤长和土壤盐分等因素以外，还有其他自然因素影响了滩涂围垦区的土地利用，但这些因素大多是通过影响上述因素来起间接作用，如植物生长因素促进了土壤发育，气候因素中的降雨与蒸发影响了土壤盐分的变化，等等。作为滩涂资源开发利用的约束因子，自然因素的驱动主要影响的是滩涂资源向农业用地的转换。

5.5.3 社会经济因素

一般而言，政府的政策引导和规划调控是导致滩涂围垦区土地利用变化的直接原因，自然因素则作为制约因子影响土地利用变化，而从深层次的根本原因来看，沿海滩涂围垦区土地利用变化还是由于区域经济发展、工业化和城市化进程的不断推动等社会经济因素所驱动的[①②③④]。为了详细定量地刻画和描述社会经济因素对滩涂围垦区土地利用变化的驱动作用，本节采用典型相关分析法，来分析如东县滩涂围垦区的土地利用变化驱动力机制。

典型相关分析方法与传统的多元线性回归方法不同，它可以将研究的自变量和因变量分成两组，两组变量均包含多个因素变量，并且通过分析筛选出每个因变量对应的高贡献率自变量组合，它有效地解决了传统计量分析法中只能分析单一因变量的弊端。典型相关分析方法是由 Hotelling[⑤] 提出的，其基本的思想是根据变量间的相关性寻找一个或几个综合变量来替代原来的变量，进而将两组变量之间的关系集中到几个综合变量的关系上，提取的时候要求第一组综合变量间的相关性最大，第二组次之，依次类推下去，直到将所有的典型变量提取完为止。其数学表达式如下：

---

① 欧维新，杨桂山，李恒鹏，等．苏北盐城海岸带景观格局时空变化及驱动力分析［J］．地理科学，2004，24（5）：610－615.

② 王玉，贾晓波，张文广，等．江苏海岸带土地利用变化及驱动力分析［J］．长江流域资源与环境，2010（s1）：7－12.

③ 王继夏，孙虎，彭鸿．秦岭中低山区山地景观格局变化及驱动力分析［J］．农业系统科学与综合研究，2008，24（4）：458－462.

④ 程乾，吴秀菊．杭州西溪国家湿地公园1993年以来景观演变及其驱动力分析［J］．应用生态学报，2006（09）：1677－1682.

⑤ Hotelling，H. Relations between two sets of variables［J］．Biometrika，1936，28：321－377.

设有两个变量组 $X=(X_1, X_2, \cdots, X_p)'$ 和 $Y=(Y_1, Y_2, \cdots, Y_q)'$，不妨设 $p \leqslant q$，且变量组 X，Y 的均值和协方差矩阵分别为：

$$E(X)=\mu_1 \qquad Cov(X)=\sum\nolimits_{11}$$
$$E(Y)=\mu_2 \qquad Cov(Y)=\sum\nolimits_{22} \tag{5-8}$$

X，Y 的均值和协方差矩阵为：$Cov(X,Y)=\sum_{12}=\sum_{21}'$，

因此，对于矩阵 $Z=\begin{bmatrix} X \\ Y \end{bmatrix}$，其均值向量和协方差矩阵分别为：

$$\mu=E(Z)=\begin{bmatrix} E(X) \\ E(Y) \end{bmatrix}=\begin{bmatrix} \mu_1 \\ \mu_2 \end{bmatrix} \tag{5-9}$$

$$Cov(Z)=\sum_{(p+q)\times(p+q)}=E(Z-\mu)(^{Z}-\mu)'$$
$$=\begin{bmatrix} E(X-\mu_1)(X-\mu_1)' & E(X-\mu_1)(X-\mu_2)' \\ E(X-\mu_2)(X-\mu_1)' & E(X-\mu_2)(X-\mu_2)' \end{bmatrix} \tag{5-10}$$

要研究上述两组变量 X、Y 之间的相关关系，首先分别进行两组变量的线性组合，即：

$$U=a_1X_1+a_2X_2+\cdots+a_pX_p=a'X$$
$$V=b_1Y_1+b_2Y_2+\cdots+b_qY_q=b'Y$$

其中，$a=(a_1,a_2,\cdots a_p)'$，$b=(b_1,b_2,\cdots b_q)'$ 分别为任意非零常系数向量，则可得：

$$Var(U)=a'Cov(X)a=a'\sum\nolimits_{11}a$$
$$Var(V)=b'Cov(Y)b=b'\sum\nolimits_{22}b$$
$$Cov(U,V)=a'Cov(X,Y)b=a'\sum\nolimits_{12}b$$

则称 U 与 V 为典型变量，U 与 V 之间的相关系数ρ称为典型相关系数：

$$\rho=Corr(U,V)=\frac{a'\sum 12\ \ b}{\sqrt{a'\sum 11\ a}\sqrt{b'\sum 22\ \ b}} \tag{5-11}$$

典型相关分析所关注的是如何选择典型变量的最优线性组合。其选取原则为，在所有的线性组合 U 和 V 中，选取典型相关系数最大的 U 和 V，即选取 $a^{(1)}$ 和 $b^{(1)}$ 使得 $U_1=a'^{(1)}X$ 与 $V_1=b'^{(1)}Y$ 之间的相关系数达到最大，然后选取 $a^{(2)}$ 和 $b^{(2)}$ 使得 $U_2=a'^{(2)}X$ 与 $V_2=b'^{(2)}Y$ 之间的相关系数在 U_1 和 V_1 不相

关的组合 U 和 V 中达到最大，一直继续下去直到所有分别与 U_1，U_2，…，U_{p-1}和 V_1，V_2，…，V_{p-1}都不相关的线性组合 U_p，V_p为止。此时 p 等于诸变量 X 和 Y 之间协方差矩阵的秩。典型变量 U_1和 V_1，U_2和 V_2……U_p和 V_p是根据它们相关系数由大到小逐对提取的，直到两组变量之间的相关性被分解完为止①。

本着数据获取可能性和尽量反映近年来土地利用变化趋势的原则，本研究选择 1995－2008 年作为社会经济驱动力机制分析的研究时段，所采用的土地利用数据来自 1990 年、1995 年、2000 年、2005 年和 2008 年的遥感影像，1995－2008 年间其他各年份的土地利用数据在以上 5 年数据的基础上采用拉格朗日插值法得到。基于便于分析同时又抓住主要矛盾的原则，本研究选择的土地利用变化因子分别为 Y_1独立建设用地变化量、Y_2耕地面积变化量、Y_3养殖水面用地变化量；并基于尽量全面和可获取的原则，通过对土地利用变化驱动力经典研究中的驱动力要素进行分析和筛选②③④⑤⑥，最终确定了如下社会经济驱动因素：X_1城市化率变化率，X_2GDP 变化率，X_3人均 GDP 的变化率，X_4农业总产值变化率，X_5工业总产值变化率，X_6固定资产投资额变化率，X_7农民人均纯收入变化率。

通过将以上的土地利用变化数据和社会经济数据导入 SPSS 软件，并调用其功能模块的“canonical correlation. sps”，得到了 1995－2008 年的土地利用变化驱动力的典型相关分析结果，主要包括自变量和因变量的典型相关载荷矩阵（表 5－10）。

---

① 陈正昌，程炳林，陈新丰．多变量分析方法：统计软件应用［M］．北京：中国税务出版社，2005.

② 李平，李秀彬，刘学军．我国现阶段土地利用变化驱动力的宏观分析［J］．地理研究，2001，20（2）：129－138.

③ 邵晓梅，杨勤业，张洪业．山东省耕地变化趋势及驱动力研究［J］．地理研究，2001（03）：298－306.

④ 李景刚，何春阳，史培军，等．近 20 年中国北方 13 省的耕地变化与驱动力［J］．地理学报，2004，59（2）：274－282.

⑤ 谈明洪，李秀彬，吕昌河．20 世纪 90 年代中国大中城市建设用地扩张及其对耕地的占用［J］．中国科学（D 辑：地球科学），2004（12）：1157－1165.

⑥ 刘瑞，朱道林，朱战强，等．基于 Logistic 回归模型的德州市城市建设用地扩张驱动力分析［J］．资源科学，2009，31（11）：1919－1926.

表 5－10　土地利用变化驱动力典型变量载荷矩阵

变量组	第一典型变量	第二典型变量	第三典型变量
因变量：Y	土地利用变化量		
Y_1 独立建设用地	－0.267	<u>－0.720</u>	0.406
Y_2 耕地	0.866	－0.383	－0.217
Y_3 养殖水面	0.928	0.336	－0.090
自变量：X	驱动力因素变化率		
X_1 城市化率	－0.428	0.106	0.466
X_2 GDP	0.040	<u>－0.927</u>	0.069
X_3 人均 GDP	0.057	<u>－0.927</u>	0.066
X_4 农业总产值	0.031	－0.380	－0.526
X_5 工业总产值	0.265	<u>－0.796</u>	0.046
X_6 固定资产投资额	0.549	<u>－0.623</u>	－0.228
X_7 农民人均纯收入	－0.865	0.044	－0.092

根据表 5－10 所示，第一典型变量首先将因变量组 Y 中耕地和养殖水面用地从其他变量中分离出来，其中典型载荷分别为 0.866 和 0.928。这一结果说明第一典型变量主要反映的是农业用地的变化，如东县滩涂围垦区农用地变化也确实是以养殖水面和耕地的增加为主要特征。变量组 X 中与之相对应的自变量依据载荷量从大到小的顺序分别是农民人均纯收入（－0.865）、固定资产投资额（0.549）和城市化率（－0.428），并且其中固定资产投资额与因变量耕地和养殖水面呈正相关关系，人均纯收入和城市化率与因变量耕地和养殖水面呈负相关关系，说明 1995－2008 年如东县的农村人均纯收入、固定资产投资和城市化率是沿海滩涂中耕地和养殖水面用地变化的主要驱动力，其中农民人均纯收入和城市化率增长得越快，耕地和养殖水面增长得越慢，甚至可能降低。固定资产投资增长越多，耕地和养殖水面用地增长越快，因为自然滩涂资源要转变成可用的农业用地需要前期大量的投资改变土壤的理化条件，如脱盐、防海潮或台风等。第二个典型变量将独立建设用地从变量组 Y 中分离出来，其典型载荷量为－0.720，X 变量组中与之相对应的自变量包括 GDP（－0.927）、人均 GDP（－0.927）、工业总产值（－0.796）和固定资产投资（－0.623），说明 1995－2008 年如东县经济稳定发展、工业化快速推进和全社会固定资产不断投入是促进滩涂围垦区建设用

地量逐渐增加的主要驱动力，经济发展和工业化进程的推进导致建设用地需求不断增加，而国家严格的耕地保护政策使得决策者将目光纷纷转向不断淤长的沿海滩涂，加之建设用地对土壤属性和熟化程度的要求不如耕地严格，使得滩涂围垦区成为工业用地等建设用地理想的供给源。本研究的第三个典型变量不显著，其可信度不强，但从结果中可以看出，第三个典型变量补充了影响建设用地的其他因素，如城市化率和农业总产值等，这些因素也可能是影响建设用地增加的因素，但是影响程度远不如上面的因素强。

5.6 本章小结

本章节基于1990年、1995年、2000年、2005年、2008年5个时期的TM、ETM+遥感影像，通过空间统计、梯度分析和典型相关分析等方法探讨近20年来如东县滩涂围垦区的土地利用时空演化特征及其驱动力机制，结论如下：

①从1990年至2008年，滩涂围垦区土地利用变化在数量上总体表现为耕地、养殖水面、农村居民点和独立建设用地的增加，以及未利用地的减少。滩涂围垦区土地利用多样性指数和程度指数均呈现上升趋势，表明滩涂围垦区受到人类活动的影响程度日益增加，导致土地利用系统的多样性和人工化程度亦日趋显著。不同的土地利用类型在1990－2008年之间的空间迁移特征具有一定差异，养殖水面和独立建设用地的迁移现象比较显著。土地利用类型转换分析表明未利用地转为养殖水面、独立建设用地，以及养殖水面转为耕地为主要土地利用类型转换方式。

②土地利用结构信息熵在陆海梯度上呈现倒U形曲线，且随着时间的推移，峰值有增加的趋势，曲线形态越加陡峭；而土地利用程度指数则在陆海方向上呈现下降趋势，说明内陆土地利用已经趋于高度的人工化，而靠近海岸的土地利用格局还以自然滩涂未利用地为主，围垦活动强度最高的区域为第四缓冲带附近。此外，通过分析不同垦区的土地利用格局，可以发现随着围垦年限的增加，土地利用多样性呈逐渐下降的趋势，而土地利用程度则呈逐渐上升的趋势。

③如东县滩涂围垦区土地利用变化的主要驱动因素有政策因素、自然因素和社会经济因素，其中政策因素直接驱动了滩涂资源的开发，自然因素是

滩涂未利用地向农业用地转化的主要制约因子，而社会经济发展则是滩涂围垦区土地利用变化的根本原因。通过典型相关分析发现，城市化率、固定资产投资和农村人均纯收入是滩涂围垦区耕地及养殖水面用地变化的主要驱动力，GDP、人均 GDP、工业总产值和固定资产投资则是促进建设用地量逐渐增加的主要驱动力。

第6章 江苏如东滩涂围垦土壤理化性质变化过程及机理分析

随着人口—资源—环境之间的矛盾日益尖锐，土壤资源成为一种具有脆弱性的非再生资源①②③。江苏省沿海滩涂土壤资源丰富，经过人类不断围垦和开发利用，由光滩、米草滩、盐蒿植被等开发利用为养殖水体、旱地、水田等，新增大量宝贵耕地资源，然而不同开垦年限以及土地利用方式下滩涂土壤理化性质不断发生变化。本章节以如东县滩涂围垦区为例，分析不同围垦年限以及不同土地利用方式下滩涂围垦区耕地土壤理化性质包括土壤质地、土壤水分、土壤容重、土壤盐分、土壤养分以及土壤 pH 等的变化过程和机理。

6.1 研究区概况

6.1.1 如东县成陆历史和地貌概况

根据《江苏省如东县土壤志》记载研究区所在地貌为海积平原。该区是长江支流——古横江的东头入海口。唐末，通吕水脊的沙洲和北岸沙咀涨接，封闭了古横江，近海处水较深，形成了一个马蹄形海湾，东北大致起自北坎，折向西南，经西亭，由金沙东北折向东，经余西达吕四。元末以来，由于黄河夺淮，带来大量泥沙，使海岸向东推进，清初（1645）掘港离海约5千米，1914年新筑海堤，于是北起北坎、南经环本到大东港完全成陆。这里海堤三面环绕，如同马蹄，地理上称为三余马蹄形海积平原④，如图6.1

① 赵其国，孙波，张桃林．土壤质量与持续环境［J］．土壤，1997，3：113-120.

② 刘占锋，傅伯杰，刘国华，等．土壤质量与土壤质量指标及其评价［J］．生态学报，2006（03）.

③ 张华，张甘霖．土壤质量指标和评价方法［J］．土壤，2001.

④ 如东县土壤普查办公室．江苏省如东县土壤志［M］．如东：如东县土壤普查办公室，1983.

所示。从江苏省滩涂围垦区土地利用方式来看，耕地主要分布于盐城市和南通市。而且盐城市耕地主要围垦开发于 20 世纪，2000 年以来耕地分布较少，而南通市如东县存在 2007 年滩涂围垦区以农业开发为主。

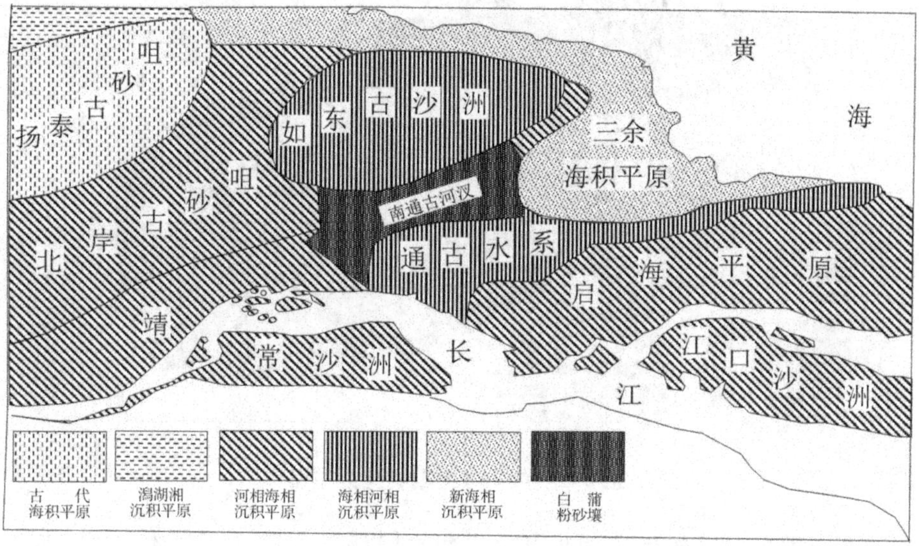

图 6.1　南通地区及附近地貌分区和成因类型图

6.1.2 研究区土壤类型分布

如东县有三个土类，一是潮土，也称浅色草甸土，面积占比为 69.43%，是长江三角洲平原冲积物草甸植被下，经过季节性的交替脱盐旱耕熟化发育形成的；二是盐土，面积占比为 26.43%，是滨海盐渍母质盐生植被下，土体和地下水还有过量的可溶性盐；三是水稻土，面积占比为 4.14%，在灌溉水和地下水升降的影响下，经过氧化还原替代作用种稻熟化而成。如东县土壤有四个亚类，盐土类中滨海盐土和潮盐土两个亚类，滨海盐土是一米土体含盐量大于 0.6%，目前处于地表积盐阶段，地表多为光板和耐盐性植物；潮盐土是一米土体含盐量在 0.1% -0.6% 之间，是滨海盐土经过人为改造处于脱盐阶段，目前正朝着潮土方向演变。潮土类中只有灰潮土一个亚类，伴有石灰淋溶过程；如东县水稻土土体发育处于初级阶段，潴育层和犁底层发育不明显，划为渗育型水稻土亚类①。从图 6.2 可以看出，研究区土壤类型

① 肖丽群，陈伟，吴群，等．未来 10a 长江三角洲地区耕地数量变化对区域粮食产能的影响——基于耕地质量等别的视角 [J]．自然资源学报，2012，27 (4)：565 -576.

包括砂质滨海盐土、壤质滨海盐土、壤质潮盐土三大类型。

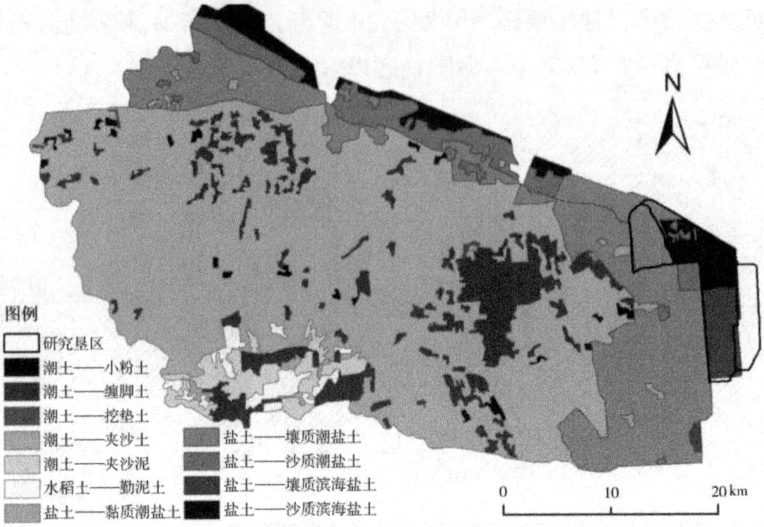

图 6.2　如东县土壤类型分布图

本章节选取以如东县东北方位不同年限滩涂围垦区作为研究区，如图 6.3 所示，其母质来源一致且耕地分布较多，适合于开展滩涂围垦后耕地质量的变化过程研究工作。

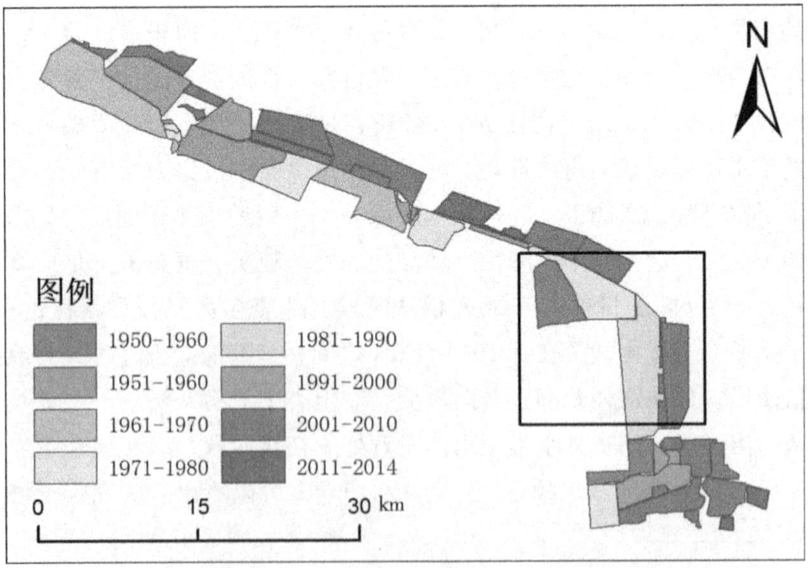

图 6.3　如东县滩涂围垦研究区示意图

6.2 野外采样方案

6.2.1 野外采样时间

研究区气候为典型的季风气候，冬季常为高气压所盘踞，盛行偏北风，低温、干燥和降水少；夏季则为低气压控制，盛行偏南风，高温、湿润和多雨①②。如图6.4所示，7-8月份月降雨量分别为303.5毫米和122.30毫米，平均温度分别为28.23℃和28.19℃。5月、6月和9月降雨量分别为32.6毫米、23.80毫米和76.10毫米，平均温度分别为20.48℃、23.22℃和22.16℃。4月、10月和11月降雨量分别为66.1毫米、40.40毫米和83.00毫米，平均温度为15.92℃、18.27℃和10.32℃。12月，1-3月降雨量分别为101.80毫米、8.8毫米、79毫米和96.2毫米，平均温度为4.22℃、2.92℃、2.90℃和7.93℃。7-9月降雨集中，为全年降雨量的50%，从日降雨量来看（图6.5），降雨多以暴雨形式出现，历时短，强度大；4-6月为干旱期，降雨量为全年的12%。

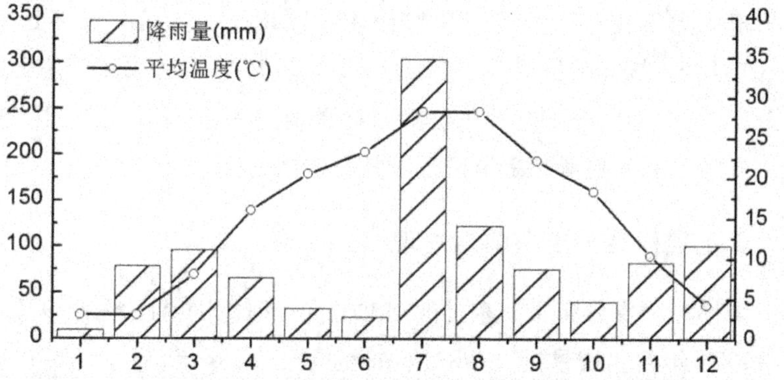

图6.4 2012年降雨量与平均温度变化

季风影响下的土壤水盐运动具有特殊规律性，即土壤盐分随季节而变

① 邱扬，傅伯杰，王军，等．四川省农作物生产力的地理分布［J］．地理学报，1950(1)：1-22.

② 竺可桢．论我国气候的几个特点及其与粮食作物生产的关系［J］．地理学报，1964，9(3)：189-199.

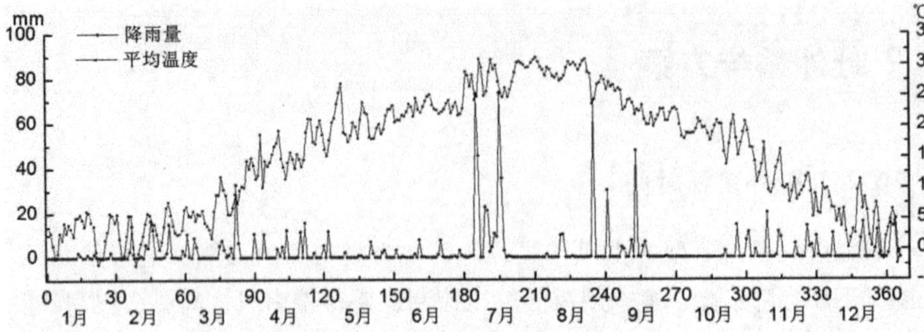

图 6.5 2012 年日降雨量与平均温度变化

化，一般全年可划分为四个水盐动态周期，包括春季积盐期、夏季脱盐期、秋季回升期和冬季潜伏期①。夏季降雨土壤开始淋盐过程，但是淋盐的时间短，仅有 3 个月左右，积盐的时间长，长达 5 –6 个月。水盐平衡的趋势为积盐过程大于淋盐过程。在夏秋多雨季节，地下水位太高，土壤毛管水上升运动，以致次年春季土壤返盐。土壤采样时间处于土壤盐分的回升期，能够反映土壤盐分的变化。

如东县沿海滩涂地区 7 –8 月由于降雨量较大土壤处于不断脱盐状态，3 –5月由于降雨量较小，蒸腾与蒸发作用不断增强，土壤处于不断积盐状态。9 –10 月为土壤盐分回升期，11 月以及次年 1 –2 月均属于土壤积盐潜伏期。本调查选择 9 月份开展野外土壤采样调查，一方面避免施肥带来的影响，另一方面也能反映滩涂围垦区土壤盐分趋势。

6.2.2 土壤样品采集和前期处理

土壤采样点主要分布于如东县的东北方向，滩涂围垦区包括 1951 年老北坎垦区、1974 年新北坎垦区、1982 年东凌垦区、2007 年豫东垦区以及堤外滩涂，按照网格法采样，每个样点去掉表层，用土钻挖 1m 深土壤剖面 2 个并混合，按照深度 0 –10cm、10 –20cm、20 –30cm、30 –40cm、40 –60cm、60 –80cm、80 –100cm 分为 7 层，每层采集 1kg 土样带回实验室，自然风干后过 2mm 筛备用。有些样点比如水田、养殖水面等样点由于地下水位较高等原因采集 6 层。采样时间为 2012 年 9 月 22 日至 2012 年 9 月 28 日，采样前后

① 王遵亲，祝寿泉，俞仁培．中国盐渍土［M］．北京：科学出版社，1993.

天气晴朗。

根据统计采样点数共 66 个，土地利用覆被方式包括棉花、玉米、水稻、大豆等，具体见表 6－1、图 6.6，其中，棉花、盐蒿、玉米、养殖水面和大豆的数量较多。不同围垦年限土壤采样点统计数见表 6－2。据统计，土壤样品数共 456 个。

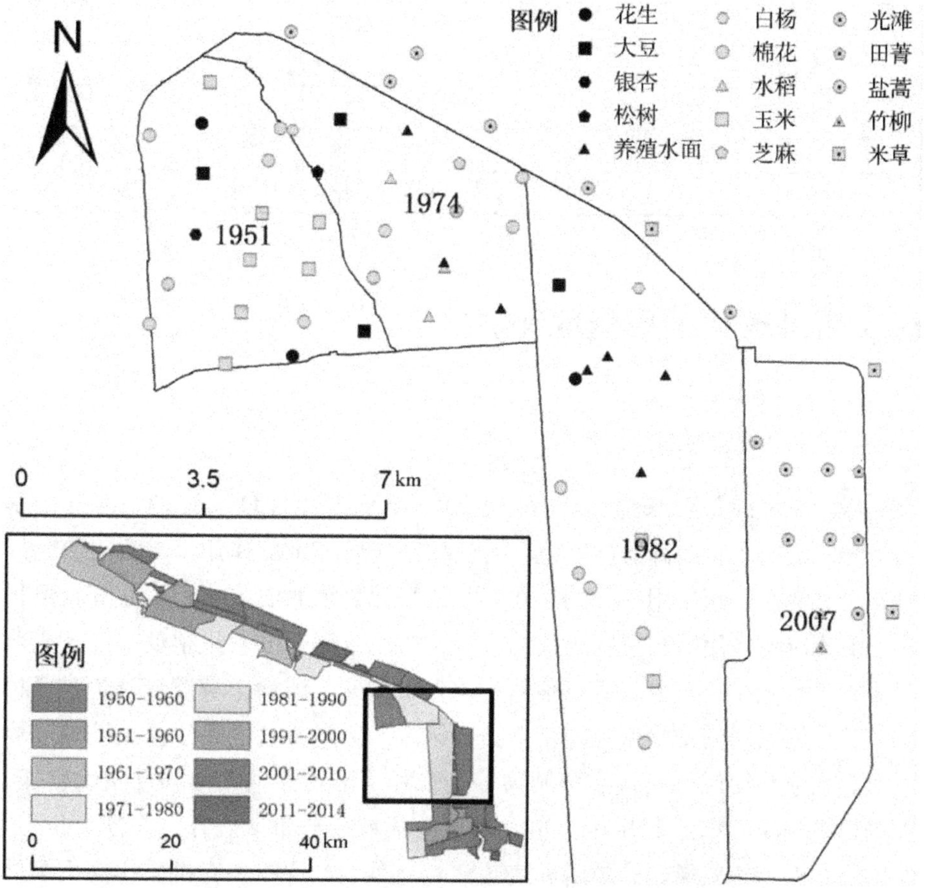

图 6.6　研究区土壤采样点示意图

表 6－1　不同围垦年限土壤采样点统计

围垦年限	1951 年	1974 年	1982 年	2007 年	未围垦区	合计
样点数	18	15	14	10	9	66

表6-2　不同土地利用方式土壤采样点统计

土地利用方式	样点数	土地利用方式	样点数
白杨	2	田菁	3
大豆	4	盐蒿	11
光滩	1	养殖水面	7
花生	3	银杏	1
米草	3	玉米	9
棉花	16	芝麻	1
水稻	3	竹柳	1
松树	1	合计	66

6.3 土壤理化性质选取和测定

6.3.1 土壤理化性质选取

滩涂土壤的母质来源为海洋沉积物，受到海洋环境的影响。滩涂围垦后，滩涂土壤逐步脱离海洋环境，受到陆地气候环境的作用。滩涂土壤物理结构受到潮水分选作用的影响；滩涂土体受到海水的浸入，土壤盐分含量很高，受到降水作用不断进行脱盐的过程；滩涂土壤养分含量很低，同时土壤微生物量也较小，土壤有机质很低，约为0.32%。滩涂土壤质量评价需要根据滩涂土壤利用的功能区决定。比如工业区、水产养殖区要注重土壤的环境质量；农业利用区要注重土壤肥力等；未利用区要注重土壤的动植物健康。本书以沿海滩涂农业利用区为例，选取土壤粒径分布、盐分、养分（全氮、全磷、全钾、速效氮、速效磷和速效钾）、土壤水、pH和有机质作为土壤质量因子，对沿海滩涂农业利用区滩涂土壤开展质量评价。

6.3.2 土壤样品理化性质测定

土壤粒径采用激光粒度仪测定。土壤中有机质可使矿物颗粒胶结，碳酸盐可是土壤小颗粒聚合，粒径测试前需要进行前期预处理去除有机质和碳酸盐。由于本研究区滩涂土壤有机质低，因此参照Murray的方法，先添加10%盐酸去除碳酸盐，然后加入0.05mol/L的六偏磷酸钠（$NaPO_3$）6作为分散剂分散，放置 24 小时，采用 Mastersize2000 激光衍射粒径分析仪（英国马尔文仪器公司生产）分析土壤粒径大小。土壤颗粒的粒级类型参照《海洋调查规范》等比制粒级分类方法划分为 12 级，如表 6－3 所示。

表 6－3　土壤粒度分级标准

描述名称		粒径大小（毫米）
砂砾		>2
砂粒	极粗砂	2－1
	粗砂	1－0.5
	中砂	0.5－0.25
	细砂	0.25－0.125
	极细砂	0.125－0.063
粉粒	极粗粉	0.063－0.031
	粗粉	0.031－0.016
	中粉	0.016－0.008
	细粉	0.008－0.004
	极细粉	0.004－0.002
黏粒		<0.002

土壤 pH 值采用 1∶5 水土比用电位法测定；土壤有机质（OM）用重铬酸钾氧化－外加热法测定；全氮（TN）用开氏法测定；碱解氮（AN）用碱解扩散皿法测定；全磷（TP）和速效磷（AP）用 H_2SO_4－高氯酸消煮－磷钼蓝铝比色法测定；全钾（TK）和速效钾（AK）用乙酸铵浸提－火焰光度法测定。土壤容重采用环刀法；土壤水采用烘干法测定；土壤盐分离子中，Na^+、K^+用火焰光度法测定，CO_3^{2-}、HCO_3^-用标准 H_2SO_4 滴定法测定，Mg^{2+}、Ca^{2+}、SO_4^{2-}用 EDTA 络合滴定法测定，Cl^-用标准 $AgNO_3$滴定法测定。

6.4 滩涂围垦区土壤理化性质时空特征

6.4.1 滩涂围垦区土壤理化性质时间变化特征

6.4.1.1 沿海滩涂常量元素变化特征分析

沿海滩涂土壤成土母质来源基本一致，然而随着人类围垦开发利用土壤常量元素不断发生变化。通过对1951年、1974年、1982年、2007年以及未围垦区滩涂土壤常量元素（表6-4）的分析来看，未围垦区常量元素含量表现为 $SiO_2 > Al_2O_3 > LOI > CaO > Fe_2O_3 > Na_2O > MgO > K_2O > P_2O_5$。1951年滩涂围垦区常量元素含量表现为 $SiO_2 > Al_2O_3 > LOI > Fe_2O_3 > CaO > MgO = K_2O > Na_2O > P_2O_5$。滩涂围垦后，土壤中CaO和烧失量（LOI）不断减少，分别减少了2.12%和1.90%；Na_2O 和MgO分别减少了0.69%和0.09%；SiO_2、Al_2O_3、Fe_2O_3、K_2O 和 P_2O_5 不断增加。

表6-4 沿海滩涂土壤常量元素特征

	1951年	1974年	1982年	2007年	未围垦区
CaO（%）	2.40±0.11[d]	4.33±0.07[c]	4.42±0.06[b]	4.49±0.04[ab]	4.52±0.11[a]
K_2O（%）	2.17±0.05[a]	2.04±0.05[b]	2.13±0.05[a]	2.01±0.01[b]	2.03±0.04[b]
MgO（%）	2.17±0.09[b]	2.17±0.05[b]	2.22±0.07[ab]	2.17±0.07[b]	2.26±0.04[a]
Na_2O（%）	2.03±0.04[b]	2.13±0.03[b]	2.13±0.04[b]	2.48±0.06[a]	2.72±0.46[a]
P_2O_5（%）	0.14±0.01[a]	0.12±0.01[ab]	0.13±0.01[a]	0.11±0.01[c]	0.12±0.01[bc]
Al_2O_3（%）	11.07±0.15[a]	10.34±0.23[b]	10.82±0.33[a]	9.90±0.08[c]	9.88±0.25[c]
SiO_2（%）	69.98±0.57[a]	68.71±0.66[b]	67.16±0.58[c]	68.71±0.04[b]	67.52±1.21[c]
Fe_2O_3（%）	3.67±0.12[a]	3.35±0.14[b]	3.60±0.17[a]	3.18±0.08[c]	3.38±0.08[b]
LOI（%）	5.32±0.17[c]	6.14±0.23[b]	6.95±0.19[a]	6.40±0.05[b]	7.22±0.87[a]

注：每组同一列中不同字母表示土壤颗粒含量在 $P<0.05$ 水平下的显著性差异。

随着人类围垦后，滩涂土壤脱盐脱钙过程一直进行，土壤CaO和 Na_2O 含量不断降低。人类围垦后MgO的含量变化不大；人类围垦后主要开展农业旱作，碳酸盐分解较快，土壤烧失量不断减小。SiO_2、Al_2O_3、Fe_2O_3、K_2O 和 P_2O_5 含量增加很大程度上来源于CaO含量和碳酸盐的减少。

6.4.1.2 土壤颗粒组分变化过程

影响土壤粒径分布特征的主要因素包括水蚀、风蚀以及其他成土因素等。黄土高原丘陵沟壑区，地形破碎，水土流失严重，土壤粒径分布特征主要受到水蚀因素影响①，土地利用通过冠层截留、降低降雨侵蚀力和水流输移能力来影响水土流失，林地能力较强，因此土层中细颗粒含量较多。长江

① 王德，傅伯杰，陈利顶，等．不同土地利用类型下土壤粒径分形分析——以黄土丘陵沟壑区为例［J］．生态学报，2007，27（7）：3081-3089.

口滩地土壤以粉粒为主，其次为黏粒，土壤粒径分布主要受到风蚀影响，土地利用通过影响土壤含水量来影响土壤风蚀程度，高潮滩和稻田土壤含水量高，土壤细颗粒含量高，而林地和菜地，地表覆盖物少，土壤易受到风蚀①，这与农牧交错带的现象相似②。江苏沿海滩地土壤泥沙来源丰富，包括长江和黄河泥沙沉积等。

1. 土壤颗粒分布特征

如表6-5和图6.7所示，研究区沿海滩涂的中心粒径 d（0.5）平均值为38.01μm，根据砂粒（2-0.02毫米）、粉粒（0.02-0.002毫米）和黏粒（<0.002毫米）的分级标准，表明该土壤颗粒群颗粒大小为砂粒，从最大值和最小值来看，颗粒群颗粒大小差异较大，中心粒径最小值为10.27μm，表明有些土壤颗粒群颗粒大小为粉粒。按照《海洋调查规范》粒级标准来看，与长江滩地不同的是，江苏沿海滩涂土壤以粉粒为主，其次为砂粒。从不同颗粒组成占比来看，极细砂（0.063-0.125毫米）占了25%；极粗粉（0.031-0.063毫米）占了35%；粗粉（0.016-0.031毫米）占了16%。中粉（0.008-0.016毫米）、细粉（0.004-0.008毫米）、极细粉（0.002-0.004毫米）和黏粒（<0.002毫米）分别占了7%、5%、3%和4%。粉粒含量约为66%，黏粒含量不足10%。

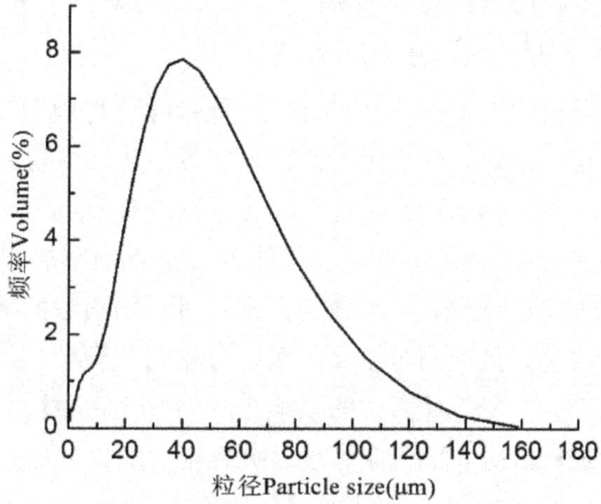

图6.7　土壤粒径频率分布曲线

① 周学峰，赵睿，李媛媛，等．围垦后不同土地利用方式对长江口滩地土壤粒径分布的影响［J］．生态学报，2009，29（10）：5544-5551.

② 胡云锋，刘纪远，庄大方，等．不同土地利用/土地覆盖下土壤粒径分布的分维特征［J］．土壤学报，2005，42（2）：336-339.

表6－5　沿海滩涂土壤颗粒组分统计分析结果

粒径	单位	样品数	最小值	最大值	平均值	标准差	偏度	峰度
d（0.1）	μm	460	1.60	40.75	8.26	7.27	1.94	3.35
d（0.5）	μm	460	10.27	91.64	38.01	12.43	0.99	1.43
d（0.9）	μm	460	38.78	192.65	83.62	24.02	1.35	2.01
极粗砂	-	460	0.00	0.01	0.00	0.00	16.17	294.53
粗砂	-	460	0.00	0.05	0.00	0.00	3.49	18.17
中砂	-	460	0.00	0.06	0.00	0.01	2.57	7.74
细砂	-	460	0.00	0.33	0.04	0.05	2.26	5.82
极细砂	-	460	0.04	0.49	0.25	0.09	0.45	-0.41
极粗粉	-	460	0.13	0.46	0.35	0.05	-0.74	0.99
粗粉	-	460	0.01	0.28	0.16	0.06	-0.69	-0.28
中粉	-	460	0.01	0.24	0.07	0.04	0.87	0.67
细粉	-	460	0.01	0.18	0.05	0.03	0.80	0.79
极细粉	-	460	0.00	0.11	0.03	0.02	0.61	0.09
黏粒	-	460	0.01	0.11	0.04	0.02	0.42	-0.13
分形维数	-	460	2.18	2.72	2.50	0.09	-0.64	0.18

注：d（0.1），d（0.5）和d（0.9）表示颗粒体积分数分别占10%、50%和90%的颗粒大小。其他粒径名称代表的颗粒大小如表6－3所示。“－”表示无量纲。

2. 土壤粒度分布表征指数

在物质的成分研究中，粒度分布决定了颗粒群的物理和化学性质，是颗粒群细度分类的重要指标，用恰当的参数来定量描述颗粒群的粒度分布特征具有重要意义①。传统的粒度分布宽度的表示方法有span、标准偏差、粒度频率分布图和粒度累计分布等方法。传统的方法都有各自的局限性，比如span方法和标准偏差的条件是平均粒径必须相等；图表法的缺点是无法对分布宽度进行定量描述，且使用时需要注意选择相同的颗粒特征物理量作为计算粒度分布的基准。基于上述方法的缺陷，本书选用颗粒群分形维数来表示粒度分布的宽度或粒度分布的复杂程度。分形维数的计算公式如下：

$$\frac{M\ (r < R_i)}{M_T} = \left(\frac{R_i}{R_{max}}\right)^{3-D}$$

式中，r表示筛分粒级直径，R_i为第i粒级土粒的平均直径，M_T表示土

① 蒋建忠. 颗粒群粒度分布宽度表示方法的研究［J］. 过滤与分离，2006，16（001）：21－23.

壤各粒级质量之和土壤粒径大小，M（$r < R_i$）表示小于第 i 粒级土粒平均直径的粒级质量之和，R_{max} 为最大土粒的平均直径①②。

通过计算得到研究区滩涂围垦区土壤颗粒分形维数的平均值为 2.50，最小值为 2.18，最大值为 2.72。

3. 不同围垦年限与土地利用方式下土壤颗粒分形维数

研究区沿海泥沙沉积，潮间带不断扩大，大潮仍然能够入侵。然而，潮间带上部在不同年代被人类兴建海堤进行围垦开发，滩涂从此脱离海洋环境，经历不同的开发复垦过程，不同围垦年限和土地利用方式下土壤颗粒分形维数存在显著差异性。由表 6-6 所示，土壤颗粒分布参数如 d（0.1）、d（0.5）、d（0.9）以及分形维数在不同围垦年限间组间差异远大于组内差异，具有显著差异性。运用 LSD 方法进行两两分析，发现 d（0.1）、d（0.5）、d（0.9）以及分形维数在 1951 年、1974 年、1982 年和 2007 年围垦区土壤颗粒分布差异显著，而 2007 年和未围垦区土壤颗粒分布差异不显著。由表 6-7 得到，1951 年、1974 年、1982 年、2007 年和未围垦区的土壤颗粒群分别在粒径为 3.66μm、7.65μm、5.9μm、16.6μm 和 13.14μm 达到了 10%；土壤颗粒群中心颗粒大小分别为 26.81μm、38.95μm、35.46μm、50.38μm 以及 50.08μm。土壤颗粒群分别在粒径为 63.47μm、85.14μm、78.22μm、102.36μm 和 110.48μm 达到了 90%。

表 6-6　不同围垦年限土壤颗粒分布方差分析表

		离差平方和	自由度	均方差	F	sig.
d（0.1）	组间	9637.78	4	2409.44	74.932	0.000
	组内	14630.61	455	32.16		
d（0.5）	组间	37189.14	4	9297.29	125.622	0.000
	组内	33674.59	455	74.01		
d（0.9）	组间	126786.99	4	31696.75	104.435	0.000
	组内	138095.04	455	303.51		
分形维数	组间	1.87	4	0.47	106.300	0.000
	组内	2.00	455	0.00		

① 郭中领，符素华，张学会，等．土壤粒径重量分布分形特征的无标度区间［J］．土壤通报，2010（03）：537-541.

② 杨培岭，罗远培．用粒径的重量分布表征的土壤分形特征［J］．科学通报，1993，38（20）：1896-1896.

表6-7 不同围垦年限土壤颗粒分布特征差异

滩涂围垦区	样品数	d (0.1)	d (0.5)	d (0.9)	分形维数
1951	134	3.66±1.29a	26.81±5.64a	63.47±8.30a	2.58±0.05a
1974	110	7.65±5.39b	38.95±8.49b	85.14±18.76b	2.49±0.07b
1982	84	5.90±3.28c	35.46±5.83c	78.22±10.25c	2.53±0.06c
2007	69	16.60±9.75d	50.38±11.46d	102.36±21.51d	2.41±0.09d
未围垦区	63	13.14±7.92d	50.08±12.60d	110.48±28.51d	2.43±0.07d

注：每组同一列中不同字母表示土壤颗粒含量在 $P<0.05$ 水平下的显著性差异。

由表6-8得到，不同围垦年限不同粒径大小颗粒分布不同。极粗砂（1-2mm）粒径在不同年限垦区分布基本为0，无显著差异；粗砂（0.5-1mm）在不同年限垦区基本也为0，但1951年垦区与其他年限垦区存在显著差异。中砂（0.25-0.5mm）粒径在1974年、2007年垦区以及未围垦区分布为1%，在1951年和1982年垦区分布为0，其中1951年与1982年垦区无显著性差异，1974年、1982年以及2007年垦区无显著性差异，未围垦区与垦区有显著性差异。细砂（0.125-0.25mm）粒径在1951年和1982年垦区分布占比较小，分别为1%和2%，在1974年、2007年和未围垦区分布占比为4%、8%和10%，不同年限垦区和围垦区均存在显著差别。极细砂（0.063-0.125mm）粒径在1951年和1982年垦区分布占比较小，分别为15%和23%，在1974年、2007年和未围垦区分布占比为26%、35%和33%，不同年限垦区和围垦区均存在显著差别。极粗粉（0.031-0.063mm）粒径在1951年、1974年、1982年、2007年以及未围垦区分布差异较小，约在33%-37%，1951年和未围垦区差异不显著，1974年、1982年和2007年分布差异不显著。粗粉（0.016-0.031mm）粒径和中粉（0.008-0.016mm）粒径在1951年滩涂围垦区分布较高，分别为22%和11%，1974年和1982年分布差异不大，分别为16%和6%、17%和6%，2007年垦区和未围垦区粒径分布差异不大，分别为10%和3%、11%和4%，1974年和1982年差异不显著，2007年和未围垦区差异不显著。细粉（0.004-0.008mm）粒径、极细粉（0.002-0.004mm）粒径和黏粒（<0.002mm）粒径在1951年、1974年、1982年和2007年四个垦区差异显著，2007年垦区与未围垦区差异不显著。细粉（0.004-0.008mm）粒径和极细粉（0.002-0.004mm）粒径在1951年垦区分布最高，分别为8%和5%，1974年和1982年分布差别不大，分别为5%

和 3%、6% 和 4%，2007 年和未围垦区分布差别不大，均是 3% 和 2%。黏粒（<0.002mm）粒径在 1951 年和 1982 年分布均为 5%，在 1974 年垦区分布为 4%，在 2007 年垦区和未围垦区均为 3%。

滩涂围垦区土地利用方式比较复杂，包括大众作物如玉米、小麦、水稻等，以及经济作物如大豆、花生、棉花等，同时存在大面积的养殖鱼塘，在新围垦区以及未围垦区存在大面积的盐生植被。本书选取主要的几种土地利用方式并对其进行比较分析，发现不同土地利用方式下土壤颗粒分布参数组间差异大于组内差异，具有显著差异性（表 6-9）。

表 6-8　不同围垦年限不同粒径大小颗粒分布占比

围垦年限	1951 年	1974 年	1982 年	2007 年	未围垦区
极粗砂	0.00 ±0.00a	0.00 ±0.00a	0.00 ±0.00a	0.00 ±0.00a	0.00 ±0.00a
粗砂	0.00 ±0.00a	0.00 ±0.01b	0.00 ±0.01b	0.00 ±0.00b	0.00 ±0.00b
中砂	0.00 ±0.00a	0.01 ±0.01b	0.00 ±0.01ab	0.01 ±0.01b	0.01 ±0.01c
细砂	0.01 ±0.01a	0.04 ±0.04b	0.02 ±0.02c	0.08 ±0.06d	0.10 ±0.07e
极细砂	0.15 ±0.04a	0.26 ±0.07b	0.23 ±0.05c	0.35 ±0.08d	0.33 ±0.06e
极粗粉	0.33 ±0.05a	0.37 ±0.04b	0.37 ±0.05b	0.36 ±0.06b	0.33 ±0.07a
粗粉	0.22 ±0.02a	0.16 ±0.04b	0.17 ±0.03b	0.10 ±0.05c	0.11 ±0.04c
中粉	0.11 ±0.03a	0.06 ±0.02b	0.06 ±0.02b	0.03 ±0.02c	0.04 ±0.02c
细粉	0.08 ±0.02a	0.05 ±0.01b	0.06 ±0.02c	0.03 ±0.01d	0.03 ±0.02d
极细粉	0.05 ±0.01a	0.03 ±0.01b	0.04 ±0.01c	0.02 ±0.01d	0.02 ±0.01d
黏粒	0.05 ±0.01a	0.04 ±0.01b	0.05 ±0.01c	0.03 ±0.01d	0.03 ±0.01d

注：每组同一列中不同字母表示土壤颗粒含量在 $P<0.05$ 水平下的显著性差异。

表 6-9　主要土地利用方式下土壤颗粒分布方差分析表

		离差平方和	自由度	均方差	F	sig.
d（0.1）	组间	5300.26	6	883.38	29.356	0.000
	组内	11525.22	383	30.09		
d（0.5）	组间	22787.74	6	3797.96	45.621	0.000
	组内	31884.92	383	83.25		
d（0.9）	组间	82805.91	6	13800.98	39.159	0.000
	组内	134982.82	383	352.44		
分形维数	组间	1.13	6	0.19	38.803	0.000
	组内	1.85	383	0.00		

运用LSD方法分析发现，土壤颗粒分布参数d（0.1）在大豆、花生、棉花、水稻、养殖水面和玉米之间差异性不显著，盐生植被与其他土地利用方式差异性显著；参数d（0.5）在大豆、花生和棉花之间差异性不显著；水稻和养殖水面之间差异性不显著；花生和玉米之间差异性不显著；盐生植被与其他利用方式差异性显著。参数d（0.9）在大豆、花生和棉花之间差异性不显著；大豆、花生与玉米差异性不显著；棉花、水稻和养殖水面差异性不显著；盐生植被与其他利用方式差异性显著。土壤颗粒分形维数在大豆、花生和棉花之间差异性不显著；在花生与玉米之间差异性不显著；水稻和养殖水面差异性不显著；盐生植被与其他利用方式差异性均显著，如表6-10所示。综上，土壤颗粒群颗粒分布参数d（0.1）、d（0.5）、d（0.9）和分形维数在盐生植被与作物如大豆、花生、棉花等之间存在显著差异，而在作物之间差异并不显著。

表6-10　主要土地利用方式下土壤颗粒分布特征

土地利用方式	样品数	d（0.1）	d（0.5）	d（0.9）	分形维数
大豆	28	4.66±1.54a	31.73±6.86a	71.29±11.50ad	2.54±0.05a
花生	21	5.28±3.19a	31.11±8.41ad	68.20±13.34ad	2.54±0.07ad
棉花	112	6.18±5.70a	34.02±10.75a	77.43±20.97bd	2.54±0.09a
水稻	19	7.68±3.02a	38.81±3.58b	84.59±12.97b	2.48±0.04b
盐生植被	98	13.81±8.45b	49.12±11.83c	105.20±26.61c	2.43±0.08c
养殖水面	49	7.08±3.19a	37.68±4.27b	80.60±8.35b	2.50±0.05b
玉米	63	3.75±1.09a	27.40±5.20d	64.05±8.04a	2.58±0.04d

注：每组同一列中不同字母表示土壤颗粒含量在 $P<0.05$ 水平下的显著性差异。

4. 土壤颗粒分形维数剖面分布特征

滩涂围垦区土壤颗粒分布特征在不同土层深度不存在显著性差异，如表6-11所示，不同土层组间差异明显小于组内差异。从图6.8可以看出，土体土壤颗粒分形维数呈现均匀分布特征。

表 6－11　不同土层深度土壤颗粒分布特征方差分析表

		离差平方和	自由度	均方差	F	sig.
d（0.1）	组间	117.07	6	19.51	0.366	0.900
	组内	24151.32	453	53.31		
d（0.5）	组间	117.07	6	19.51	0.366	0.900
	组内	24151.32	453	53.31		
d（0.9）	组间	706.91	6	117.82	0.202	0.976
	组内	264175.12	453	583.17		
分形维数	组间	0.01	6	0.00	0.231	0.966
	组内	3.87	453	0.01		

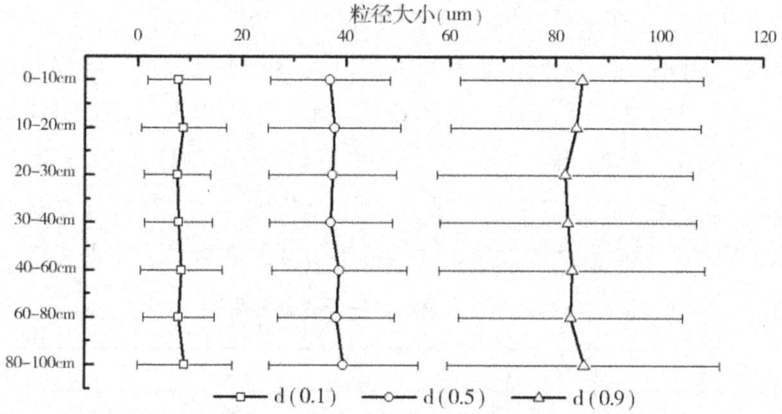

图 6.8　不同土层深度土壤粒径分布

6.4.1.3 土壤容重变化过程

土壤容重是土壤质量的重要因子。土壤容重通过改变土壤孔隙率从而导致土壤水运动、土壤化学和生物过程发生变化，按照土壤容重可以将土壤分为过松、适宜、偏紧、紧实、过紧实以及坚实等类别，如表 6－12 所示。研究区土壤容重最小值为 0.935g/cm^3，最大值为 1.655g/cm^3，平均值为 1.31g/cm^3，说明研究区土壤容重差异较大，土壤紧实状态从过松到坚实（表 6－13）。通过方差分析发现，土壤容重在不同土地利用方式下和不同围垦年限下差异均不显著，土壤容重与土地利用方式和围垦时间相关性较小。

表 6-12 土壤容重分级

项目	坚实	过紧实	紧实	偏紧	适宜	过松
土壤容重	≥1.55	1.55-1.45	1.45-1.35	1.35-1.25	1.25-1.00	<1.00

表 6-13 土壤容重统计特征

	N	最小值	最大值	均值	标准差	偏度	峰度
土壤容重	65	0.94	1.66	1.31	0.13	0.14	0.54

6.4.1.4 土壤水分变化过程

1. 不同围垦年限与土地利用方式下土壤水分差异

2012 年 9 月份研究区土壤水分平均值为 14.16%。由表 6-14 得到，土壤水分在不同围垦区、不同土地利用方式以及不同土层深度，组间差异均大于组内差异，具有显著性差异。从图 6.9 可知，1951 年滩涂围垦区土壤水分最小为 11.89%，1974 年、1982 年、2007 年和未围垦区土壤水分分别为 15.01%、15.91% 和 14.31%。通过 LSD 分析得到，1951 年滩涂围垦区与其他垦区土壤水分存在显著性差异，而其他年限垦区之间无显著性差异。

表 6-14 土壤水分差异方差分析表

		离差平方和	自由度	均方差	F	sig.
不同围垦年限	组间	1068.25	4	267.06	21.163	.000
	组内	5716.44	453	12.62		
不同土地利用方式	组间	1031.54	6	171.92	18.421	.000
	组内	3555.90	381	9.33		
不同土层深度	组间	913.30	6	152.217	11.692	.000
	组内	5871.38	451	13.019		

研究区土地利用方式种类较多，可以分为水田、旱地、养殖水面和滩涂。由图 6.10 所示，大豆、花生、棉花和玉米土壤水分分别为 12.58%、14.31%、13.94% 和 13.66%。水稻和养殖水面土壤水分分别为 18.89% 和 17.75%。盐生植被土壤水分为 14.65%。通过方差分析以及 LSD 分析来看，水稻和养殖水面土壤水分差异性不显著。花生、棉花和盐生植被土壤水分差异性不显著。棉花和玉米土壤水分差异性不显著。大豆、花生和玉米差异性

不显著。

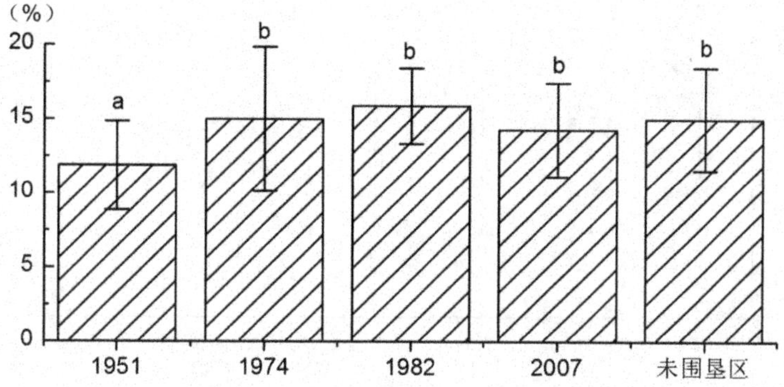

图6.9　不同围垦年限土壤水分差异

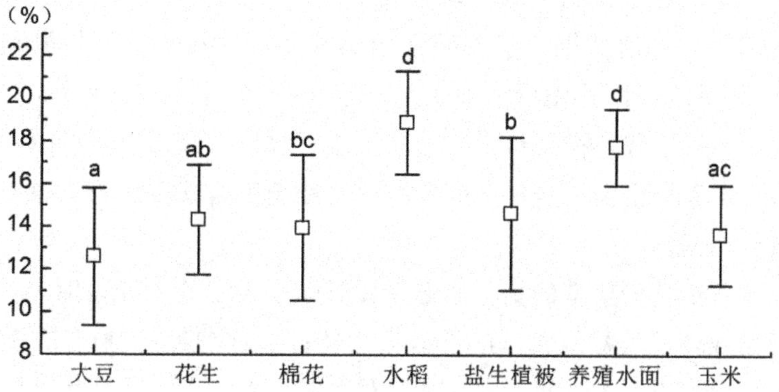

图6.10　不同土地利用方式下土壤水分

2. *不同土层深度土壤水分差异*

土壤水分受到降雨、蒸腾与蒸发以及地下水供给多重作用影响。土壤水分不仅在不同土地利用方式下存在差异，同时，不同土层深度土壤水分差异性显著，如图6.11所示。0－10cm、10－20cm土壤水分分别为12.53%和12.38%。20－30cm、30－40cm土壤水分分别为13.74%和13.49%。40－60cm、60－80cm和80－100cm土壤水分分别为15.08%、15.99%和16.00%。不同土层土壤水分LSD数据分析显示，0－10cm、10－20cm、20－30cm和30－40cm土壤水分差异性不显著。40－60cm、60－80cm以及80－100cm土壤水分差异性不显著。0－40cm、40－100cm土壤水分差异显著。

6.4.1.5 土壤盐分变化过程

季风影响下的土壤水盐运动具有特殊规律性，即土壤盐分随季节而变

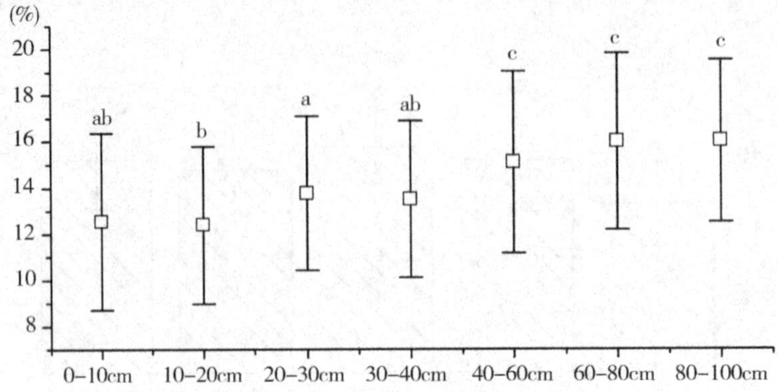

图6.11　不同土层深度土壤水分差异

化，一般全年可划分为四个水盐动态周期，包括春季积盐期、夏季脱盐期、秋季回升期和冬季潜伏期。夏季降雨土壤开始淋盐过程，但是淋盐的时间短，仅有三个月左右，积盐的时间长，长达5－6个月。水盐平衡的趋势为积盐过程大于淋盐过程。在夏秋多雨季节，地下水位太高，土壤毛管水上升运动，以致次年春季土壤返盐。土壤采样时间处于土壤盐分的回升期，能够反映土壤盐分的变化。

江苏沿海土壤为典型的滨海盐土，其形成多为江河泥沙入海后，由海潮动力沉积而升高成为陆地，以海浸盐渍为特征。日潮和月潮海水淹没频繁，地下水矿化度为20－30g/L。年高潮淹没带离海岸较远，受海水淹没的时间较少，地表强烈蒸发，地下水浓缩，矿化度可达50－70g/L，土体含盐量比受海潮影响的潮间带更高。但随着自然降水淋溶和人为围垦活动的影响，地下水逐渐淡化，矿化度缩小为3－10g/L，土体中水盐含量相对较少①。沿海土体会受到海潮倒灌的影响，但海潮倒灌会受到地表各种障碍物的影响，比如自然和人工海堤。修筑人工海堤和防潮闸可以防止海水倒灌。

1. 土壤盐分统计分析

从土壤1∶5水土比可溶性盐离子的摩尔分子量来看，土壤可溶性盐中主要离子为Cl^-和Na^+，其次为HCO_3^-、SO_4^{2-}和Mg^{2+}。研究区土壤盐分类型主要为NaCl，是典型的滨海盐土类型。根据王遵亲有关土壤盐分分级标准来看（表6－15），土壤含盐量大于1‰，即为盐化土壤。研究区土壤含盐量

① 王遵亲，祝寿泉，俞仁培．中国盐渍土［M］．北京：科学出版社，1993.

最小值为0.34‰，最大值为36.84‰，土壤含盐量差异性较大，土壤含盐量平均值为4.53‰（表6－16）。

表6－15　土壤盐化分级标准①

盐化系列及适用地区	土壤含盐量（%）					盐渍类型
	非盐化	轻度	中度	强度	盐土	
滨海、半湿润、半干旱、干旱	<0.1	0.1－0.2	0.2－0.4	0.4－0.6（1.0）	>0.6（1.0）	HCO_3— + CO_3^{2-}，Cl^-，$Cl^-－SO_4^{2-}$，$SO_4^{2-}－Cl^-$

表6－16　土壤盐分离子和盐分统计分析

盐分	单位	样品数	最小值	最大值	平均值	标准差	偏度	峰度
Cl^-	cmol/kg	443	0.01	58.15	6.06	9.16	1.99	4.34
HCO_3—	cmol/kg	443	0.00	5.74	0.56	0.61	5.77	36.10
SO_4^{2-}	cmol/kg	443	0.00	4.18	0.51	0.55	2.37	8.03
Ca^{2+}	cmol/kg	443	0.01	2.13	0.13	0.19	5.75	45.64
Mg^{2+}	cmol/kg	443	0.01	5.52	0.49	0.71	2.87	10.82
Na^+	cmol/kg	443	0.05	51.09	5.67	8.03	1.92	4.19
K^+	cmol/kg	443	0.00	1.03	0.18	0.21	1.27	0.76
土壤盐分	‰	443	0.34	36.84	4.53	5.67	1.95	4.52

2. 土壤盐分含量与土壤电导率关系

通过实验分析发现，研究区土壤含盐量与土壤饱和电导率存在显著正相关关系，如图6.12所示，相关系数高达0.98。土壤1：5水土比与土壤饱和电导率也存在显著正相关关系，如图6.12所示，相关系数高达0.99。美国土壤盐分实验室将土壤盐土进行分级，如表6－17所示。土壤饱和电导率大于2ds/m即为盐化土壤，通过公式换算，土壤1：5水土比电导率需要大于1.41ds/m即为盐化土壤，土壤含盐量需要大于1.2‰。通过公式换算得到，研究区土壤饱和电导率最小值为0.186ds/m，最大值为69.53ds/m。土壤1：5水土比电导率最小值为0.11ds/m，最大值为5.82ds/m。

① 邱扬，傅伯杰，王军，等．四川省农作物生产力的地理分布［J］．地理学报，1950（1）：1－22.

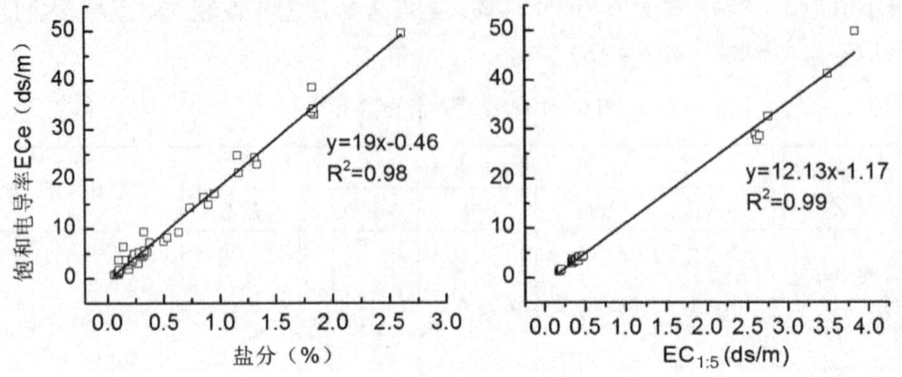

图 6.12　土壤盐分含量、土壤电导率 $EC_{1:5}$ 以及饱和电导率 EC_e 关系

通过方差分析得到，土壤盐分在不同围垦年限、不同土地利用方式组间差异显著大于组内差异，土壤盐分存在显著差异性。土壤盐分在不同土层深度下组内差异显著大于组间差异，土壤盐分差异性不显著，如表 6－18 所示。

表 6－17　美国土壤盐分实验室土壤盐土分级

土壤饱和电导率（ds/m）				
非盐化	轻度	中度	强度	盐土
<2	2－4	4－8	8－16	>16

表 6－18　土壤盐分差异方差分析表

		离差平方和	自由度	均方差	F	sig.
不同围垦年限	组间	9350.72	4	2337.68	210.332	.000
	组内	4868.03	438	11.11		
不同土地利用方式	组间	8473.95	6	1412.324	164.346	.000
	组内	3145.25	366	8.594		
不同土层深度	组间	134.93	6	22.488	.696	.653
	组内	14083.83	436	32.302		

3. 不同围垦年限和土地利用方式下土壤盐分差异

由图 6.13 得知，不同围垦年限土壤盐分两两差异显著。1951 年、1974 年、1982 年、2007 年以及未围垦区土壤盐分分别为 0.79‰、1.67‰、2.78‰、10.64‰以及 12.47‰。围垦年限越长，土壤盐分越低，1951 年滩涂围垦区土壤盐分低于1‰，土壤已经完全脱盐，其他年限滩涂围垦区土壤盐分仍然很高。不同土地利用方式大豆、花生、棉花、水稻、盐生植被、养殖水面和玉米的土壤盐分分别为0.96‰、0.87‰、2.52‰、1.35‰、12.53‰、1.52‰和1.01‰，如图6.14所示。由此可知，大豆、花生土壤盐分低于1‰，土壤已经脱盐。而水稻和玉米土壤盐分仍然高于1‰。棉花等耐盐作物、养殖水面下土壤盐分偏高。盐生植被、棉花和养殖水面具有显著差异性，而养殖水面、玉米、水稻、花生和大豆土壤盐分差异不显著。

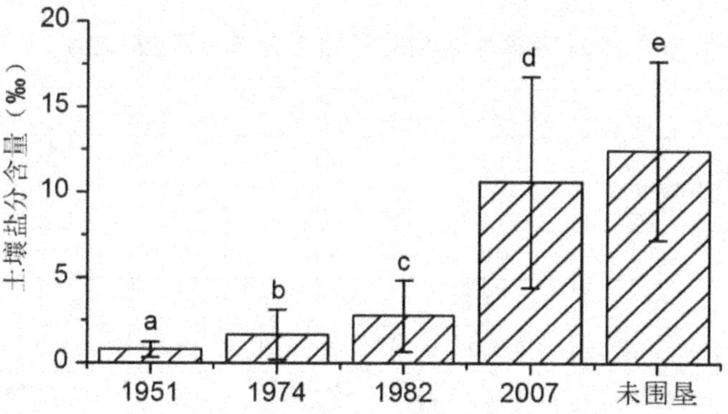

图6.13 不同围垦年限土壤盐分差异

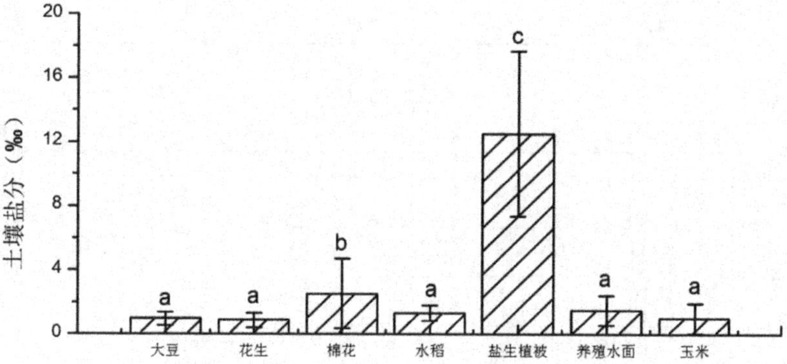

图6.14 不同土地利用方式土壤盐分差异

4. 不同土层深度土壤盐分差异

不同土层深度土壤盐分差异不显著，如表6－18所示。将不同围垦年限土壤样品分开，分析不同围垦年限不同土层深度土壤盐分差异。由表6－19得知，

1951 年、1974 年、1982 年、2007 年滩涂围垦区不同土层深度土壤盐分差异不显著。未围垦区不同土层深度土壤盐分差异显著。由图 6.15 可知，1951 年滩涂围垦区土壤剖面盐分均值在 0.7‰ - 1.0‰范围内，1974 年滩涂围垦区土壤剖面盐分均值在 1.7‰ - 2.0‰范围内，1982 年滩涂围垦区土壤剖面盐分均值在 2.4‰ - 3.6‰范围内，2007 年滩涂围垦区土壤剖面盐分均值在 10.78‰ - 17.27‰范围内，未围垦区土壤剖面盐分在 10.07‰ - 16.95‰范围内。从 1m 土体盐分类型分布来看，1951 年土壤盐分属于底聚类型，1974 年土壤盐分属于表聚类型，1982 年、2007 年以及未围垦区土壤盐分属于表聚 - 底聚双向型。

表 6 - 19　不同围垦年限不同土层深度土壤盐分差异

围垦年限		离差平方和	自由度	均方差	F	sig.
1951	组间	1.52	6	0.254	1.324	0.253
	组内	19.72	103	0.191		
1974	组间	0.92	6	0.153	0.059	0.999
	组内	209.88	81	2.591		
1982	组间	15.20	6	2.534	0.562	0.759
	组内	324.52	72	4.507		
2007	组间	145.25	6	24.209	0.929	0.490
	组内	703.25	27	26.046		
未围垦	组间	340.81	6	56.802	2.34	0.044
	组内	1334.92	55	24.271		

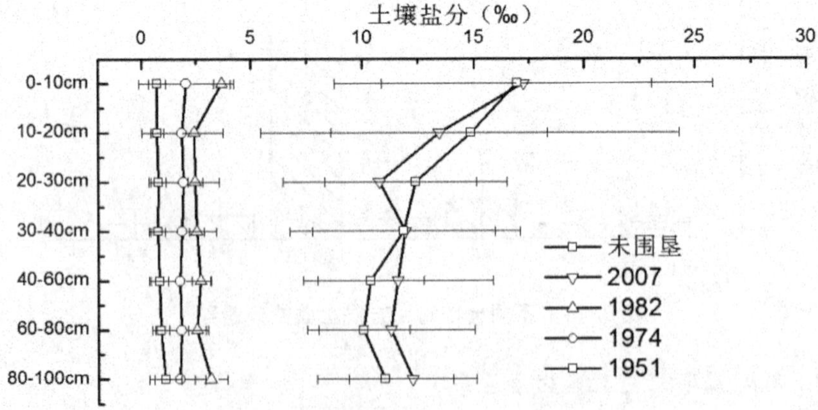

图 6.15　不同围垦年限不同土层土壤盐分

2007 年和未围垦区土壤盐分含量较高，而 1982 年、1974 年以及 1951 年土壤盐分较低，通过地下水矿化度的采集，可以发现，1951 年、1974 年、1982 年和 2007 年地下水矿化度分别为 1.92ds/m、7.41ds/m、4.63ds/m、44.3ds/m。海水的矿化度为 64.7ds/m。从而可知，不同年限围垦区地下水矿化度排序依次为：海水 > 2007 年垦区 > 1974 年垦区 > 1982 年垦区 > 1951 年垦区。

5. 不同围垦年限土壤盐分离子变化特征

由表 6 - 20 可知，土壤 Na^+、Cl^-、K^+、SO_4^{2-}、Mg^{2+} 这 5 个离子随着围垦年限增加而不断减少。围垦初期，滨海盐土中强碱离子如 Na^+ 较多，容易形成强碱弱酸盐。Ca^{2+} 随着围垦年限增加呈现先减少后稳定的趋势；HCO_3- 随着围垦年限变化趋势不明显，其变化趋势与土壤水分含量关联性较大。该地区由于受到 $CaCO_3$ 溶度积的支配：$CaCO_3 + CO_2 + H_2O \rightarrow Ca^2 + + 2HCO_3$-。土壤中 $CaCO_3$ 产生部分溶解，进一步提高土壤中 HCO_3-的含量①。

表 6 - 20 不同围垦年限盐分离子变化

盐分离子（cmol/kg）	1951 年	1974 年	1982 年	2007 年	未围垦区
Cl^-	0.39 ± 0.52a	1.43 ± 1.72a	3.18 ± 3.28b	15.15 ± 11.06c	19.10 ± 8.40d
HCO_3-	0.44 ± 0.09a	0.75 ± 0.96b	0.56 ± 0.14a	0.66 ± 0.85b	0.39 ± 0.27a
SO_4^{2-}	0.21 ± 0.29a	0.27 ± 0.22ab	0.38 ± 0.34b	1.04 ± 0.75c	1.08 ± 0.48c
Ca^{2+}	0.09 ± 0.10a	0.07 ± 0.07a	0.07 ± 0.09a	0.21 ± 0.15b	0.31 ± 0.37c
Mg^{2+}	0.13 ± 0.08a	0.16 ± 0.10a	0.24 ± 0.25a	1.35 ± 0.92b	1.18 ± 0.89b
Na^+	0.45 ± 0.54a	1.52 ± 1.64a	3.55 ± 3.99b	14.25 ± 8.92c	16.55 ± 7.57d
K^+	0.02 ± 0.03a	0.06 ± 0.04b	0.12 ± 0.08c	0.44 ± 0.17d	0.51 ± 0.14e

注：每组同一列中不同字母表示土壤颗粒含量在 $P < 0.05$ 水平下的显著性差异。

从不同土地利用方式来看，大豆、花生、棉花、水稻、养殖水面和玉米 Cl^-、SO_4^{2-}、Ca^{2+} 和 Mg^{2+} 差异不显著；盐生植被 Cl^-、SO_4^{2-}、Ca^{2+} 和 Mg^{2+} 与其他土地利用方式差异显著；大豆、花生、水稻、盐生植被、养殖水面和玉米 HCO_3-差异不显著；棉花 HCO_3-与其他土地利用方式差异显著；大豆、

① 陈巍，陈邦本，沈其荣．滨海盐土脱盐过程中 pH 变化及碱化问题研究［J］．土壤学报，2000，37（4）：521 - 528.

花生、棉花、水稻、养殖水面和玉米Na^+和K^+差异不显著，盐生植被与其他土地利用方式Na^+和K^+差异显著（表6-21）。

表6-21　不同土地利用方式下土壤盐分离子变化

cmol/kg	Cl^-	HCO_3	SO_4^{2-}	Ca^{2+}	Mg^{2+}	Na^+	K^+
大豆	0.68 ± 0.58a	0.43 ± 0.07a	0.21 ± 0.08a	0.08 ± 0.03a	0.13 ± 0.06a	0.81 ± 0.72a	0.03 ± 0.03a
花生	0.55 ± 0.64a	0.49 ± 0.09a	0.16 ± 0.17a	0.06 ± 0.03a	0.11 ± 0.04a	0.69 ± 0.72ab	0.04 ± 0.03ab
棉花	2.75 ± 3.15a	0.73 ± 0.96b	0.36 ± 0.29a	0.11 ± 0.13a	0.23 ± 0.22a	2.75 ± 2.84b	0.09 ± 0.08b
水稻	1.25 ± 0.76a	0.57 ± 0.09a	0.20 ± 0.14a	0.03 ± 0.01a	0.14 ± 0.07a	1.32 ± 0.71ab	0.05 ± 0.03ab
盐生植被	18.65 ± 9.17b	0.58 ± 0.76a	1.13 ± 0.62b	0.29 ± 0.31b	1.36 ± 0.90b	16.64 ± 7.52c	0.51 ± 0.13c
养殖水面	1.29 ± 1.37a	0.54 ± 0.09a	0.31 ± 0.30a	0.07 ± 0.08a	0.19 ± 0.13a	1.44 ± 0.84ab	0.09 ± 0.04b
玉米	0.49 ± 0.60a	0.48 ± 0.14a	0.23 ± 0.39a	0.07 ± 0.05a	0.13 ± 0.04a	1.10 ± 3.73a	0.03 ± 0.04a

注：每组同一列中不同字母表示土壤颗粒含量在$P<0.05$水平下的显著性差异。

表6-22显示统计学意义上不同土层深度土壤盐分离子差异水平，Cl^-、HCO_3^-、SO_4^{2-}、Na^+和K^+在不同土层深度上差异不显著；Ca^{2+}和Mg^{2+}在0-10cm与其他土层差异明显，其他土层差异不明显。从数值上来看，Cl^-、SO_4^{2-}、Ca^{2+}、Mg^{2+}、Na^+和K^+随着土层深度增加而不断减少；而HCO_3^-随着土层深度增加而不断增大。

表6-22　不同土层深度盐分离子分布特征

cmol/kg	Cl^-	HCO_3^-	SO_4^{2-}	Ca^{2+}	Mg^{2+}	Na^+	K^+
0-10cm	7.85 ±12.44a	0.52 ±0.68a	0.63 ±0.74a	0.22 ±0.31a	0.72 ±1.05a	7.62 ±11.38a	0.21 ±0.26a
10-20cm	6.23 ±10.94a	0.54 ±0.64a	0.50 ±0.55a	0.15 ±0.23b	0.50 ±0.88b	5.17 ±8.99a	0.17 ±0.23a
20-30cm	5.75 ±8.67a	0.58 ±0.65a	0.48 ±0.42a	0.13 ±0.16b	0.43 ±0.54b	5.32 ±7.09a	0.17 ±0.22a
30-40cm	5.53 ±8.17a	0.55 ±0.59a	0.49 ±0.43a	0.12 ±0.15b	0.45 ±0.57b	5.49 ±7.37a	0.17 ±0.20a
40-60cm	5.38 ±7.38a	0.58 ±0.57a	0.46 ±0.43a	0.10 ±0.09b	0.43 ±0.51b	5.21 ±6.52a	0.17 ±0.19a
60-80cm	5.62 ±7.49a	0.59 ±0.57a	0.44 ±0.45a	0.10 ±0.11b	0.44 ±0.53b	5.03 ±6.28a	0.19 ±0.20a
80-100cm	6.01 ±7.88a	0.59 ±0.57a	0.56 ±0.74a	0.11 ±0.14b	0.48 ±0.73b	5.78 ±7.37a	0.19 ±0.19a

注：每组同一列中不同字母表示土壤颗粒含量在$P<0.05$水平下的显著性差异。

6.4.1.6 土壤碱化度变化过程

土壤碱化度是用Na^+的饱和度来表示。土壤钠吸附比①计算公式如下所示：

$$SAR = Na^+/[(Ca^{2+} + Mg^{2+})/2]^{0.5}$$

其中，Na^+、Ca^{2+}和Mg^{2+}的单位为mmol/L。

土壤碱化度②计算公式如下：

$$ESP = 100 \times (-0.0126 + 0.01475SAR)/[1 + (-0.0126 + 0.01475SAR)]$$

通过计算得到不同围垦年限下土壤碱化度不断减小，不同围垦年限土壤碱化度差异显著，如表6-23所示。比较不同土地利用方式下土壤碱化度差异如图6.16所示。盐生植被与其他土地利用方式土壤碱化度差异显著；水稻和养殖水面土壤碱化度差异不显著；花生、棉花和水稻差异不显著；大豆、花生和玉米差异不显著。

表6-23 不同围垦年限土壤碱化度

	1951	1974	1982	2007	未围垦区
土壤碱化度	4.50±6.01a	13.90±12.56b	26.28±13.70c	40.43±13.21d	46.33±6.59e

注：每组同一列中不同字母表示土壤颗粒含量在$P<0.05$水平下的显著性差异。

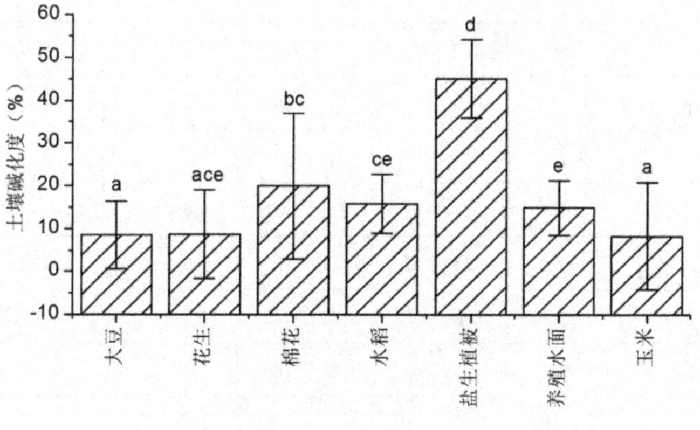

图6.16 不同土地利用方式土壤碱化度

① 赵秀芳，杨劲松，姚荣江．基于典范对应分析的苏北滩涂土壤春季盐渍化特征研究[J]．土壤学报，2010，47（3）：422-428.

② 同上。

6.4.1.7 土壤养分变化过程

全国第二次土壤调查对土壤养分如有机质、全氮、全磷、全钾、碱解氮、有效磷和速效钾进行的级别划分，如表6-24所示。研究区土壤养分统计分析结果如表6-19所示。对比表6-24和表6-25得知，研究区土壤有机质平均值为4.68g/kg，位于第六级标准；土壤全氮平均值为0.32g/kg，位于第六级标准；土壤全磷平均值为0.62g/kg，位于第三级标准；土壤全钾平均值为12.26g/kg，位于第四级标准；土壤碱解氮平均值为16.08mg/kg，位于第六级标准；土壤磷含量为8.69mg/kg，位于第四级标准；土壤速效钾平均值为205.66mg/kg，位于第一级标准。

1. 不同围垦年限和土地利用方式下土壤养分差异分析

虽然研究区土壤养分如土壤有机质、全氮、全磷、全钾、碱解氮等含量均相对很低，但在滩涂围垦过程中，其自身发生了很大的改变。土壤有机质、全氮、碱解氮、全磷、速效磷含量随着围垦年限不断升高，土壤全钾和速效钾随着围垦年限增加而不断降低，如表6-26所示。土壤有机质、氮、磷含量的增加与人类对土壤的摄入有很大的关联，而土壤全钾和速效钾的降低与土壤洗盐过程以及人类摄入较少有关。

表6-24 土壤养分分级标准

项目	一级	二级	三级	四级	五级	六级
有机质（g/kg）	≥40	40-30	30-20	20-10	10-6	<6
全氮（g/kg）	≥2	2-1.5	1.5-1	1-0.75	0.75-0.5	<0.5
全磷（g/kg）	≥1	1-0.8	0.8-0.6	0.6-0.4	0.4-0.2	<0.2
全钾（g/kg）	≥25	25-20	20-15	15-10	10-5	<5
碱解氮（mg/kg）	≥150	150-120	120-90	90-60	60-30	<30
有效磷（mg/kg）	≥40	40-20	20-10	10-5	5-3	<3
速效钾（mg/kg）	≥200	200-150	150-100	100-50	50-30	<30

表6-25　土壤养分统计分析

项目	单位	样品数	最小值	最大值	平均值	标准差	偏度	峰度
有机质	g/kg	283	0.43	21.06	4.68	2.70	2.02	7.37
全氮	g/kg	284	0.08	1.84	0.32	0.17	3.28	21.60
全磷	g/kg	285	0.46	1.39	0.62	0.11	4.08	21.56
全钾	g/kg	247	7.65	15.70	12.26	1.08	-0.50	1.30
碱解氮	mg/kg	283	2.72	66.50	16.08	7.85	1.81	6.91
速效磷	mg/kg	276	1.28	90.32	8.69	10.25	5.03	30.44
速效钾	mg/kg	280	28.88	8696.33	205.66	522.96	15.45	251.44

表6-26　不同围垦年限土壤养分比较分析

	OM	全氮	全磷	全钾	碱解氮	速效磷	速效钾
1951	5.46±2.33a	0.44±0.21a	0.67±0.15a	11.62±0.89a	19.58±9.72a	9.16±9.3a	58.21±27.52a
1974	5.13±3.24a	0.33±0.16b	0.63±0.11b	12.68±0.49b	18.36±7.51a	9.99±10.26a	112.32±58.39b
1982	4.89±3.32a	0.30±0.13b	0.61±0.07bc	12.57±1.41d	12.58±6.83b	9.65±16.63a	188.88±63.36c
2007	3.32±1.60b	0.21±0.05c	0.58±0.04c	12.05±1.51c	13.07±4.72b	6.16±3.89a	307.18±67.74d
未围垦	3.40±1.15b	0.19±0.03c	0.57±0.03c	12.63±0.83bd	12.18±3.72b	6.99±3.78a	336.83±65.08e

注：每组同一列中不同字母表示土壤养分在 $P<0.05$ 水平下的显著性差异。OM、全氮、全磷、全钾、碱解氮、速效磷和速效钾的单位分别为 g/kg、g/kg、g/kg、g/kg、mg/kg、mg/kg 和 mg/kg。

从不同土地利用方式来看，土壤有机质、全氮、全磷、碱解氮、速效磷和速效钾在不同土地利用方式下存在显著差异（表6-27），而土壤全钾在不同土地利用方式下差异不大。种植作物土壤有机质、全氮、全磷、碱解氮、速效磷含量相比于盐生植被较高。而速效钾由于钾离子的淋溶作用，含量不断减少。养殖水面底泥养分含量与盐生植被基本一致，除了碱解氮和速效磷，这有可能与人类养殖所施入的肥料有关。

表6-27 不同土地利用方式土壤养分差异分析

	OM	全氮	全磷	全钾	碱解氮	速效磷	速效钾
大豆	4.89±2.90ac	0.40±0.16ac	0.65±0.06ac	12.50±0.53a	16.45±4.98a	7.53±4.26ac	56.45±28.39a
棉花	5.12±2.13a	0.35±0.13a	0.66±0.17ac	12.33±1.31a	16.97±9.19a	12.31±16.45ab	142.69±92.80b
水稻	6.25±5.05a	0.38±0.26ac	0.70±0.21a	12.47±0.65a	19.27±10.69a	15.64±19.37b	102.80±41.03c
盐生植被	3.48±1.23b	0.20±0.03b	0.57±0.04b	12.56±0.86a	12.01±3.90b	6.93±4.35c	334.41±60.75d
养殖水面	3.98±2.37b	0.26±0.11d	0.62±0.05bc	12.43±0.82a	16.10±8.45a	8.45±6.93bac	156.47±23.83b
玉米	6.33±3.57c	0.42±0.15c	0.64±0.06a	11.41±0.69b	18.29±7.78a	6.65±2.67c	74.69±46.22ac

注：每组同一列中不同字母表示土壤养分在 $P<0.05$ 水平下的显著性差异。OM、全氮、全磷、全钾、碱解氮、速效磷和速效钾的单位分别为 g/kg、g/kg、g/kg、g/kg、mg/kg、mg/kg 和 mg/kg。

2. 不同土层深度土壤养分分析

不同土壤养分在不同土层深度差异显著。土壤有机质、全氮、全磷、碱解氮这四个土壤养分在不同土层深度间存在显著差异性（表6-28）。

表6-28 不同土层深度土壤养分分析

	OM	全氮	全磷	全钾	碱解氮	速效磷	速效钾
0-10cm	6.77±3.00a	0.45±0.27a	0.66±0.14a	12.26±0.98a	20.63±10.20a	11.30±14.47a	185.68±136.10a
10-20cm	5.14±2.75b	0.33±0.16b	0.63±0.11a	12.25±1.15a	17.23±6.95b	9.42±12.80a	171.30±130.31a
20-30cm	4.15±1.73c	0.28±0.11bc	0.61±0.10b	12.10±1.06a	14.57±6.99bc	7.54±5.59a	169.15±113.73a
30-40cm	4.07±2.82c	0.27±0.10c	0.61±0.10b	12.23±1.25a	14.76±7.30bc	7.49±6.61a	169.28±109.46a
40-60cm	3.09±1.42d	0.24±0.08c	0.60±0.10b	12.45±0.93a	12.64±5.19c	7.80±8.82a	182.60±106.62a

注：每组同一列中不同字母表示土壤养分在 $P<0.05$ 水平下的显著性差异。OM、全氮、全磷、全钾、碱解氮、速效磷和速效钾的单位分别为 g/kg、g/kg、g/kg、g/kg、mg/kg、mg/kg 和 mg/kg。

土壤全钾、速效磷和速效钾在不同土层深度之间差异不显著。从土壤剖面有机质差异来看，0 – 10cm 和 10 – 20cm 存在显著差异，20 – 30cm 和 30 – 40cm 不存在显著差异，30 – 40cm 与 40 – 60cm 存在显著差异，将土体分成 4 层。从土壤剖面全氮来看，0 – 10cm 与 10 – 20cm 差异显著，10 – 20cm、20 – 30cm差异不显著，20 – 30cm、30 – 40cm 和 40 – 60cm 差异不显著，将土体分为 3 层。从土壤剖面全磷来看，0 – 10cm 与 10 – 20cm 差异不显著，20 – 30cm、30 – 40cm 和 40 – 60cm 差异不显著，将土体分为 2 层。从土壤剖面碱解氮来看，0 – 10cm 与 10 – 20cm 差异显著，10 – 20cm、20 – 30cm、30 – 40cm 差异不显著，30 – 40cm 与 40 – 60cm 差异不显著，可将土体分为 3 层。

6.4.1.8 土壤 pH 变化过程

沿海滩涂土壤盐基离子丰富，土壤中HCO^{3-}含量较高，土壤 pH 值较高。随着滩涂土壤脱盐过程的进行，盐基离子不断减小，滩涂土壤 pH 值会不断减小。表 6 – 29 显示土壤 pH 分级标准。研究区土壤 pH 统计数据如表 6 – 30 所示。

表 6 – 29　土壤 pH 分级

项目	强碱	碱性	微碱	中性	微酸	酸性
酸碱度	≥9.5	9.5 – 8.5	8.5 – 7.5	7.5 – 6.5	6.5 – 5.5	<5.5

表 6 – 30　土壤 pH 统计特征

	N	最小值	最大值	均值	标准差	偏度	峰度
pH	389	7.60	9.60	8.58	0.29	–0.23	0.58

不同围垦年限土壤 pH 值差异显著。从图 6.17 可以看出，1951 年与其他年限滩涂围垦区以及未围垦区土壤 pH 值差异显著。1974 年与未围垦区土壤 pH 值差异不显著，1982 年与 2007 年土壤 pH 值差异不显著。从不同土地利用方式来看，大豆、棉花、水稻、玉米等作物土壤 pH 差异不显著，盐生植被与养殖水面土壤 pH 值差异不显著（图 6.18）。对比 0 – 100cm 土体土壤 pH 值得到，土体深处 pH 大于表层土壤 pH。0 – 10cm 与 10 – 20cm 土壤 pH 差异不显著，20 – 60cm 之间土壤 pH 值差异不显著，40 – 100cm 土壤 pH 值差异不显著（图 6.19）。

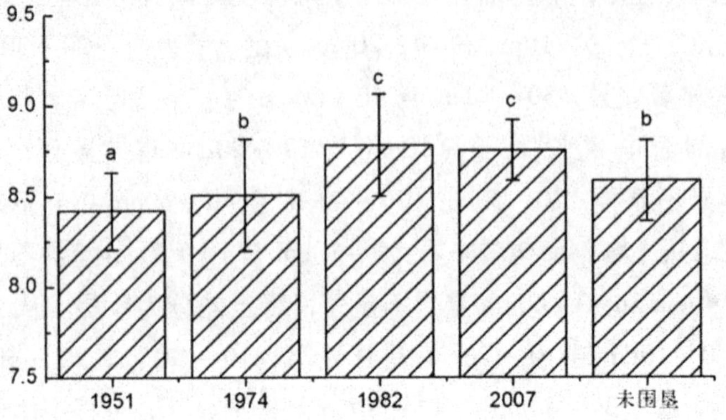

图 6. 17　不同围垦年限土壤 pH 差异

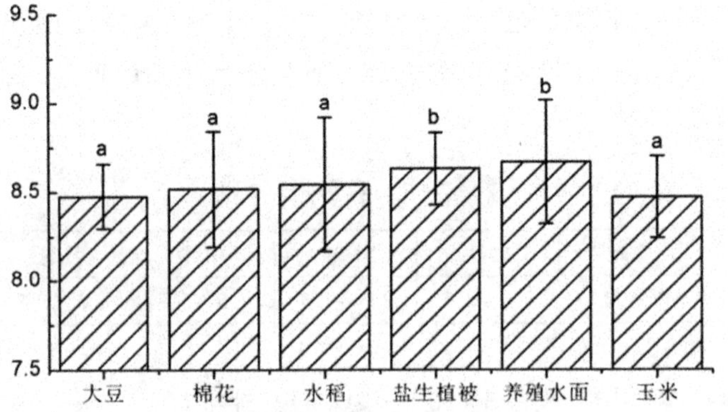

图 6. 18　不同土地利用方式土壤 pH

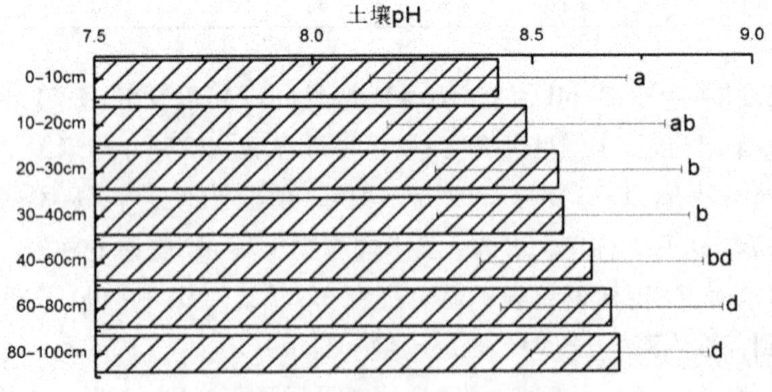

图 6. 19　不同土层深度土壤 pH

6.4.2 土壤理化性质空间分布

土壤质量因子是一种区域性变量也是随机函数，但不同于纯随机变量的是它同时具有随机性和结构性特征①②。地统计学方法是近年发展的一门新的空间分析方法，其变异函数则适合于定量研究区域化变量空间结构的变异特征，能反映区域化变量的结构性特征。沿海滩涂土壤质量因子是一种区域性变量，受到随机性因素和结构性因素共同影响。块金值与基台值比值能反映随机性因素对空间变异的贡献程度，比值越小，说明空间变异性主要受到结构性因素的影响；比值越大，说明空间变异性主要受到随机性因素的影响。变程表示空间自相关性的距离范围，在变程范围内，区域性变量具有空间自相关性，变程范围外，区域性变量没有空间自相关性。

6.4.2.1 土壤粒径空间分布

研究区 1m 土体不同土层深度土壤颗粒分布差异不显著，因此本书选择表层（0－10cm）运用 Arcgis10.2 软件，采用普通克里金插值方法得到研究区表层土壤颗粒分形维数空间插值图。土壤颗粒分形维数半变异函数参数如表6－31所示，其误差标准平均值接近于 0，误差标准均方根接近于 1，普通克吕格插值具有一定的可信度。从图 6.20 可以看出，土壤颗粒分布呈现显著的陆海梯度特征。块金值与基台值占比所示随机因素对空间变异性的影响程度，表6－31显示，块金值与基台值占比为 0.167。因此，土壤粒径空间异质性主要受到结构性因素的影响。从图 6.20 中可以看出，表层土壤颗粒分形维数具有显著的陆海梯度特征。

表 6－31　表层土壤颗粒分形维数半变异函数和交叉检验相关系数

	最优模型	块金值 C_0	偏基台值 C	块金/基台值 $C_0/(C+C_0)$	变程（千米）	误差标准平均值	误差标准均方根
0－10cm	指数模型	0.0002	0.001	0.1667	0.874	0.01	1.06

6.4.2.2 土壤容重空间分布

土壤容重是土壤重要物理属性之一。通过普通克里金插值方法，选取指

① Ghazali, N. H. M. Coastal erosion and reclamation in Malaysia [J]. Aquatic ecosystem health & management, 2006, 9 (2): 237－247.

② 邱扬，傅伯杰，王军，等. 黄土丘陵小流域土壤水分的空间异质性及其影响因子 [J]. 应用生态学报，2001，1 (5)：715－720.

数模型进行插值，土壤容重空间插值如图6.20所示。从图中可以发现，研究区土壤偏紧实，只有少量的土壤处于适宜状态。土壤容重半变异函数参数如表6－32所示，其误差标准平均值接近于0，误差标准均方根接近于1，普通克吕格插值具有一定的可信度。从空间分布来看，研究区整体土壤偏紧实，部分土壤松紧度适宜。

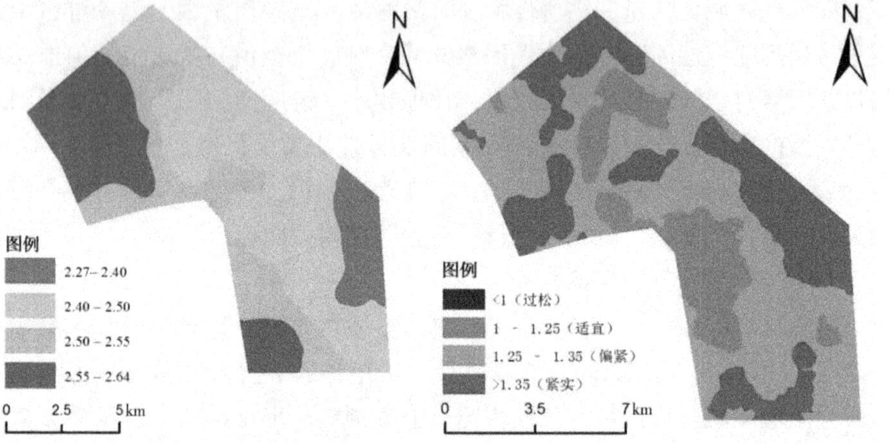

图6.20 表层土壤颗粒分形维数（左）与土壤容重空间插值（右）

表6－32 表层土壤容重半变异函数和交叉检验相关系数

	最优模型	块金值 C_0	偏基台值 C	块金/基台值 C_0/（C＋C_0）	变程（千米）	误差标准平均值	误差标准均方根
0－10cm	指数模型	0.000	0.011	0.000	0.161	－0.01	0.998

6.4.2.3 土壤水分空间分布

土壤水分受到土壤物理性质、降水、地下水深度、微地形等多种因素的影响。通过普通克里金插值得到表层土壤水主要受到结构性因素的影响，深层土壤主要受到随机性因素的影响。土壤水分半变异函数参数如表6－33所示，其误差标准平均值接近于0，误差标准均方根接近于1，普通克吕格插值具有一定的可信度。从图6.21可以看出，研究区东南方向土壤水分较高，西北方向土壤水分较低。从不同土层深度土壤含水量来看，0－20cm土壤含水量较小，20－30cm土壤含水量较高，30－40cm土壤含水量较少，40－60cm土壤含水量不断增加。图6.19显示研究区地下水空间插值图。对比图6.21和图6.22发现，土壤地下水分布与40－60cm土壤水分空间分布存在显著一致性。

表 6 –33　不同土层土壤水分半变异函数及交叉检验相关参数

	最优模型	块金值 C_0	偏基台值 C	块金/基台值 $C_0/(C+C_0)$	变程（千米）	误差标准平均值	误差标准均方根
0 – 10cm	指数模型	0.026	0.086	0.23	0.296	0.004	0.88
10 – 20cm	指数模型	0.005	0.110	0.04	0.288	–0.007	0.85
20 – 30cm	指数模型	0.029	0.058	0.33	0.279	–0.008	0.82
30 – 40cm	指数模型	0.034	0.064	0.35	0.279	0.009	0.77
40 – 60cm	指数模型	0.046	0.078	0.37	0.158	–0.006	0.68
60 – 80cm	指数模型	0.052	0.070	0.43	0.268	0.020	0.67
80 – 100cm	指数模型	0.054	0.039	0.58	0.343	0.016	0.70

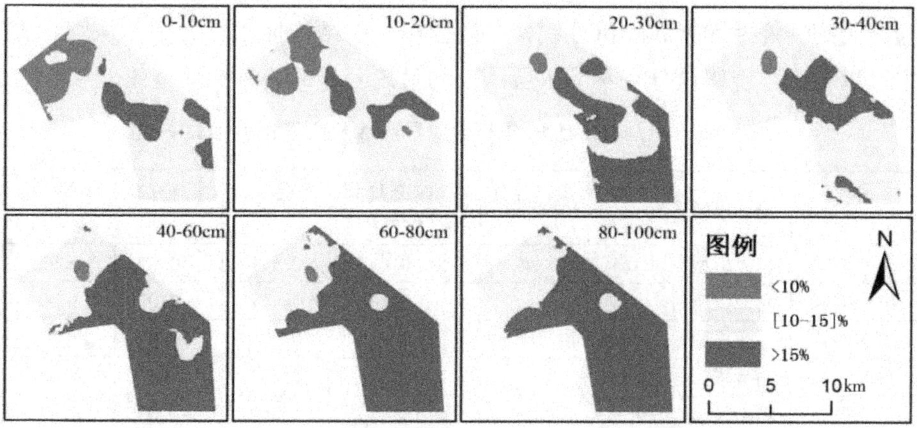

图 6.21　不同土层深度土壤水分空间插值

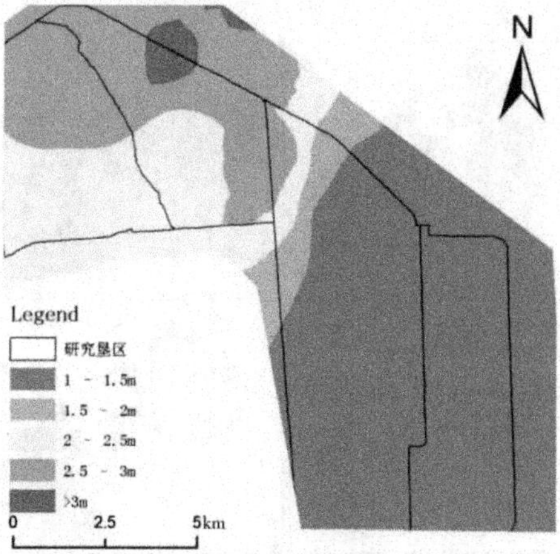

图 6.22　地下水埋深空间分布

6.4.2.4 土壤盐分空间分布

沿海滩涂土体由于受到海水的浸泡，土体含盐量高。随着人类滩涂围垦，不断地建设海堤，设置挡潮闸，防止海水倒灌。围堤内，滩涂沉积物脱离了海洋立地环境，经过降雨过程，人类不断开沟挖渠，种植改良作物，开展淡水养殖，种植粮食作物等，提高滩涂土壤对人类的服务价值。土壤盐分受到降水的影响，土体不断脱盐，地下水埋深不断增加，矿化度不断减小。利用普通克里金插值方法，采用指数模型，开展不同土层土壤盐分的地统计分析。土壤盐分半变异函数参数如表6－34所示，其误差标准平均值接近于0，误差标准均方根接近于1，普通克吕格插值具有一定的可信度。结果表明0－30cm土壤盐分的空间差异主要受到结构性因素的影响，30－100cm土壤盐分受到结构性因素和随机性因素共同作用，以结构性因素为主。从图6.23中可以看出，土壤盐分在不同土层深度均呈现明显的陆海梯度特征。

表6－34 不同土层土壤盐分半变异函数及交叉检验相关参数

	最优模型	块金值 C_0	偏基台值 C	块金/基台值 $C_0/(C+C_0)$	变程（千米）	误差标准平均值	误差标准均方根
0－10cm	指数模型	0	1.49	0	0.354	－0.07	0.97
10－20cm	指数模型	0	1.32	0	0.448	－0.07	1.00
20－30cm	指数模型	0	1.03	0	0.305	－0.09	1.03
30－40cm	指数模型	0.62	1.94	0.24	1.460	0.03	0.93
40－60cm	指数模型	0.2	0.72	0.22	0.340	－0.08	0.93
60－80cm	指数模型	0.14	1.92	0.07	1.46	－0.02	0.88
80－100cm	指数模型	0.16	1.85	0.08	1.46	0.01	0.86

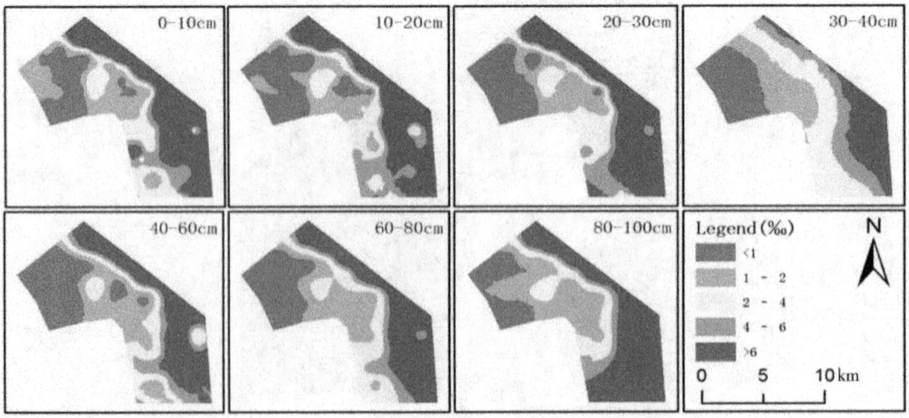

图6.23 不同土层深度土壤盐分空间插值图

6.4.2.5 土壤养分空间分布

利用地统计学方法中普通克里金插值分析土体土壤有机质空间分布，如表6－35所示。0－20cm以及30－60cm土壤有机质块金值与基台值占比较高，土壤有机质空间分布主要受到随机性因素的影响。20－30cm土壤有机质分布受到结构性因素的影响。

从空间分布来看，土壤表层0－10cm有机质呈现明显的陆海梯度特征（图6.24），且表层的有机质相对较高。10－20cm土壤有机质在研究区的西北方向相对加高，大于5g/kg，其余地方相对较低。30－60cm土层土壤有机质很低，基本小于5g/kg。

表6－35 不同土层土壤有机质半变异函数及其交叉检验相关参数

	最优模型	块金值 C_0	偏基台值 C	块金/基台值 $C_0/(C+C_0)$	变程（千米）	误差标准平均值	误差标准均方根
0－10cm	指数模型	0.12	0.07	0.63	0.464	0.03	0.91
10－20cm	指数模型	0.11	0.12	0.47	0.263	0.01	0.91
20－30cm	指数模型	0.01	0.17	0.05	0.216	－0.04	0.93
30－40cm	指数模型	0.21	0.08	0.72	0.888	－0.05	1.50
40－60cm	指数模型	0.15	0.16	0.48	1.533	－0.02	0.95

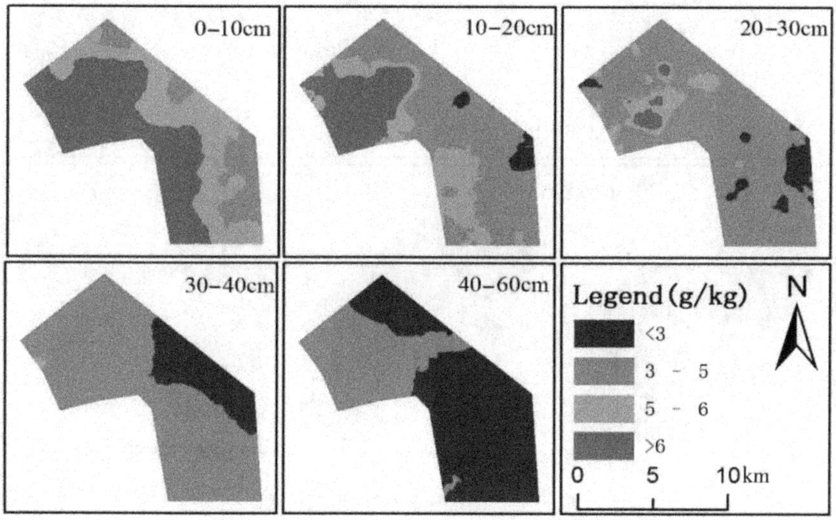

图6.24 土壤OM空间插值

利用地统计学方法中普通克里金插值分析土壤全氮空间分布，如表6－36所示。土壤全氮的空间插值最优模型为指数模型。土壤全氮块金值与基台值比值较小，说明土壤全氮空间变异主要受到结构性因素的影响。

从土壤全氮空间分布来看（图6.25），土壤0－10cm全氮呈现显著的陆海梯度特征。10－20cm土壤全氮在1951年围垦区含量较高，其余区域含量较低。20－60cm土壤全氮含量均很低，基本小于4g/kg。

表6－36　不同土层土壤全氮半变异函数及交叉检验相关参数

	最优模型	块金值 C_0	偏基台值 C	块金/基台值 $C_0/(C+C_0)$	变程（千米）	误差标准平均值	误差标准均方根
0－10cm	指数模型	0.04	0.24	0.14	0.568	0.003	1.05
10－20cm	指数模型	0	0.16	0	0.291	0.003	0.94
20－30cm	指数模型	0.03	0.07	0.30	0.258	－0.008	1.05
30－40cm	指数模型	0	0.09	0	0.352	－0.02	1.11
40－60cm	指数模型	0.001	0.08	0.01	0.227	0.02	0.86

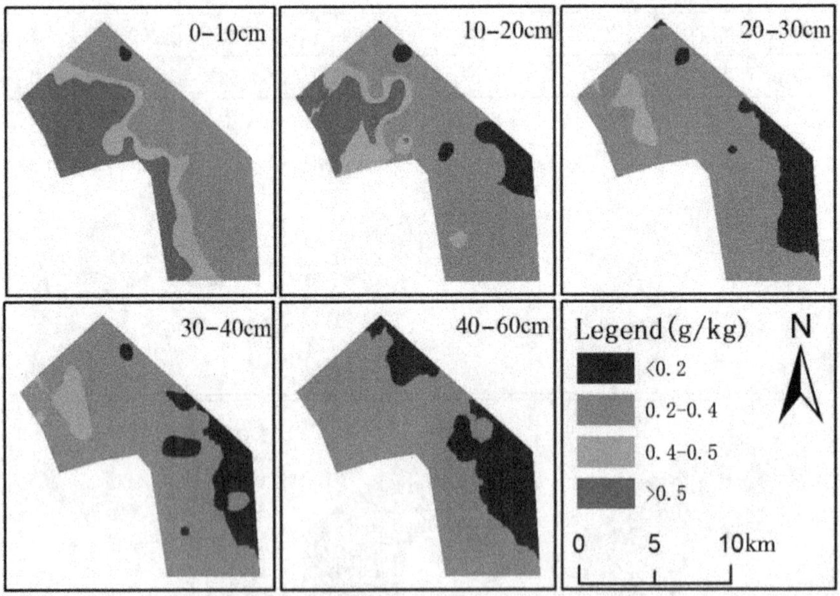

图6.25　土壤全氮空间插值图

利用地统计学方法中普通克里金插值分析土壤碱解氮空间分布，如表6－37和图6.26所示。土壤碱解氮与土壤全氮具有很强正相关关系。由土壤碱解氮半变异函数得知，块金值与基台值之比较高，土壤碱解氮空间变异主要受到随机性因素影响。从空间分布来看，表层土壤 0 - 10cm 碱解氮在整个研究区含量较高。10 - 40cm 在 1951 年滩涂围垦区土壤碱解氮含量较高。40 - 60cm整个研究区土壤碱解氮含量均很低。

表 6 - 37　不同土层土壤碱解氮半变异函数及交叉检验相关系数

	最优模型	块金值 C_0	偏基台值 C	块金/基台值 $C_0/(C+C_0)$	变程（千米）	误差标准平均值	误差标准均方根
0 - 10cm	指数模型	0.13	0.07	0.65	1.07	-0.01	1.07
10 - 20cm	指数模型	0.06	0.14	0.3	0.968	-0.04	1.06
20 - 30cm	指数模型	0.08	0.07	0.53	0.404	-0.05	1.03
30 - 40cm	指数模型	0.08	0.07	0.53	0.244	-0.02	1.03
40 - 60cm	指数模型	0.08	0.17	0.32	1.06	-0.01	1.01

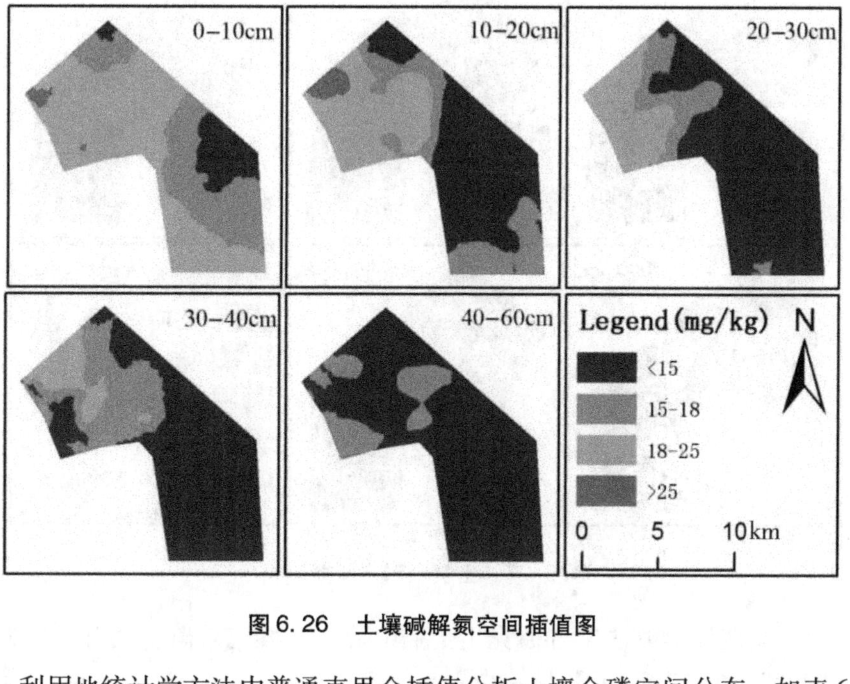

图 6.26　土壤碱解氮空间插值图

利用地统计学方法中普通克里金插值分析土壤全磷空间分布，如表 6 - 38 和图 6.27 所示。由土壤全磷半变异函数得知，不同土层深度土壤全磷块金值与基台值差异较大。0 - 20cm 土壤全磷块金值与基台值为 0，说明其主要受到结构性因素的影响，20 - 40cm 土壤全磷块金值与基台值较大，说明其空间变异受到随机性因素影响，40－60cm 土壤全磷块金值与基台值为 0，说明空间变异受到结构性因素的影响。从空间分布来看，表层土壤全磷含量较高，且 1951 年围垦区土壤全磷含量相对其他围垦区较高。

表 6－38　不同土层土壤全磷半变异函数及交叉检验相关系数

	最优模型	块金值 C_0	偏基台值 C	块金/基台值 $C_0/(C+C_0)$	变程（千米）	误差标准平均值	误差标准均方根
0－10cm	指数模型	0	0.03	0	0.203	0.01	1.09
10－20cm	指数模型	0	0.02	0	0.231	0.003	1.11
20－30cm	指数模型	0.01	0.004	0.71	0.851	－0.02	1.18
30－40cm	指数模型	9.84	0.02	0.99	0.464	－0.01	1.21
40－60cm	指数模型	0	0.02	0	0.220	－0.01	1.22

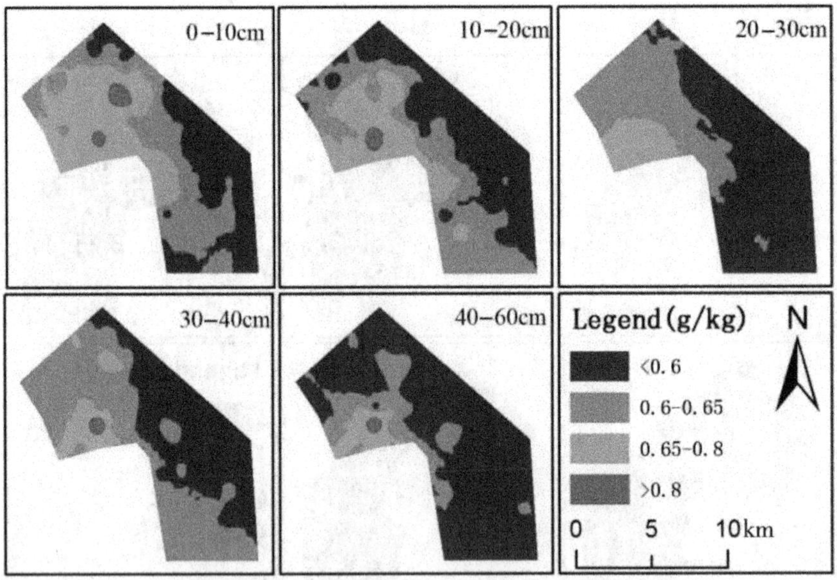

图 6.27　土壤全磷空间插值图

利用地统计学方法中普通克里金插值分析土壤速效磷空间分布，如表 6－39和图 6.28 所示。从土壤速效磷半变异函数块金/基台值占比来看，0－20cm 土壤速效磷块金/基台值占比较小，说明空间变异主要受结构性因素的影响，20－40cm 土壤速效磷块金/基台值占比较高，说明其空间变异主要受到随机性因素的影响。从图 6.28 空间分布来看，土壤速效磷含量较高的区域位于土壤表层 0 - 20cm，主要分布在 1974 年垦区和 1982 年垦区内部。土壤 20 - 60cm 整个区域土壤速效磷含量较低。

表 6 - 39　不同土层土壤速效磷半变异函数及其交叉检验相关参数

	最优模型	块金值 C_0	偏基台值 C	块金/基台值 $C_0/(C+C_0)$	变程（千米）	误差标准平均值	误差标准均方根
0 - 10cm	指数模型	0.15	0.49	0.23	0.235	-0.09	1.31
10 - 20cm	指数模型	0.08	0.63	0.11	0.635	-0.20	1.81
20 - 30cm	指数模型	0.20	0.13	0.60	0.283	-0.07	1.21
30 - 40cm	指数模型	0.13	0.29	0.30	0.617	-0.13	1.56
40 - 60cm	指数模型	0.18	0.29	0.38	0.597	-0.06	1.45

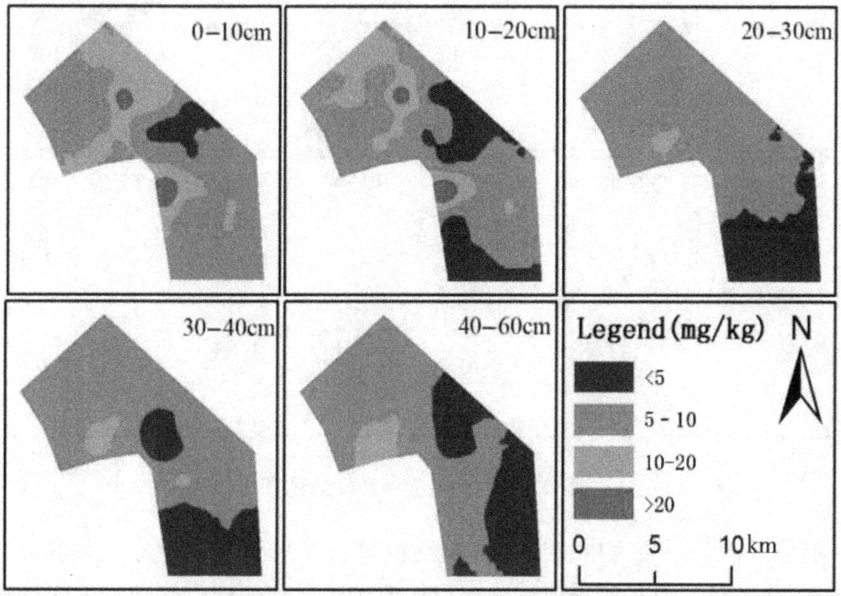

图 6.28　土壤速效磷空间插值图

利用地统计学方法中普通克里金插值分析土壤全钾空间分布，如表 6 - 40 和图 6.29 所示。从表中可以看出，0 - 60cm 土层深度土壤全钾块金值与基台值比值较高，土壤全钾空间变异主要受到随机性因素的影响。土壤全钾分布不呈现陆海梯度特征。

表6-40　不同土层土壤全钾半变异函数及其交叉检验相关参数

	最优模型	块金值 C_0	偏基台值 C	块金/基台值 $C_0/(C+C_0)$	变程（千米）	误差标准平均值	误差标准均方根
0-10cm	指数模型	0.004	0.005	0.44	1.533	-0.01	1.05
10-20cm	指数模型	0.004	0.009	0.30	1.533	-0.02	1.06
20-30cm	指数模型	0.004	0.006	0.40	1.533	-0.02	1.17
30-40cm	指数模型	0.006	0.008	0.42	1.533	-0.03	1.1
40-60cm	指数模型	0.004	0.002	0.66	0.867	-0.01	0.99

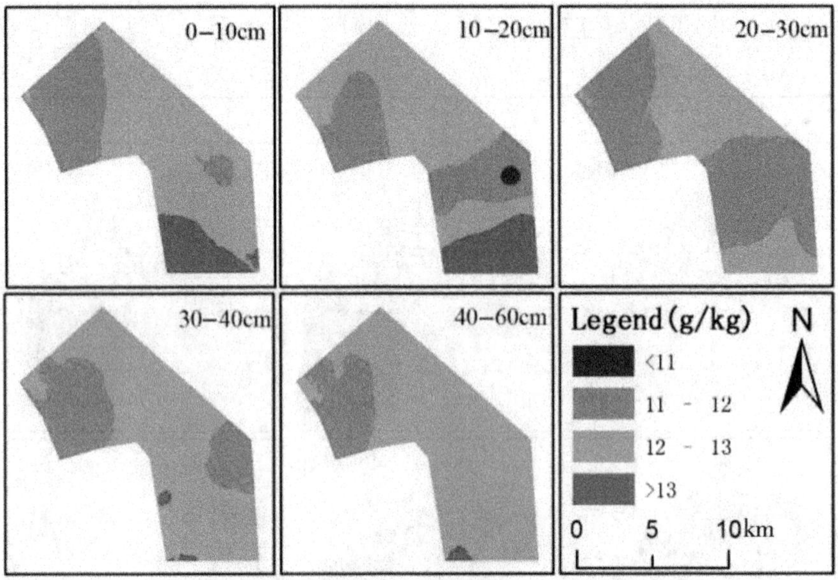

图6.29　土壤全钾空间插值图

利用地统计学方法中普通克里金插值分析速效钾空间分布，如表6-41和图6.30所示。由于块金值与基台值比值较小，速效钾空间变异主要受到结构性因素的影响，且土壤速效钾不同土层之间差异不显著，呈现显著的陆海梯度特征。距离海洋越近，土壤速效钾含量越高。

表 6 -41　不同土层土壤速效钾半变异函数及交叉检验相关参数

	最优模型	块金值 C_0	偏基台值 C	块金/基台值 $C_0/(C+C_0)$	变程（千米）	误差标准平均值	误差标准均方根
0 - 10cm	指数模型	0. 16	0. 32	0. 33	0. 318	-0. 02	0. 88
10 - 20cm	指数模型	0. 15	0. 92	0. 14	1. 491	-0. 01	0. 89
20 - 30cm	指数模型	0	0. 37	0	0. 306	-0. 01	0. 84
30 - 40cm	指数模型	0. 06	0. 34	0. 15	0. 424	-0. 01	0. 87
40 - 60cm	指数模型	0	0. 38	0	0. 307	-0. 01	0. 93

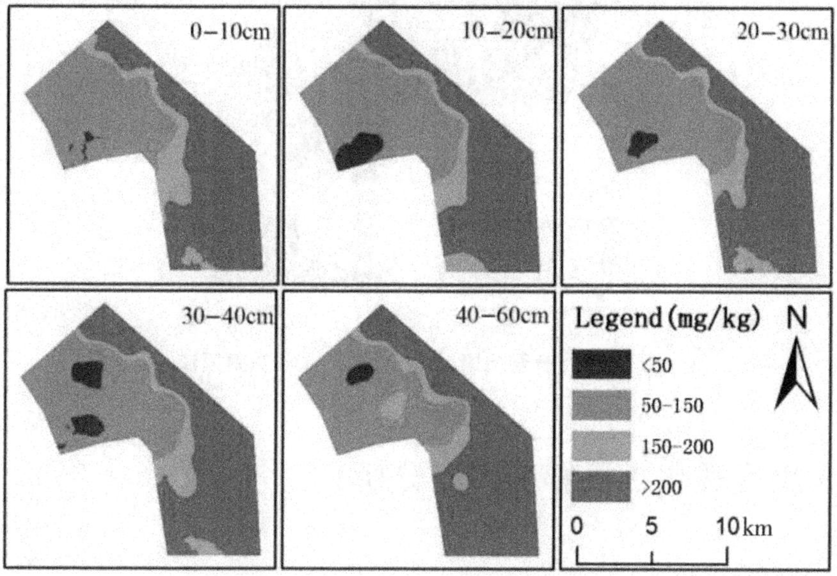

图 6. 30　土壤速效钾空间插值图

6. 4. 2. 6 土壤 pH 空间分布

利用地统计学方法中普通克里金插值分析土壤 pH 空间分布特征，如表 6 -42和图 6. 31 所示。从半变异函数中来看，土壤 pH 块金值与基台值比值为 0，说明土壤 pH 空间变异性主要受到结构性因素的影响。从图 6. 31 空间分布来看，1951 年、1974 年以及 1982 年垦区土壤 pH 值较低，2007 年以及未围垦区土壤 pH 值较高。

表 6-42　表层土壤 pH 半变异函数及交叉检验相关参数

	最优模型	块金值 C_0	偏基台值 C	块金/基台值 $C_0/(C+C_0)$	变程（千米）	误差标准平均值	误差标准均方根
0-10cm	指数模型	0	0.001	0	0.203	0.001	0.81

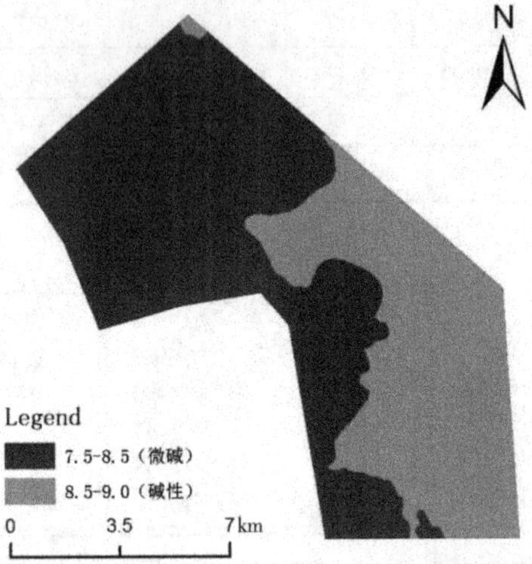

图 6.31　表层土壤（0-10cm）pH 空间插值

6.5 土壤理化性质影响因素分析

6.5.1 土壤理化性质相关关系

受到自然过程和人类活动双重作用的影响，滩涂围垦区土壤理化性质存在时空变异特征。然而，土壤理化性质之间存在一定的关联性。土壤容重、土壤粒度、土壤水、土壤 pH、土壤盐分、有机质、全氮、碱解氮、全磷、速效磷、全钾和速效钾是本书所选取的土壤基本理化性质，某些性质存在显著的陆海梯度特征，某些性质空间变异性较大，受到人类活动的影响程度较高。然而，土壤理化性质存在明显的相关关系。

如表 6-43 所示，土壤有效养分不仅受到全氮、全磷和全钾的影响，同时也受到土壤酸碱度的影响。全氮与碱解氮（0.816**）、全磷与速效磷（0.69**）、全钾与速效钾（0.456**）存在显著正相关关系。土壤有机质

（OM）与土壤全氮、全磷、碱解氮和速效氮呈现显著正相关关系，其相关性分别为0.73**、0.719**、0.585**和0.503**。土壤pH与全氮、全磷、碱解氮和速效氮呈现显著负相关关系，其相关性分别为-0.492**、-0.558**、-0.426**和-0.347*，因为随着围垦年限增加，土壤pH值不断减少而土壤养分不断增加。土壤pH与速效钾以及盐分呈现显著正相关性，其相关系数为0.529**，主要因为土壤pH值大小受到HCO_3^-的直接影响，HCO_3^-受到Ca^{2+}含量的影响，而HCO_3^-与盐分的变化具有正相关关系。

表6-43 土壤理化性质Person相关系数分析

	pH值	分形维数	水分	盐分	OM	全氮	全磷	全钾	碱解氮	速效磷	速效钾
pH值	1										
分形维数	-.210	1									
水分	.019	-.456**	1								
盐分	.457**	-.458**	.054	1							
OM	-.606**	.044	.201	-.308*	1						
全氮	-.492**	.291	-.184	-.434**	.730**	1					
全磷	-.558**	.153	.014	-.421**	.719**	.560**	1				
全钾	.152	-.186	.309	.332*	.011	-.220	.021	1			
碱解氮	-.426**	.037	-.075	-.365*	.585**	.816**	.473**	-.162	1		
速效磷	-.347*	-.156	.087	-.081	.503**	.240	.690**	.211	.221	1	
速效钾	.529**	-.563**	.176	.886**	-.306*	-.475**	-.369*	.456**	-.331*	.036	1

备注：**表示在.01水平（双侧）上显著相关。*表示在0.05水平（双侧）上显著相关。

从统计分析来看，土壤粒径分布分形维数与土壤水分和盐分呈现显著负相关关系。土壤粒径分布分形维数越高，土壤颗粒分布越复杂，土壤黏粒占比相对越高。从理论上，土壤黏粒含量越高，土壤保水能力越强，不利于土壤脱盐。然而，土壤颗粒分布只是土壤水分和盐分众多影响因素之一。土壤水分和盐分还受到微地形、地下水深度等因素的影响。因此，土壤颗粒分布分形维数与土壤水和土壤盐分之间的负相关关系，只是统计关系而已，并不具有理论意义。由于研究区域较小，土壤颗粒分布与土壤有机质等其他土壤养分不具备显著相关关系。土壤水分与所有其他土壤属性相关性不显著。

6.5.2 土壤理化性质影响因素分析

地统计方法能够得到土壤质量因子的空间分布，然而，并未对土壤质量因素与环境因子之间的关系作定量分析。本章节尝试选取距道路、距沟渠、距海、开垦时间和土层深度作为影响因素，利用典范对应分析（CCA）分析土壤质量因子与影响因素之间的关系。土壤水分和盐分受微地形影响较大，比如在开展土地开发复垦过程中，道路用土主要来源于道路两边的田块，因此道路两边的田块地势相对低洼，土壤盐分含量相对较高。而兴建沟渠挖出的土主要平铺在沟渠的两侧，因此沟渠两侧的土壤地势相对较高，土壤含盐量相对较低。距离海洋的距离一定程度上影响地下水埋深以及矿化度的分布。随着人类开垦年限不断增加，人类不断向滩涂土壤施入植物残体、化肥、有机肥等，土壤养分含量会不断增加。土层深度也影响土壤质量因子大小，比如土壤养分主要集中在土壤表层，而土壤盐分等会通过淋溶作用到达土体底部。

通过表 6－44 可以看出，CCA 分析中前两个排序轴的方差贡献率达到了 98.4％。从排序轴与环境因子关系可以看出，第一排序轴与围垦时间具有显著的正相关关系，其相关系数达到了 0.84，同时第一排序轴与距海的距离具有正相关关系、与到道路的距离和到水体的距离呈现负相关关系。第二排序轴主要与土层深度具有正相关关系。

表 6－44　CCA 分析中前 4 个排序轴特征值及其与环境因子相关性

	排序轴			
	SPX1	SPX2	SPX3	SPX4
SD（土层深度）	－0.0784	0.39	0.05	－0.01
RO（到道路距离）	－0.442	－0.04	－0.07	－0.10
SEA（到海距离）	0.4985	－0.04	0.19	－0.01
RI（距水体距离）	－0.2389	－0.02	－0.06	0.09
RT（开垦时间）	0.8435	0.03	0.03	－0.02
特征值	0.11	0.00	0.00	0.00
物种－环境相关性	0.86	0.40	0.24	0.19
累计方差（％）	96.10	98.40	99.60	99.90

从图 6.32 可以看出，土壤质量因子被分为三类。第一类为土壤有机质、全氮、碱解氮、速效磷，这几个土壤质量因子与开垦时间具有显著正相关关系。第二类为土壤全钾、全磷、土壤颗粒分形维数、土壤 pH 以及土壤水，这些土壤质量因子与距海的距离呈现显著关系。第三类为土壤盐分和土壤速

效钾，土壤盐分与速效钾与围垦时间和距海的距离呈现负相关关系。

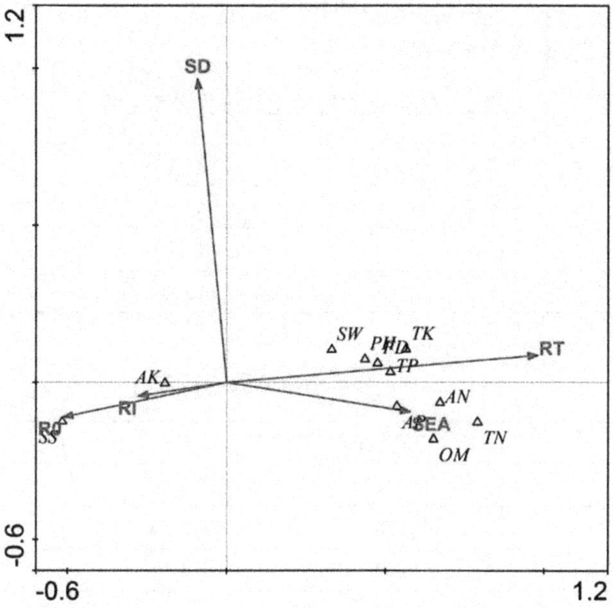

图6.32　土壤质量与环境因子排序图

6.6 滩涂围垦区土壤质量综合评价

土壤质量综合评价方法有很多，包括特尔斐法、主成分分析方法、模糊数学方法、隶属度函数方法、基于专家知识的决策树方法等。其中特尔斐法、隶属度函数方法、基于专家知识的决策树方法均具有一定的主观性，而且研究区土壤质量因子含量相对于其他地区而言，土壤理化性质含量很低，不能凸显出滩涂围垦以来土壤质量的变化过程。因此，本章节通过主成分分析方法，分析区域内部土壤质量因子之间的差异，对土壤质量进行综合评价。

运用SPSS软件选取0－20cm土壤样品进行土壤质量综合评价，结果如表6－45所示。结果表明土壤质量共提取出三个主成分因子，其累计贡献率达到原信息量的70.19%。从不同主成分载荷矩阵来看，第一主成分主要与土壤有机质、全氮、全磷、碱解氮呈正相关关系，与土壤盐分、pH以及速效钾呈现显著负相关关系。第二主成分与土壤盐分、速效磷、速效钾呈现显著正相关关系，与土壤颗粒分布分形维数呈现负相关关系。第三主成分与全钾呈现正相关关系（表6－46）。

表6－45　土壤属性主成分方差贡献率

	特征值	方差（%）	累计方差（%）
主成分1	4.10	40.99	40.99
主成分2	1.87	18.72	59.71
主成分3	1.05	10.48	70.19

表6－46　主成分载荷矩阵

	主成分1	主成分2	主成分3
Zscore（SS）	-.597	.619	.020
Zscore（PH）	-.741	-.054	-.181
Zscore（OM）	.803	.319	.030
Zscore（TN）	.853	.034	.036
Zscore（TP）	.709	.258	-.297
Zscore（TK）	-.079	.387	.828
Zscore（AN）	.700	.225	.128
Zscore（AP）	.554	.620	-.207
Zscore（AK）	-.621	.698	.043
Zscore（FD）	.358	-.493	.421

将三个主成分的方差贡献率作为三个主成分的权重，得到土壤综合评价公式，如表6－47所示。土壤质量综合评价公式如下：

$$SQ = 0.004 * Z(SS) - 0.098 * Z(pH) + 0.115 * Z(OM) + 0.092 * Z(TN) + 0.067 * Z(TP) + 0.114 * Z(TK) + 0.105 * Z(AN) + 0.097 * Z(AP) + 0.012 * Z(AK) + 0.029 * Z(FD)$$

由上面公式可以看出，土壤质量综合评价中，土壤pH、土壤有机质、全氮、全钾、碱解氮、速效磷这几个质量因子被作为主要的评价标准，而土壤盐分、土壤全磷、土壤速效钾和土壤颗粒分布分形维数被作为次要的评价标准。

表 6 -47　主成分得分系数矩阵

	主成分 1	主成分 2	主成分 3	综合
权重	0.4099	0.1872	0.1048	
Zscore（SS）	-.146	.331	.019	0.004
Zscore（PH）	-.181	-.029	-.172	-0.098
Zscore（OM）	.196	.171	.028	0.115
Zscore（TN）	.208	.018	.035	0.092
Zscore（TP）	.173	.138	-.283	0.067
Zscore（TK）	-.019	.207	.790	0.114
Zscore（AN）	.171	.120	.122	0.105
Zscore（AP）	.135	.331	-.198	0.097
Zscore（AK）	-.152	.373	.041	0.012
Zscore（FD）	.087	-.263	.402	0.029

6.6.1 不同围垦年限和土地利用方式土壤质量评价结果分析

通过土壤质量综合评价计算结果，发现土壤质量综合评价值排序为 2007 年垦区 < 未围垦区 < 1982 年围垦区 < 1951 年围垦区 < 1974 年围垦区，1974 年和 1982 年土壤质量评价值变异系数很高（图 6.33）。对不同围垦年限土壤质量综合评价值进行分析，发现未围垦区与 2007 年垦区以及 1982 年滩涂围垦区土壤质量综合评价值不存在显著差异。1982 年垦区和 1951 年垦区土壤质量评价结果不存在显著差异。1974 年垦区与 1951 年垦区土壤质量评价结果不存在显著差异。从不同土地利用方式来看，大豆、棉花、水稻和玉米的土壤质量评价结果为正值，盐生植被和养殖水面的土壤质量评价结果为负值（图 6.34）。且大豆、棉花、玉米以及养殖水面的土壤质量评价结果不存在显著差异性。水稻和盐生植被与其他土地利用方式存在显著差异性。

6.6.2 土壤综合评价结果空间分布

运用地统计学方法采用指数模型对土壤质量综合评价结果进行空间地统计分析，结果如表 6 -48 所示。块金值与基台值比值为 0，说明土壤质量综合评价结果的空间变异性受结构性因素影响较高。从图 6.35 可以看出，0 - 10cm 土壤质量较高的区域位于 1974 年中部地区，1951 年和 1974 年垦区以及

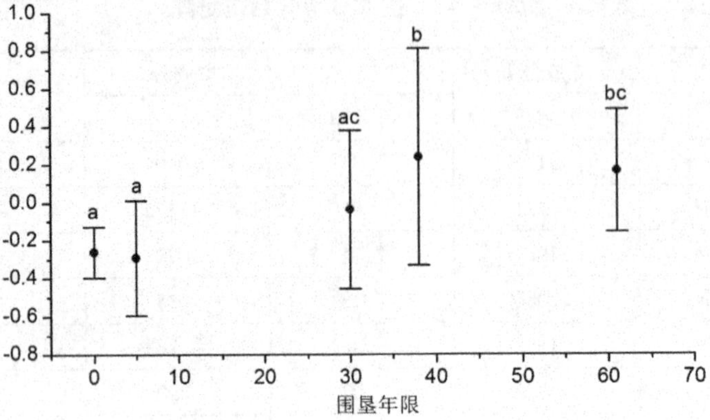

图 6.33　围垦时间与土壤综合质量评价

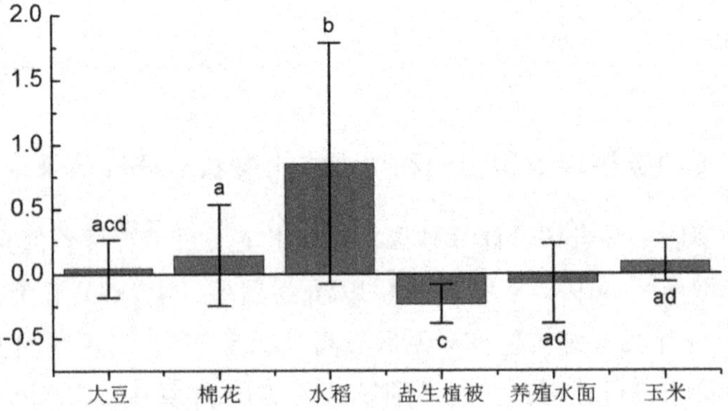

图 6.34　不同土地利用方式土壤质量综合评价

1982 年和 2007 年垦区的南部土壤质量差异并不显著。10－20cm 土壤质量较高值仍然位于 1974 年垦区，1951 年和 1974 年滩涂围垦区土壤质量综合评价值基本一致。1982 年和 2007 年滩涂围垦区土壤质量综合评价值基本一致。土壤质量综合评价值不呈现陆海梯度分布特征。

表 6－48　0－20cm 土壤质量综合评价值半变异函数及交叉检验相关系数

	最优模型	块金值 C_0	偏基台值 C	块金/基台值 $C_0/(C+C_0)$	变程（千米）	误差标准平均值	误差标准均方根
0－10cm	指数模型	0	0.42	0	0.281	－0.000	0.73
10－20cm	指数模型	0	0.20	0	0.263	0.02	0.79

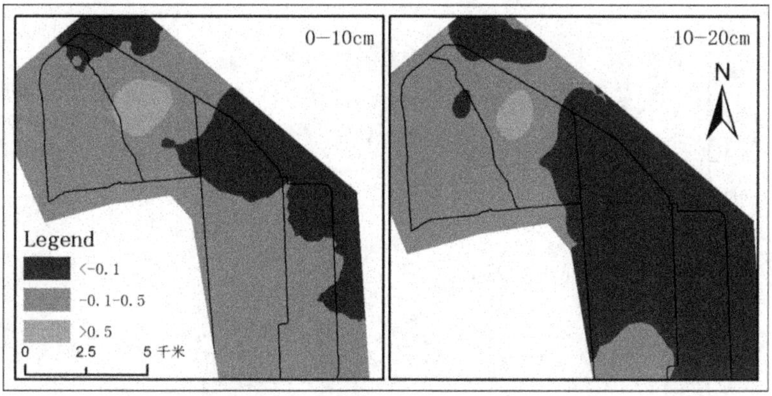

图 6.35　土壤质量综合评价空间插值

6.6.3 土壤理化性质演变时间周期分析

由上述分析可知土壤盐分、养分等理化性质受到围垦年限的影响较大，通过构建围垦时间与土壤理化性质之间的相关关系，预测滩涂围垦后土壤理化性质的演变周期大小。

6.6.3.1 土壤盐分与围垦时间关系

江苏省滩涂围垦后通过种植田菁等改良作物、养殖水体以及粮食作物种植，土壤盐分逐渐减小，因此构建滩涂围垦区围垦年数与土壤盐分的作用关系图，二者相关系数达到 0.999，如图 6.36 所示。滩涂围垦区土壤盐分在围垦 53 年之后达到最小值，其值为 0.34‰。按照王遵亲对土壤盐分分级标准界定的 1‰来看，滩涂围垦区在围垦 42 年后，滩涂围垦区土壤达到脱盐状态。通过联合国对水稻和小麦的土壤耐盐临界值（ECe）分别为 3ds/m 和 6ds/m，通过饱和电导率和土壤盐分含量换算得到其临界值分别为 1.8‰和 3.4‰，通过图 6.12 的公式计算得到，滩涂围垦后 30 年后对小麦生长没有限制，滩涂围垦后 37 年后对水稻生长没有限制。联合国有关水稻和小麦相对产量与土壤盐分关系表明，在土壤盐分饱和电导率分别达到 11.33ds/m 和 20.08ds/m 时，土壤种植水稻和小麦无产量。因此通过图 6.36 公式计算得到滩涂围垦后经历 21 年和 11 年之后才能分别种植水稻和小麦。

6.6.3.2 土壤养分与围垦时间关系

土壤养分如有机质、全氮、全磷、速效氮、速效磷之间存在高度相关性，本章节以土壤有机质为例探讨土壤养分与围垦时间的关系。从不同围垦

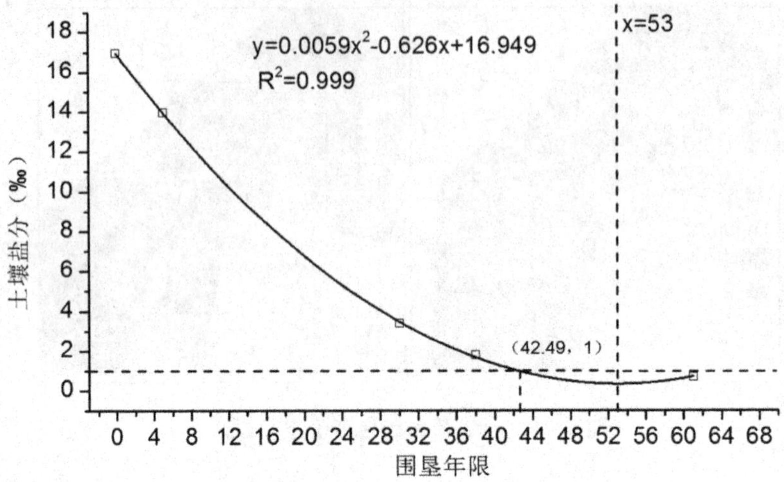

图 6.36　土壤盐分与围垦年限关系图

区土壤有机质的数据来看，2007 年土壤有机质含量有减少趋势，但是减少值较小，通过数据模拟得到在 50－55 年土壤有机质达到最高值（图 6.37）。

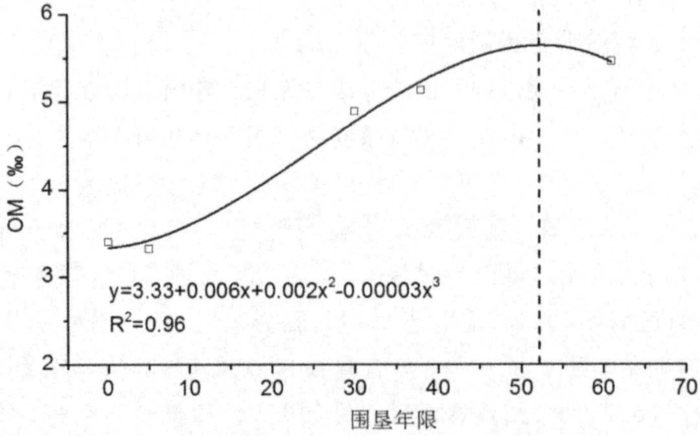

图 6.37　土壤有机质与围垦年限关系图

6.6.3.3 土壤 pH 与围垦时间关系

土壤 pH 值与 HCO_3^- 存在直接联系，而 HCO_3^- 主要受 Ca^{2+} 浓度的影响。随着滩涂围垦土壤 Ca^{2+} 呈现先淋溶后富集的现象，即围垦初期土壤 Ca^{2+} 淋溶后，土壤 HCO_3^- 含量增加，因此土壤 pH 值显著增加。尔后随着 Ca^{2+} 富集，使得土壤 HCO_3^- 减少，土壤 pH 值不断下降。从图 6.38 来看，土壤在围垦 15

年后，土壤 pH 达到最大值，在 50－55 年土壤 pH 值达到最小值。

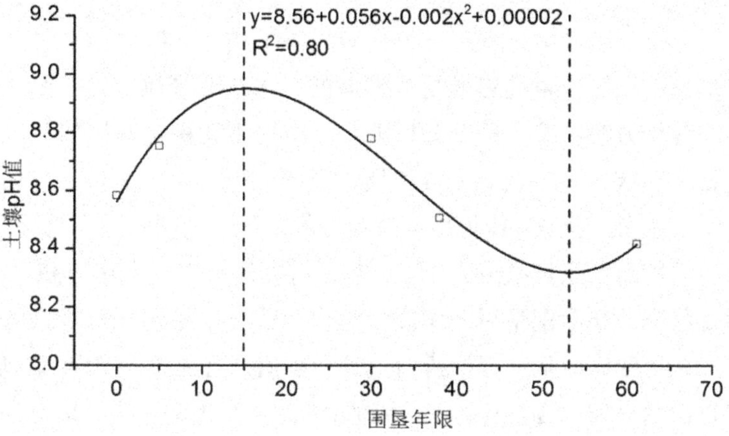

图 6.38　土壤 pH 与围垦时间关系

6.6.3.4 土壤质量综合评价值与围垦时间关系

从土壤质量综合评价值与围垦时间的关系（图 6.39）来看，滩涂土壤围垦后质量呈现先下降后上升的过程。土壤质量在 5－10 年达到最小值，然后随着人类开发利用，土壤质量综合评价值不断增加，在 50 年左右达到最高值。

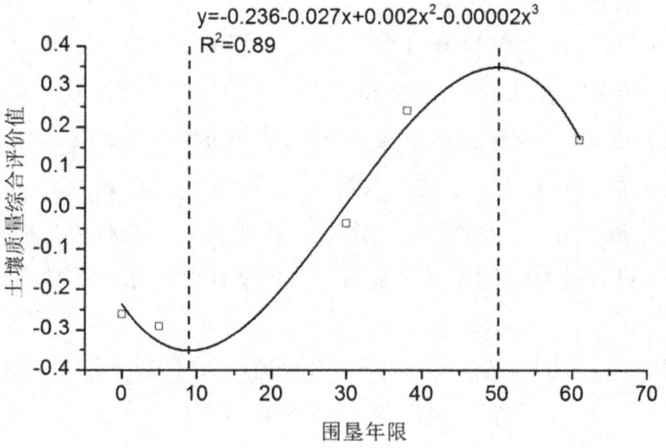

图 6.39　土壤质量综合评价值与围垦时间

6.7 本章小结

滩涂围垦对土壤质量的影响是多方面的，本章节利用方差分析、地统计方法、典型分析方法以及主成分分析方法，根据不同围垦年限对垦区土壤理化性质包括土壤有机质、全氮、碱解氮、全磷、速效磷、全钾、速效钾、土壤盐分、土壤水分、土壤 pH 等指标进行分析。研究表明：

江苏滩涂围垦区土壤盐分约在 38 年达到脱盐水平；土壤有机质约在 30 年达到稳定状态；滩涂围垦后土壤质量综合评价值也呈现先减少后增加的趋势，在 5－10 年土壤质量综合评价值达到最小值，且在 30－40 年达到稳定水平。长江口崇明岛滩涂围垦土地利用程度与土壤质量变化与围垦时间的关系表明，围垦后约 31 年土地利用程度以及土壤质量达到一个稳定状态①。与我们所得到的 30－40 年的结论基本一致。

土壤粒度与围垦年限关系不大，主要受到泥沙沉积环境的影响，从空间分布来看，土壤粒度具有陆海梯度特征，且土壤粒度在土体剖面分布均匀。研究区北部土壤水分要低于南部土壤水分，土壤上层水分低于下层水分。40－100cm 土壤水分与地下水分布相一致。土壤盐分与围垦年限密切相关，随着围垦时间增长，土壤盐分逐渐减小，从空间分布来看，土壤盐分呈现显著的陆海梯度特征，且土壤盐分在 1951 年、1974 年和 1982 年垦区土体剖面分布均匀，在 2007 年和未围垦区土壤盐分有表聚特征。土壤有机质、全氮、碱解氮、全磷、速效磷、全钾、速效钾等土壤养分因子以及 pH 与围垦年限也密切相关，但受到人类耕作活动影响较大，土壤养分空间分布规律不显著，从土体剖面来看，表层土壤养分高于底层土壤。土壤 pH 值随着土壤盐分不断减少，呈现先增加后下降并趋于稳定。从不同土地利用方式来看，土壤理化性质在大豆、棉花、玉米、花生等作物之间差异不显著，但这些作物与水稻、盐生植被以及养殖水面差异显著。

由于滩涂成土时间较短，土壤颗粒分形维数与土壤养分之间的相关不大，而土壤有机质与土壤全氮、全磷、全钾、碱解氮和速效磷具有显著正相关性。

---

① Zhao, G., B. A. Bryan, and X. Song. Sensitivity and uncertainty analysis of the APSIM－wheat model: Interactions between cultivar, environmental, and management parameters [J]. Ecological Modelling, 2014, 279: 1－11.

土壤盐分与有机质和全氮呈现显著负相关关系。从CCA分析土壤理化性质与环境因子来看，土壤有机质、全氮、碱解氮、速效磷与围垦时间呈现显著正相关，而土壤粒度分布分形维数、土壤全钾、全磷、土壤水分等与距海距离呈现显著正相关。土壤盐分和土壤速效钾与围垦年限以及距海距离呈现显著负相关。

第7章 江苏沿海滩涂围垦区粮食产能测算研究

江苏沿海滩涂土壤是我国重要的耕地后备资源基地，滩涂围垦开发利用后耕地的数量和质量不断发生改变，在了解耕地数量和质量变化的基础上，构建沿海滩涂围垦区土地生产潜力模型，了解该地区能够保障多大的土地生产潜力是沿海开发的重要的基础性的工作，同时也关系到沿海地区的农业可持续发展。

目前，在沿海滩涂地区滩涂湿地的初级生产力受到学术界的广泛关注①，但对滩涂围垦区土地生产力潜力估算研究还比较薄弱。本书基于农业生态区划方法（AEZ 模型）和 Maas－Hoffman 模型，在光温水生产潜力的基础上，引入土壤盐分修正系数，构建沿海滩涂围垦区土地生产潜力模型并对江苏省以及如东县滩涂围垦区进行实证分析。

7.1 土地生产力模型构建

7.1.1 土地生产潜力模型框架

采用机制法首先求算出光合生产潜力，对光合生产潜力②进行温度订正，得到光温生产潜力，再进行水分订正，得出气候生产潜力③④，然后进行土壤

① 蒋蕊竹，李秀启，朱永安，等．基于 MODIS 黄河三角洲湿地 NPP 与 NDVI 相关性的时空变化特征［J］．生态学报，2011，31（22）：6708－6716.

② 杨恒山，王芳，张冬梅，等．哲里木盟 4 种主要农作物气候生产潜力变化及对比分析［J］．民族高等教育研究，1999（2）：19－24.

③ Yong，K. Y.，S. L. Lee，and G. P. Karunaratne，Coastal Reclamation in Singapore－a Review，in *Urban Coastal Area Management：The Experience of Singapore*. 1991，Int Center Living Aquatic Resources Management：Manila. pp. 59－67.

④ 张强，杨贤为．近 30 年气候变化对黄土高原地区玉米生产潜力的影响［J］．中国农业气象，1995，16（6）：19－23.

有效系数的修正，其模型为：

$$
\begin{aligned}
Y_S &= Q \times f(Q) \times f(T) \times f(w) \\
&= Y_Q \times f(T) \times f(w) = Y_T \times f(w) \\
&= Y_w \times f(s)
\end{aligned}
\quad (7-1)
$$

式（7－1）中，Y_S 为土地生产潜力；Q 为太阳总辐射；f（Q）为光合有效系数；Y_Q 为光合生产潜力；f（T）为温度有效系数；Y_T 为光温生产潜力；f（w）为水分有效系数；Y_w 为气候生产潜力；f（s）为土壤有效系数。

按照作物生长期的土地生产潜力模型如下所示：

$$
Y_S = \sum Q_i \times f(Q_i) \times f(T_i) \times f(W_i) \times f(s) \quad (7-2)
$$

式（7－2）中，i 表示作物第 i 个生长阶段。

7.1.2 作物生长期划分

作物产量的形成与作物的生育期有关，联合国粮农组织将作物生育期划分为初始生长期、生长发育期、生长中期和生长末期。初始生长期是由播种至覆盖率接近10%，生长发育期是从覆盖率10%到完全覆盖，生长中期从完全覆盖到成熟期开始，生长末期从成熟到收获①。本书根据作物生长过程，将作物生长期划分为苗期、营养生长期、营养与生殖生长并进期、营养灌浆期以及灌浆成熟期。通过实地考察江苏省沿海地区水稻生长期为5月15日至10月23日，水稻的生育期为150－155天，包括秧苗期、有效分蘖期、无效分蘖期、拔节孕穗期、抽穗期、扬花期、灌浆期和成熟期，因此水稻的苗期为5月下旬到6月上旬，营养生长期为6月下旬到7月上旬；营养生殖生长期为7月下旬到8月上旬；营养灌浆期为8月下旬到9月上旬；灌浆成熟期为9月下旬到10月下旬。冬小麦生长期为10月23日至次年6月上旬，生长期为220－270天，包括出苗、三叶、分蘖、越冬、返青、起身、拔节、孕穗、抽穗、开花、灌浆和成熟期，因此，冬小麦的苗期为10月下旬；营养生长期为11月上旬到2月下旬；营养生殖生长期为3月上旬到4月上旬；营养灌浆期为4月下旬到5月上旬；灌浆成熟期为5月下旬到6月上旬。

---

① Wang, L., N. A. Coles, C. Wu, et al. Spatial variability of heavy metals in the coastal soils under long－term reclamation［J］. Estuarine Coastal and Shelf Science, 2014, 151: 310－317.

7.1.3 太阳总辐射计算

对于太阳总辐射计算，大多数学者采用 H. L. 彭门等利用日照百分率计算太阳总辐射的公式①，如式（7-3）所示。太阳总辐射量可以按天、旬、月等不同时间统计。

$$Q = S_0 \times (a + b \times S/S_1) \tag{7-3}$$

式（7-3）中，S_0 为天文辐射量；S 为日照时数；S_1 为可照时数；a、b 与大气透明度相关。

7.1.4 光温水土修正系数确定

7.1.4.1 光合有效系数

光合作用有效辐射的观测仪器甚少，需要通过计算方法取值，主要有两种方法：

$$Q_g = \varepsilon \times Q \tag{7-4}$$

$$Q_g = \varepsilon_1 \times Q_1 + \varepsilon_2 \times Q_2 \tag{7-5}$$

式（7-4）和式（7-5）中，Q_g 表示光合作用有效辐射；ε、ε_1、ε_2 分别表示不同的系数；Q 表示总辐射，Q_1 和 Q_2 分别表示直接辐射和间接辐射。

光合作用在不同作物生长期对作物的作用效果不同。很多学者以及联合国粮农组织均在整个生长期采用统一的经济系数以及收获系数来反映干物质（籽粒、糖、油）所占总生物量的比例②。然而有学者提出水稻、小麦和玉米等作物拔节至抽穗、抽穗至成熟是干物质积累的两个关键阶段，因此在计算光能生产潜力时，采用拔节至抽穗、抽穗至成熟两个阶段的光合量计算③。收获指数是作物收获时经济产量（籽粒、果实等）与生物产量之比，又名经济系数。式（7-6）光能利用率、物质转换系数等参数参考相关文献，如表 7-1 所示。

---

① Yong, K. Y., S. L. Lee, and G. P. Karunaratne, Coastal Reclamation in Singapore - a Review, in *Urban Coastal Area Management: The Experience of Singapore.* 1991, Int Center Living Aquatic Resources Management: Manila. pp. 59-67.

② 蔡承智, H. v. Velthuizen, G. Fischer, 等. 基于 AEZ 模型的我国农区小麦生产潜力分析 [J]. 中国生态农业学报, 2007, 15 (5): 182-184.

③ 林明珠, 谢世友. 晋江沿海滩涂围垦效应分析及可持续利用研究 [J]. 安徽农业科学, 2008 (02): 766-767.

$$f(Q) = \Omega\varepsilon\varphi(1-\alpha)(1-\beta)(1-\rho)(1-\gamma)(1-\omega)f(L)(1-\eta)^{-1}(1-\delta)^{-1}q^{-1}S \quad (7-6)$$

表 7－1　光合生产潜力计算公式参数意义及取值①②

参数	意义	水稻	小麦
Ω	作物光照强度利用效率（%）	90	85
ε	光合有效辐射比例（%）	49	49
φ	光量子转化效率（%）	22	22
α	植物群体反射率（%）	6	10
β	植物群体透射率（%）	8	7
ρ	作物非光合器官截获辐射比例（%）	10	10
γ	超过光饱和点的光的比例（%）	5	5
ω	呼吸消耗占光合产物比重（%）	33	33
$f(L)$	作物叶面积动态变化订正值（无量纲）	0.56	0.50
η	成熟作物的含水率（%）	14	14
δ	作物灰分率（%）	8	8
q	单位干物质的含热量（mj/kg）	16.9	17.58
S	经济系数	0.45	0.45

7.1.4.2 温度有效系数

作物的生长需要一定的温度环境来保持作物体内各种酶的活性。很多学者分别对 C_3 和 C_4 作物③，以及喜凉作物和喜温作物④⑤采用不同的线性函数进行温度有效系数修正。也有学者采用非线性函数开展修正⑥。本书采用非

① 林文鹏，陈逢珍．GIS 支持下的漳州市水稻气候生产潜力研究［J］．亚热带资源与环境学报，2000（1）：30－33.

② 杨重一，庞士力，孙彦坤．黑龙江省作物气候生产潜力估算［J］．东北农业大学学报，2010，41（3）：75－78.

③ Yong, K. Y., S. L. Lee, and G. P. Karunaratne, Coastal Reclamation in Singapore－a Review, in *Urban Coastal Area Management*: *The Experience of Singapore*. 1991, Int Center Living Aquatic Resources Management: Manila. pp. 59－67.

④ 蔡承智，H. v. Velthuizen，G. Fischer，等．基于 AEZ 模型的我国农区小麦生产潜力分析［J］．中国生态农业学报，2007，15（5）：182－184.

⑤ 曹卫星，作物栽培学总论．第 2 版［M］．北京：科学出版社，2011.

⑥ 陈建文，贺安乾，杨碧轩，等．陕北、渭北及关中气候生产潜力的估算与分布特征分析［J］．干旱地区农业研究，1999（1）：112－117.

线性温度修正方法①如式（7－7）所示。

$$f(T) = \frac{(T - T_1)(T_2 - T)^B}{(T_0 - T_1)(T_2 - T_0)^B} \quad (7-7)$$

$$B = \frac{T_2 - T_0}{T_0 - T_1} \quad (7-8)$$

式（7－8）中，T 是某一段时间的平均气温，T_0、T_1、T_2 分别是该段时间作物产量形成的最适温度、生长发育的下限温度和上限温度。采用的作物不同时期三基点温度参照文献（表 7－2）②。

7.1.4.3 水分有效系数

水分有效系数需要降水量、蒸散量以及作物生长期、作物种类、作物需水系数和作物缺水敏感系数等，计算公式（7－9）如下。蒸散量计算方法很多，如彭曼公式③等，本书采用温度、相对湿度以及风速与蒸散量的函数关系进行估算④。作物系数和作物缺水敏感系数与作物生育期有关⑤。各参数如表7－3所示⑥。

$$f(w) = \begin{cases} 1 - K_y \times \left(1 - \frac{P}{ET_m}\right) & P < ET_m \\ 1 & P \geq ET_m \end{cases} \quad (7-9)$$

式（7－9）中，P 为作物生育期降水量（毫米），ET_m 为作物需水量（毫米），K_y 为缺水敏感系数。作物需水量可根据参考作物蒸散量计算得到：

$$ET_m = K_c \times ET_0 \quad (7-10)$$

式（7－10）中，ET_m 为作物需水量（毫米）；K_c 为作物系数；ET_0 为参考作物蒸散量。作物蒸散量计算公式⑦如下：

---

① 杨恒山，王芳，张冬梅，等．哲里木盟 4 种主要农作物气候生产潜力变化及对比分析［J］．民族高等教育研究，1999（2）：19－24.

② 同上。

③ Xu，Y.，L. Pu，M. Zhu，et al. Spatial variation of soil salinity in the coastal reclamation area，eastern China［J］. Journal of Coastal Research，2014，30（2）：411－417.

④ 曹卫星．作物栽培学总论．第 2 版［M］．北京：科学出版社，2011.

⑤ Wang，L.，N. A. Coles，C. Wu，et al. Spatial variability of heavy metals in the coastal soils under long－term reclamation［J］. Estuarine Coastal and Shelf Science，2014，151：310－317.

⑥ 姚荣江，杨劲松，韩建均．海涂围垦区土壤盐分空间变异性随机模拟与不确定性评价［J］．中国生态农业学报，2011，19：485－490.

⑦ 张长宽，陈君，林康，等．江苏沿海滩涂围垦空间布局研究［J］．河海大学学报（自然科学版），2011，39：206－212.

$$ET_0 = 0.0003 \times (25 + T)^2 \times (100 - f) \times (3 + \mu) \qquad (7-11)$$

式（7－11）中，T, f和μ分别为月平均气温、相对湿度和风速。

表 7－2　作物各生长阶段三基点温度（℃）

生长阶段	水稻			小麦		
	T0	T1	T2	T0	T1	T2
苗期	21	9	28	18	5	27
营养生长期	25	12.5	32	24	7	30
营养生殖并进期	27.8	15	33	27	14	33
营养灌浆期	26.3	15	33	25	14	33
灌浆成熟期	19.3	10.5	30	18	10	30

注：水稻和小麦温度参数参考文献①；村田吉男研究表明，小麦表观光合作用在 0～40℃，最适温度为 18℃②。

表 7－3　作物各生长阶段需水系数和缺水敏感系数

生长阶段	作物需水系数 K_c		作物缺水敏感系数 K_y	
	水稻	小麦	水稻	小麦
苗期	1.1～1.15	0.3～0.4	0.22	0.2
营养生长期	1.1～1.5	0.7～0.8	0.32	0.6
营养生殖并进期	1.1～1.3	1.05～1.2	0.27	0.6
营养灌浆期	0.95～1.05	0.65～0.75	0.19	0.5
灌浆成熟期	0.95～1.05	0.2～0.25	0.15	0

注：水稻作物缺水敏感系数参考文献③。作物需水系数采用最高值。

7.1.4.4 土壤有效系数

作物生长发育离不开土壤养分供给。与作物产量相关的土壤因子主要包括土壤质地、酸碱度、土壤有机质、土壤全氮、土壤速效氮、土壤速效磷、土壤速效钾等。因此土壤有效系数种类繁多，比如土壤养分、土壤质地等。

---

① 王建庆，冯秀丽，李加林，等．滨海围垦平原区土壤质量时空演变及其影响因素分析［J］．水土保持通报，2013，33（5）．

② 姚荣江，杨劲松，曲长凤，等．海涂围垦区土壤质量综合评价的指标体系研究［J］．土壤，2013（01）．

③ 周利民，罗怀彬，古璇清．水稻水分生产函数模型试验研究［J］．广东水利水电，2002（2）：22－24.

对于土壤肥力对作物产量影响的研究很多，比如衡量土壤施肥对作物产量的贡献一般用基础地力贡献率（Percentage of soil fertility contribution，以下简称 PSFC）表示，PSFC 为不施肥时的作物产量与适宜肥料施用下的产量之比，其高低取决于作物类型、气候和土壤特性，变幅在 20% –75%[①②③]。汤勇华根据土壤黏粒含量、有机质、全氮、速效磷和速效钾含量，以及氮磷钾的交互作用（TN × Pa，TN × Ka，Pa × Ka，TN × Pa × Ka）等土壤参数和气候因子，得到不同作物和不同种植区域的作物基础地力贡献率模型，其中南方单季稻的统计模型[④]如下：

$$PSFC = 52.4 + 0.22x_4 + 0.48x_6 \qquad (7-12)$$

南方冬小麦的统计模型[⑤]如下：

$$PSFC = -95.7 + 3.37x_2 + 1.34x_3 + 2.21x_5x_6 + 25.21 \times 10^{-3}x_6x_7 - 29.39 \times 10^{-3}x_5x_6x_7 \qquad (7-13)$$

式（7 – 12）和式（7 – 13）中，x_2 表示纬度；x_3 表示土壤有机质（SOM，g/kg），x_4 表示黏粒含量（黏粒,%），x_5 表示土壤全 N 含量（TN，g/kg），x_6 表示速效磷（AP，mg/kg）；x_7 表示土壤速效钾（AK，mg/kg）。

由于沿海地区土壤盐分对作物产量产生很大的影响，根据联合国 FAO 有关土壤盐分与作物减产的数量关系[⑥]如下公式：

$$Y_r = 100 - b\,(EC_e - a)$$

其中 Y_r 表示相对产量，b 为每增加 1ds/m 相对产量的减少值，a 为作物减产的耐盐阈值。从联合国成果公布的作物清单中，可以查到水稻和小麦的 a、b 的值，如表 7 –4 所示。

---

① 韩宝吉，徐芳森，黄见良，等．不同基础地力土壤优化施肥对水稻产量和氮肥利用率的影响［J］．中国农业科学，2012，45（14）：2886 –2894.

② 汤勇华，黄耀．中国大陆主要粮食作物地力贡献率及其影响因素的统计分析［J］．农业环境科学学报，2008，27（4）：1283 –1289.

③ 袁汝华，张长宽，林康，等．江苏滩涂围区功能及产业布局分析［J］．河海大学学报（自然科学版），2011，39：220 –224.

④ 汤勇华，黄耀．中国大陆主要粮食作物地力贡献率及其影响因素的统计分析［J］．农业环境科学学报，2008，27（4）：1283 –1289.

⑤ 同上。

⑥ Maas，E. V. and G. J. Hoffman. Crop salt tolerance – current assessment［J］．Journal of the irrigation and drainage division，1977，103（2）：115 –134.

表7-4　水稻和小麦相对产量与土壤盐分（ECe）的相关关系系数

	a	b
小麦	6.0	7.1
水稻	3.0	12

通过调整得到小麦相对产量与土壤盐分（ECe）的相关关系如式（7-14）所示。

$$\begin{cases} y = 100 \quad x < 6 \\ y = 100 - 7.1 \times (x - 6) \quad 6 < x < 20.08 \\ y = 0 \quad x > 20.08 \end{cases} \tag{7-14}$$

水稻相对产量与土壤盐分（ECe）的关系如式（7-15）所示。

$$\begin{cases} y = 100 \quad x < 3 \\ y = 100 - 12(x - 3) \quad 3 < x < 11.33 \\ y = 0 \quad x > 11.33 \end{cases} \tag{7-15}$$

鉴于沿海地区土壤肥力可以通过施肥管理来实现，然而土壤盐分是作物产量减少的重要影响因子，本章节在光温水气候生产潜力计算的基础上，进一步考虑土壤盐分对作物产量的影响，计算出沿海滩涂围垦区土地生产潜力。

7.2 江苏沿海县市气候生产潜力

7.2.1 江苏沿海县市气候生产潜力测算

7.2.1.1 光合生产潜力测算

由于作物生长拥有的气候资源的差异，江苏省沿海水稻生长期在5-9月之间，光照强度较高，因此光合生产潜力最大。冬小麦作物生长于10月至来年5月，虽冬季和春季光照强度较小，但小麦的生长周期较长，因此光合生产潜力也较高。通过公式（7-6）得到江苏省平均水稻光合生产潜力为21215kg/hm^2；小麦光合生产潜力为15083kg/hm^2。江苏省光能生产潜力即为

36253 – 41508kg/$hm^2$①。

7.2.1.2 光温生产潜力测算

作物在不同的生长期需要的温度存在差异，根据公式（7 – 7）对作物光合生产潜力进行修正，得到江苏省平均水稻光温生产潜力为 19942kg/hm^2；小麦光温生产潜力为 11728kg/hm^2。江苏省光温生产潜力在 31671 – 35823 kg/hm^2。作物光温生产潜力比光合生产潜力低，其水稻降低了 1272kg/hm^2，小麦降低了 3355kg/hm^2。从作物种类来看，小麦产量受到温度影响较大，因为小麦生长需要经历春化过程，在 11 月份、12 月份、1 月和 2 月由于温度较低，光合作用较弱，而 3 月份温度仍未达到最适温度。水稻生长期主要处于夏季和秋季，受温度限制较小②。

7.2.1.3 光温水生产潜力测算

江苏省城市化与工业化水平较高，农村劳动力人口不断向经济发达的苏锡常地区转移，沿海地区农业劳动力人口年龄较大，根据调研，沿海地区望天田占比较大，因此需要考虑作物生长水分亏缺对作物产量的影响。根据公式（7 – 9）对作物光温生产潜力进行修正，得到江苏省平均水稻光温水生产潜力为 19828kg/hm^2；小麦光温水生产潜力为 11158kg/hm^2。江苏省光温水生产潜力为 30987 – 3525304kg/hm^2。作物光温水生产潜力相对光温生产潜力有所降低，水稻和小麦由于水分供应不足而进一步影响作物的产量，其中水稻降低了 114kg/hm^2，小麦降低了 569kg/$hm^2$③。

7.2.2 气候生产潜力比较分析

江苏省地区水稻气候生产潜力大小接近于华南地区④，小麦气候生产潜

---

① 许艳，濮励杰，朱明．基于作物生长期的江苏省沿海地区气候生产潜力估算［J］．地理科学，2015，35（5）：658 – 664.

② 许艳，濮励杰，朱明．基于作物生长期的江苏省沿海地区气候生产潜力估算［J］．地理科学，2015，35（5）：658 – 664.

③ 同上。

④ 梁佳勇，谢振文，何昆明，等．广东水稻生产潜力及影响因素分析［J］．农业与技术，2004，24（4）：63 – 66.

力远高于华北地区与西北地区①②③④⑤。本书估算出江苏沿海地区气候生产潜力与之前龙斯玉⑥测算出江苏全省光能生产潜力（38250 - 44250kg/hm^2）、光温生产潜力（27750 - 32250kg/hm^2）、旱作物光温水生产潜力（19875 - 27000kg/hm^2）基本一致。与全国国土资源大调查全国农用地分等技术指导组提供的江苏省作物光温生产潜力（其中水稻平均光温生产潜力 29646 kg/hm^2、小麦平均光温生产潜力 15187kg/hm^{2}⑦）相比，其数值相对保守。

7.2.3 气候生产潜力利用率

比较《江苏省农村统计年鉴》获取江苏省水稻和小麦粮食作物的现实生产力与粮食作物的气候生产潜力发现，作物生长受到土壤环境、农业生产管理等水平的限制程度较高，气候生产潜力的实现程度普遍较小，均低于50%（图7.1）。

7.2.4 沿海县市空间差异

江苏省沿海14个县市水稻和小麦粮食作物光合生产潜力空间分布主要受到江苏省沿海光照空间分布差异和作物利用光照效率和时间的影响。从图7.2来看，水稻光合生产潜力在江苏沿海分布的规律为南北方向随着纬度逐渐递增，主要原因在于不同月份江苏省沿海的太阳有效辐射的空间差异性，江苏省5月、6月和9月光合有效辐射从南至北逐渐增加，7月份从南至北逐渐减小，8月份南北无差异。小麦光合生产潜力在南北方向上也随着纬度逐渐递增，主要因为在小麦的作物生长期内，10月、3月、4月和5月份光合

---

① 杨重一，庞士力，孙彦坤．黑龙江省作物气候生产潜力估算［J］．东北农业大学学报，2010，41（3）：75 - 78.

② 廉丽姝，李志富，李梅，等．山东省主要粮食作物气候生产潜力时空变化特征［J］．气象科技，2012，40（6）：1030 - 1038.

③ 尹海霞，张勃，张建香，等．近50年来甘肃省河东地区春玉米干旱时空特征分析［J］．资源科学，2012，34（12）：184 - 186.

④ 尹钧，苗果园．山西省小麦气候生产潜力的评价［J］．山西农业大学学报（自然科学版），1992（3）：189 - 193.

⑤ 郑剑非，卢志光．北京市冬小麦气候生产潜力及干旱期间最佳灌水方案［J］．中国农业气象，1982，3（4）：18 - 23.

⑥ 龙斯玉．江苏省农业气候资源生产潜力及区划的研究［J］．地理科学，1985，5（3）：218 - 226.

⑦ 周生路，李如海，王黎明．江苏省农用地资源分等研究［M］．南京：东南大学出版社，2004.

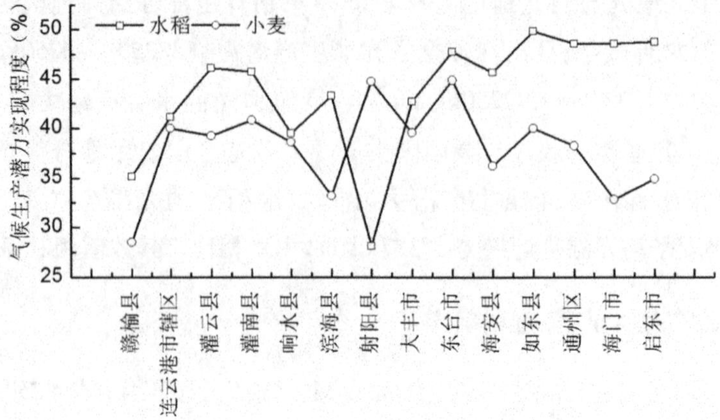

图 7.1　江苏沿海县市水稻和小麦气候生产潜力实现程度

有效辐射均从南至北逐渐增加，11 月份南北方向无差异。

江苏省沿海 14 个县市水稻和小麦粮食作物光温生产潜力空间分布主要受到作物不同生长期光合生产潜力和温度的影响。从图 7.2 可以看出，水稻、小麦光温生产潜力在南北方向上逐渐递增，原因在于虽然江苏南部温度较高，但江苏北部温度也达到了作物生长的需求，因此订正系数南北差异较小。

江苏省沿海 14 个县市水稻和小麦粮食作物气候生产潜力空间分布主要受到作物不同生长期光温生产潜力和降水的影响。水稻和小麦气候生产潜力呈现南北方向逐渐递增趋势，但递增趋势与光温生产潜力不同，主要因为在 7 月和 8 月，江苏省沿海地区南部区域降水小于北部区域，而作物正处于营养生长与生殖生长并进期和营养灌浆期，作物需求系数较高，对缺水较为敏感，北部地区光温生产潜力受降水限制高于南部地区。

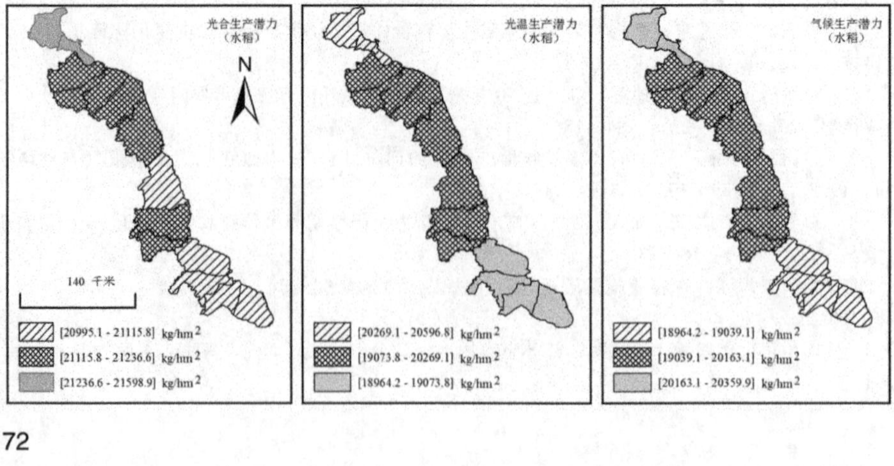

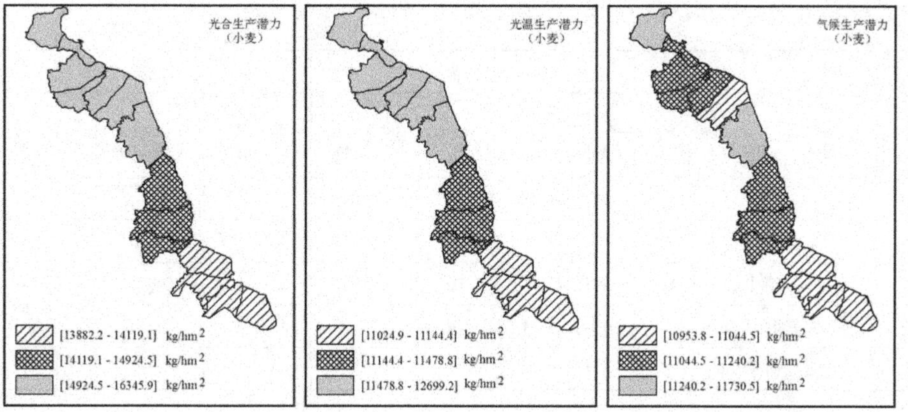

图 7.2 江苏沿海县市气候生产潜力空间分布图

7.3 如东滩涂围垦区气候生产潜力测算

7.3.1 如东县光温水生产潜力

水稻 - 小麦轮作是江苏省沿海地区农业最主要的轮作方式之一。江苏省水稻和小麦粮食作物不同生育期光照辐射、降水和温度如表 7 - 5 所示。江苏省沿海地区水稻生育期内苗期、营养生殖生长期和灌浆成熟期光照辐射最强，而这三个时期降雨量最小，平均气温较高，因此水稻的产量在这三个生育期间受到水分因子影响很大，通过式（7 - 9）、式（7 - 10）和式（7 - 11）计算得到江苏省水稻水分修正系数在苗期、营养生殖生长期以及成熟期分别为 0.83、0.77 和 0.91（表 7 - 6）。而在小麦生育期内虽然营养生长期、营养生殖生长期和营养灌浆期光照辐射较强，但是相对平均气温较低，土壤蒸散发能力较弱，因此小麦产量主要受到温度影响较大，通过式（7 - 7）和式（7 - 8）得到小麦在营养生长期、营养生殖生长期以及营养灌浆期的温度修正系数分别为 0.19、0.55 和 0.65（表 7 - 6）。

表7-5 江苏沿海地区气候因子情况表

	水稻			小麦		
	光照辐射（MJ/m^2）	降水量（毫米）	平均气温（℃）	光照辐射（MJ/m^2）	降水量（毫米）	平均气温（℃）
苗期	558.85	27.20	21.81	172.02	40.40	17.18
营养生长期	382.52	316.60	25.42	980.17	272.60	5.08
营养生殖生长期	601.68	22.70	28.97	647.45	128.20	10.14
营养灌浆期	459.20	176.00	25.40	476.01	49.50	18.67
灌浆成熟期	676.65	40.80	19.22	558.85	27.20	21.81

表7-6 沿海地区气候因子修正系数

	水稻		小麦	
	温度修正系数	水分修正系数	温度修正系数	水分修正系数
苗期	0.99	0.83	1.00	1.00
营养生长期	1.00	1.00	0.19	1.00
营养生殖生长期	0.98	0.77	0.55	1.00
营养灌浆期	0.99	1.00	0.65	0.90
灌浆成熟期	1.00	0.91	0.83	1.00

通过式（7-1）计算得到江苏省水稻和小麦光合生产潜力分别为24266 kg/hm^2和20144kg/hm^2；光温生产潜力为24106kg/hm^2和10549kg/hm^2；光温水生产潜力为21469kg/hm^2和10329kg/hm^2（表7-7）。

表7-7 沿海滩涂围垦区水稻和小麦气候生产潜力

	水稻（kg/hm^2）	小麦（kg/hm^2）
光合生产潜力	24266	20144
光温生产潜力	24106	10549
光温水生产潜力	21469	10329

7.3.2 气候生产潜力比较

以日为步长的气候因子计算出如东县水稻光合生产潜力、光温生产潜力以及光温水生产潜力与以月为步长计算出的如东县光合生产潜力（21115

kg/hm²)、光温生产潜力（19073kg/hm²）以及光温水生产潜力（19005kg/hm²）相比，光合生产潜力和光温生产潜力较高，温度限制因素减小，水分限制因素增大。以日为步长计算出如东县小麦光合生产潜力、光温生产潜力以及光温水生产潜力与以月为步长计算出的如东县光合生产潜力（14119kg/hm²)、光温生产潜力（11144kg/hm²）以及光温水生产潜力（10953kg/hm²）相比，光合生产潜力较大，温度限制影响更大，水分限制减少。丁德俊研究得到南通市水稻光合生产潜力、光温生产潜力和光温水生产潜力的大小分别为21660kg/hm²、15210kg/hm² 以及 11985kg/hm²；光合生产潜力、光温生产潜力和光温水生产潜力的大小分别为18825kg/hm²、16575kg/hm²以及 10845kg/hm²。

7.4 土地生产潜力估算

光照、温度、水分和土壤是影响作物生产潜力的四大环境因子。土地现实生产力是自然环境因子与人类劳动共同作用的结果。人类通过劳动如灌溉、施肥、品种选择、选择最佳播种时间等改变土壤属性，不断充分利用自然资源的最大生产潜力。沿海地区，人们在种植粮食作物的过程中，一方面土壤贫瘠使得土壤肥力对作物产量影响较大；另一方面，土壤盐分作为主要的限制性因子严重影响作物产量。土壤肥力因子可以通过施肥管理因素而提升气候生产潜力的实现程度，而土壤盐分是限制作物产量的重要影响因素。因此，本章节提出在光温水生产潜力的基础上，进一步考虑土壤盐分对光温水潜力的限制性作用，计算出沿海滩涂地区土地生产潜力大小。

7.4.1 土壤盐分修正系数

不同围垦区土壤样点土壤盐分差异较大，前面阐述不同作物对盐分的敏感程度不同，小麦在土壤盐分（ECe）大于6ds/m时即会产生减产。水稻在土壤盐分（ECe）大于3ds/m时即会开始减产。研究区表层土壤盐分差异较大，最小值为0.35‰（0.21ds/m），最大值为32.07‰（60.47ds/m）（表7-8）。通过式（7-14）和式（7-15）计算得到其水稻和小麦的土壤盐分修正系数分布在0-100范围内。从表层土壤平均值来看，水稻和小麦的土壤盐分修正系数分别为0.09 和0.67。从不同围垦年限土壤盐分平均值来看，1951 年完全脱盐，1974 年、1982 年、2007 年和未围垦区均属于盐化土。因此1951年、1974年和1982年滩涂围垦区对小麦生长无限制性作用。1951年、1974年对水稻生长无限制作用，1982年水稻土壤盐分修正系数为64.68%（表7-9）。从2007年和未围垦区土壤盐分平均值来看，这两个垦区不能种植水稻和小麦。

表7-8 表层土壤0-10cm土壤盐分统计特征分析

‰	平均值	标准差	最小值	最大值	中位数	偏度	峰度
土壤盐分	5.79	8.02	0.35	32.07	1.76	1.71	1.98

表7-9 不同围垦年限土壤盐分和盐分修正系数

围垦年限	样本数	平均值（‰）	标准差	土壤盐分修正系数（%）	
				水稻	小麦
1951	18	0.69	0.37	100	100
1974	16	1.79	2.04	100	100
1982	11	3.37	3.35	64.68	100
2007	10	13.98	10.54	0	0
未围垦区	9	16.95	6.08	0	0

本书对研究区64个表层土壤盐分空间插值得到土壤盐分修正系数如图7.3所示。从图7.3中可以看出1974年和1951年滩涂围垦区土壤盐分修正系数基本达到了80%-100%。1982年和2007年滩涂围垦区以及未围垦区土壤盐分修正系数范围较大，为0-100%之间。

7.4.2 土壤基础地力修正系数

土壤基础地力贡献率显示土壤不施肥与施肥后作物产量的比值，能够反映土壤养分对作物产量的贡献程度。本章节运用汤勇华在大陆得到的基础地力贡献率的经验公式计算得到江苏省沿海地区水稻和小麦土壤基础地力贡献率的大小。表7-10显示表层土壤（0-10cm）理化属性特征值。从土壤黏粒含量来看，1951年垦区>1982年垦区>1974年垦区>未围垦区>2007年垦区。不同垦区土壤有机质比较结果为：1982年垦区>1951年垦区>1974年垦区>2007年垦区>未围垦区。不同垦区全氮比较结果为：1951年垦区>1982年垦区>1974年垦区>2007年垦区>未围垦区。不同垦区速效磷比较结果为：1982年垦区>1974年垦区>2007年垦区>未围垦区>1951年垦区。

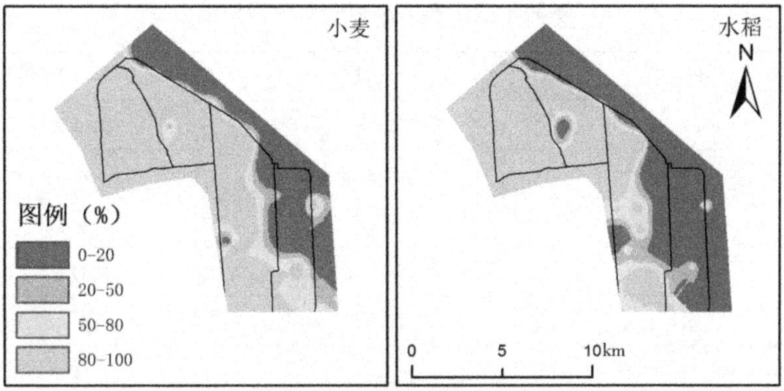

图 7.3　土壤盐分修正系数空间分布

不同垦区速效钾比较结果为：2007 年垦区 > 未围垦区 > 1982 年垦区 > 1974 年垦区 > 1951 年垦区。

通过式（7－12）和式（7－13）计算得到如东县不同年限滩涂围垦区水稻和小麦土壤基础地力贡献率如表 7－11 所示。从表中可以看出，如东县滩涂围垦区基础地力贡献率较小，在 35.57%－77.55% 之间，且不同围垦年限差异较大。小麦基础地力贡献率随着围垦年数的增加不断减少，其原因是因为土壤速效钾含量不断减少。水稻土壤基础地力贡献率在 1982 年垦区达到最大值，因为 1982 年围垦区土壤速效磷含量较高。然而土壤有机质、全氮、速效磷、速效钾等含量受到随机性因素影响较大，因此不同作物土壤基础地力贡献率差异较大。

表 7－10　不同围垦年限表层土壤（0－10cm）理化属性特征值

	N	纬度	黏粒含量	OM	全氮	速效磷	速效钾
1951	10	32.39 ± 0.02	4.82 ± 1.03	7.38 ± 1.63	0.56 ± 0.12	7.70 ± 3.52	43.86 ± 6.97
1974	11	32.40 ± 0.01	3.13 ± 0.99	6.66 ± 3.02	0.42 ± 0.16	12.28 ± 9.83	120.20 ± 77.94
1982	10	32.35 ± 0.02	3.81 ± 1.11	7.61 ± 1.95	0.48 ± 0.13	16.05 ± 26.39	189.77 ± 54.92
2007	4	32.34 ± 0.01	2.57 ± 0.62	5.16 ± 1.25	0.26 ± 0.04	10.49 ± 8.07	374.91 ± 53.27
未围垦	8	32.40 ± 0.03	2.81 ± 1.35	4.48 ± 0.90	0.21 ± 0.03	8.32 ± 4.20	365.53 ± 77.19

表7-11　不同年限围垦区小麦和水稻基础地力贡献率

%	小麦	水稻
1951	35.57 ±6.32	57.16 ±1.62
1974	51.42 ±27.05	58.98 ±4.58
1982	53.25 ±21.38	60.94 ±12.63
2007	74.89 ±20.46	58.00 ±3.87
未围垦区	77.55 ±24.80	57.01 ±57.01

7.4.3 水稻和小麦土地生产潜力

在如东沿海滩涂围垦区土壤盐分和土壤肥力均是当地气候生产潜力实现的限制因子，但是人类可以通过施肥管理减少土壤肥力对气候生产潜力的阻碍程度，而土壤盐分则是沿海地区制约气候生产潜力的主要因子，因此本书试图通过考虑土壤盐分对气候生产潜力的制约作用，计算出滩涂围垦区土地生产潜力大小，计算结果如表7-12所示。

表7-12　不同围垦年限水稻和小麦土地生产潜力大小

kg/hm^2	1951年	1974年	1982年	2007年	未围垦区
水稻	21469	21469	13886	-	-
小麦	10329	10329	10329	-	-

备注：由于2007年和未围垦区土壤盐分高，土壤盐分限制系数为0，因此不能测算出水稻和小麦土地生产潜力。

通过土壤盐分修正系数空间分布格局以及滩涂围垦区气候生产潜力值，得到水稻和小麦土地生产潜力的空间分布图，如图7.4所示。从如东县不同年限滩涂围垦区对比发现，未围垦区和2007年围垦区小麦和水稻生产潜力基本在0-2000kg/hm^2。1982年垦区水稻和小麦土地生产潜力范围较广，在0-8000kg/hm^2及以上均有分布。1951年和1974年滩涂围垦区土地生产潜力基本均大于8000kg/hm^2。

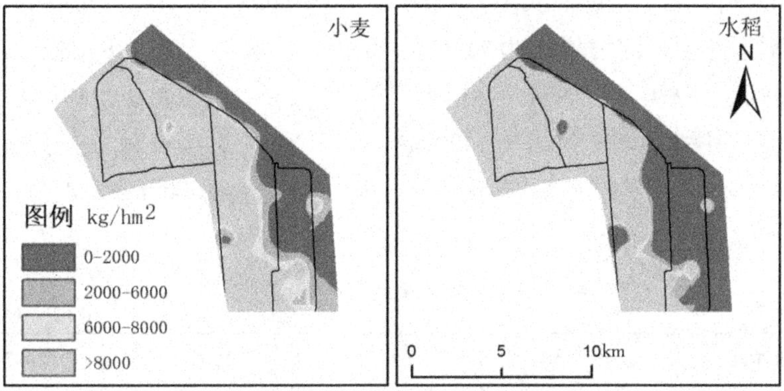

图 7.4　滩涂围垦区水稻和小麦土地生产潜力空间分布

7.5 土地生产潜力实现程度

如东县 1983 – 2013 年水稻和小麦产量变化情况，如图 7.5 所示，如东县水稻生产潜力在 6000 – 9750kg/hm^2（800 – 1300 斤/亩），小麦生产潜力在 3750 – 6000kg/hm^2（500 – 800 斤/亩）之间。通过调研得到 1951 年、1974 年和 1982 年水稻产量大小差异不大，均为 9000kg/hm^2（1200 斤/亩），然而 1982 年垦区种植水稻田块极其少，产量高的地块主要位于主要沟渠两侧，由于地势相对较高，土壤盐分较小，不具有代表性，因此 1982 年水稻产量剔除，不作分析。1951 年垦区小麦的产量为 7500kg/hm^2（1000 斤/亩），1974 年和 1982 年垦区小麦产量为 6000kg/hm^2（800 斤/亩），2007 年垦区部分样地可以种植小麦和水稻，小麦产量为 4875kg/hm^2（650 斤/亩），水稻产量为 8250kg/hm^2（1100 斤/亩），但该地区采用耐盐水稻，不具有普遍性，本研究暂不考虑其特殊性的水稻产量值（表 7 – 13）。在未围垦区尚未种植水稻和小麦以及 2007 年垦区基本大面积没有水稻和小麦种植，因此无准确野外调研数据。

通过比较 1951 年、1974 年和 1982 年水稻和小麦现实生产力与土地生产潜力之间的关系得到土地生产潜力的实现程度如表 7 – 14 所示。比较三个垦区来看，小麦的土地生产潜力实现程度高于水稻。1982 年垦区水稻现实生产力为 9000kg/hm^2，由于土壤盐分的限制作用，水稻土地生产潜力较小，因此土地生产潜力实现程度较高，数值为 64.81%。1951 年和 1974 年垦区水稻土地生产潜力较高，虽然现实生产力为9000kg/hm²，由于不受土壤盐分的限制，水稻土地生产潜力增加为21469kg/hm²，土地生产潜力实现程度与1982年相比较低。1951年、1974年和1982年小麦土地生产潜力为10329kg/hm²，1951年垦区小麦现实生产力为7500kg/hm²，小麦土地生产潜力实现程度最高为72.61%。1974年和1982年小麦土地现实生产力为6000kg/hm²，小麦土地生产潜力实现程度偏低，为58.09%。

表7－13　垦区水稻和小麦调研数据

围垦年限	1951年	1974年	1982年	2007年
水稻（kg/hm²）	9000	9000	-	-
小麦（kg/hm²）	7500	6000	6000	4875

表7－14　垦区水稻和小麦土地生产潜力实现程度

围垦年限	1951	1974	1982
水稻（%）	41.92	41.92	-
小麦（%）	72.61	58.09	58.09

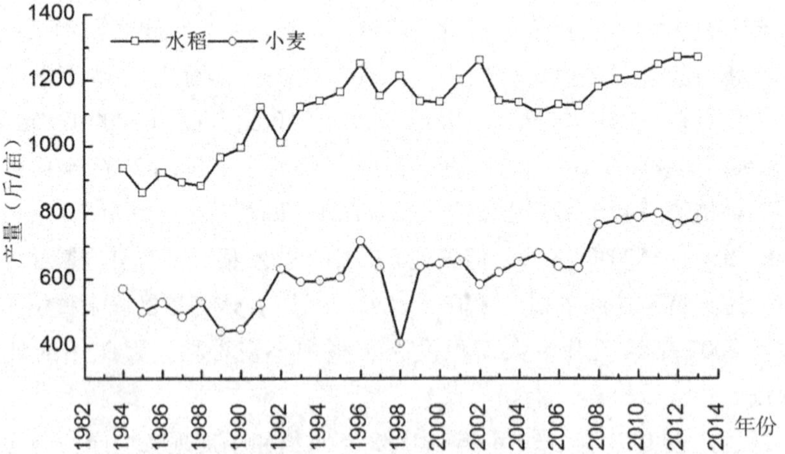

图7.5　如东县历年水稻和小麦产量数据

7.6 江苏省沿海滩涂围垦区粮食产能测算和预测

7.6.1 2012年江苏省沿海滩涂围垦区粮食产能测算

江苏省不同滩涂围垦年限土壤盐分的平均值如图7.6所示。2012年江苏省滩涂围垦区中1950－2007年均有耕地存在，其土壤盐分大小从0.34‰增加到13.97‰。

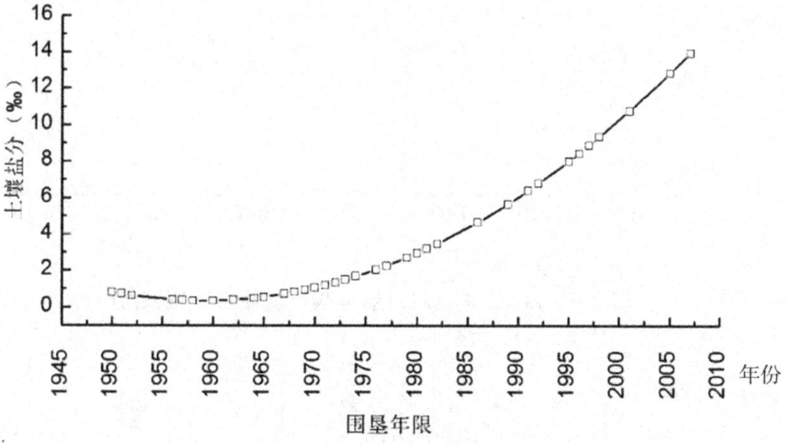

图7.6　2012年不同围垦年限土壤盐分估算值

通过式（7－14）和（7－15）计算得到不同围垦年限土壤盐分修正系数如图7.8所示。从图7.7中可以看出，1974年之前围垦的滩涂围垦区土壤盐分对水稻无限制性作用；1991年之后的滩涂围垦区无法生长水稻。1982年之前围垦的滩涂围垦区土壤盐分对小麦产量无限制性作用。2005年之后围垦的滩涂围垦区土壤盐分导致无法生长小麦。从图7.8中可以发现，1974年以前的滩涂围垦区水稻土地生产潜力为20146kg/hm^2，1991年之后的滩涂围垦区水稻土地生产潜力为0。1982年之前围垦的滩涂围垦区小麦土地生产潜力为10329kg/hm^2，2005年之后围垦的滩涂围垦区小麦土地生产潜力为0kg/hm^2。

通过对2014年OLI30m＊30m遥感影像解译到不同围垦年限滩涂耕地数量如图7.9所示，结合不同围垦年限土地生产潜力值，得到江苏省沿海滩涂围垦区粮食生产总量为147.52万吨，其中水稻粮食生产总量为95.30万吨，小麦粮食生产总量为52.22万吨。江苏省沿海滩涂围垦区粮食总生产量占江苏省沿海县市粮食总产量（1336.89万吨）的11.03%。由表7-15可以看出江苏省滩涂围垦区水稻和小麦产量主要集中在1957年、1969年、1972年、1976年、1977年、1981年垦区。

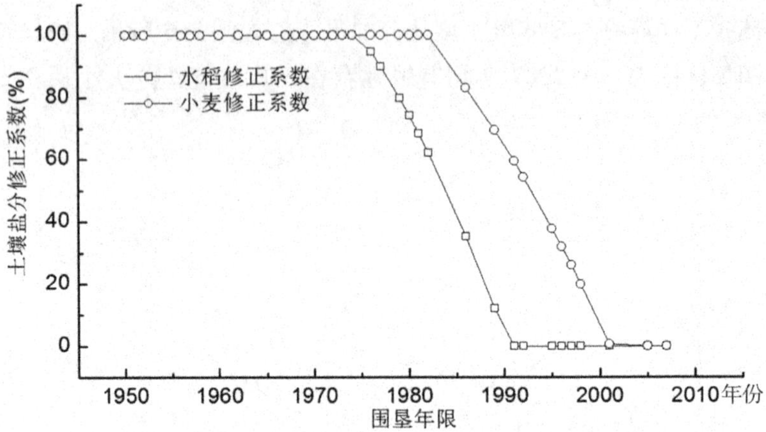

图7.7　2012年不同围垦年限土壤盐分修正系数

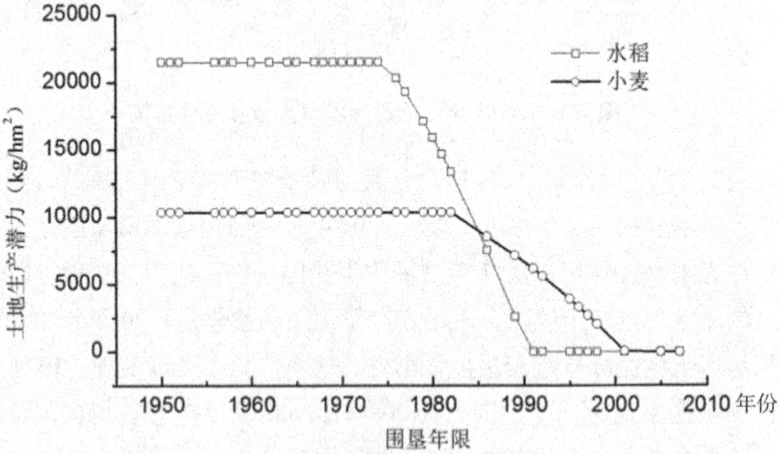

图7.8　2012年不同围垦年限水稻和小麦土地生产潜力图

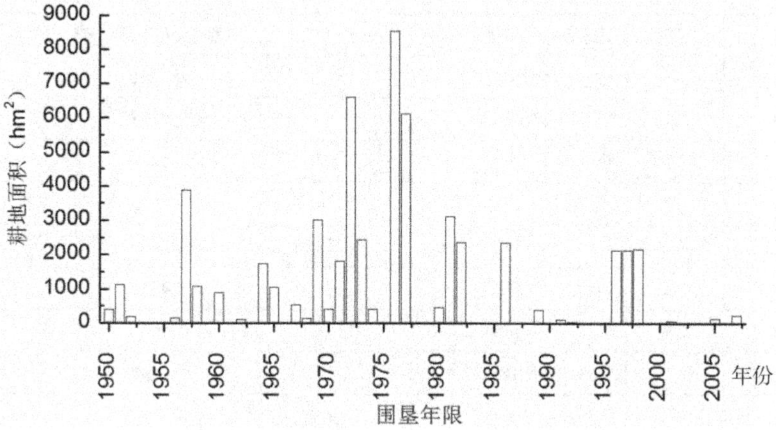

图 7.9　不同围垦年限滩涂围垦区耕地面积

表 7-15　2012 年江苏省不同年限滩涂围垦区水稻和小麦产量及占比

年限（年）	年数	水稻理论产量（吨）	占比（%）	小麦理论产量（吨）	占比（%）
1950	62	8481	0.89	4080	0.78
1951	61	24135	2.53	11612	2.22
1952	60	3980	0.42	1915	0.37
1956	56	3120	0.33	1501	0.29
1957	55	83363	8.75	40108	7.68
1958	54	23309	2.45	11214	2.15
1960	52	19196	2.01	9236	1.77
1962	50	2501	0.26	1203	0.23
1964	48	37549	3.94	18066	3.46
1965	47	22348	2.34	10752	2.06
1967	45	11664	1.22	5612	1.07
1968	44	2696	0.28	1297	0.25
1969	43	64969	6.82	31258	5.99
1970	42	8762	0.92	4215	0.81
1971	41	39082	4.1	18803	3.6
1972	40	142081	14.91	68359	13.09
1973	39	52312	5.49	25169	4.82
1974	38	8575	0.9	4126	0.79

续表

年限（年）	年数	水稻理论产量（吨）	占比（%）	小麦理论产量（吨）	占比（%）
1976	36	173447	18.2	88246	16.9
1977	35	118107	12.39	63248	12.11
1979	33	199	0.02	120	0.02
1980	32	7501	0.79	4872	0.93
1981	31	45542	4.78	32097	6.15
1982	30	31430	3.3	24312	4.66
1986	26	17665	1.85	20014	3.83
1989	23	1018	0.11	2784	0.53
1991	21	—	—	706	0.14
1992	20	—	—	162	0.03
1995	17	—	—	54	0.01
1996	16	—	—	6971	1.33
1997	15	—	—	5670	1.09
1998	14	—	—	4420	0.85
2001	11	—	—	3	—
2005	7	—	—	—	—
2007	5	—	—	—	—
合计		953029	100	522206	100

7.6.2 2020 年江苏省滩涂围垦区粮食产量预测

2009－2020 年期间江苏省将新增耕地 1080 平方千米，其中 2010－2012 年、2013－2015 年和 2016－2020 年分别增加 240 平方千米、280 平方千米和 560 平方千米（表 7－16）。根据围垦年数与土壤盐分之间的关系得到，至 2020 年不同围垦年限垦区土壤盐分修正系数如图 7.10 所示。在 1981 年之前围垦的滩涂围垦区土壤盐分对水稻生长无限性作用，2001 年之后围垦的滩涂围垦区无法生长水稻；1989 年之前围垦的滩涂围垦区土壤盐分对小麦生长无限制性作用，2012 年之后围垦的滩涂围垦区不能生长小麦。图 7.11 显示 2020 年不同年限围垦区水稻和水稻土地生产潜力图，1985 年之前垦区水稻土地生产潜力可达到 20000kg/hm^2，2000 年后水稻土地生产潜力为 0kg/hm^2；1990 年之前的垦区小麦土地生产潜力可达到 10000kg/hm^2，2010 年后小麦土地生产潜力为 0kg/hm^2。

表 7 - 16　2009 - 2020 年江苏滩涂围垦区新增耕地面积

围垦阶段	围垦面积（平方千米）	新增耕地面积（平方千米）
2010 - 2012 年（平方千米）	400	240
2013 - 2015 年（平方千米）	466.67	280
2016 - 2020 年（平方千米）	933.33	560

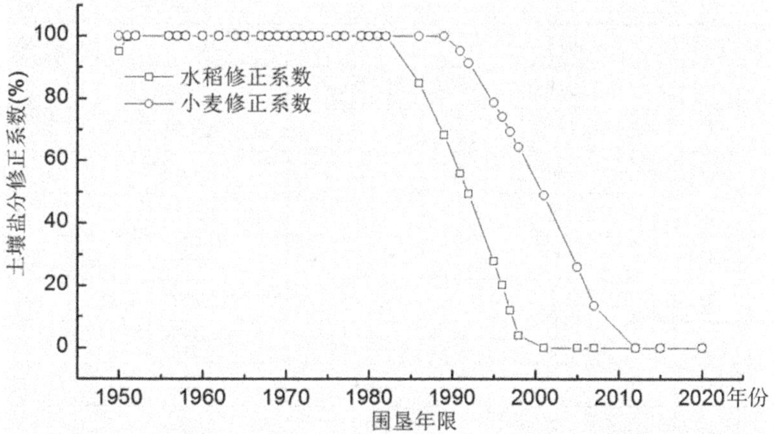

图 7.10　2020 年不同年限围垦区土壤盐分修正系数

表 7 - 17　2020 年江苏省不同年限滩涂围垦区水稻和小麦产量及占比

年限（年）	年数	水稻理论产量（吨）	占比（%）	小麦理论产量（吨）	占比（%）
1950	70	8059	0.76	4080	0.73
1951	69	24003	2.25	11612	2.08
1952	68	3980	0.37	1915	0.34
1956	64	3120	0.29	1501	0.27
1957	63	83363	7.82	40108	7.19
1958	62	23309	2.19	11214	2.01
1960	60	19196	1.8	9236	1.66
1962	58	2501	0.23	1203	0.22
1964	56	37549	3.52	18066	3.24
1965	55	22348	2.1	10752	1.93
1967	53	11664	1.09	5612	1.01

续表

年限（年）	年数	水稻理论产量（吨）	占比（%）	小麦理论产量（吨）	占比（%）
1968	52	2696	0.25	1297	0.23
1969	51	64969	6.09	31258	5.61
1970	50	8762	0.82	4215	0.76
1971	49	39082	3.66	18803	3.37
1972	48	142081	13.32	68359	12.26
1973	47	52312	4.9	25169	4.51
1974	46	8575	0.8	4126	0.74
1976	44	183415	17.2	88246	15.82
1977	43	131458	12.33	63248	11.34
1979	41	249	0.02	120	0.02
1980	40	10127	0.95	4872	0.87
1981	39	66713	6.25	32097	5.76
1982	38	50531	4.74	24312	4.36
1986	34	42534	3.99	24118	4.32
1989	31	5695	0.53	4014	0.72
1991	29	1378	0.13	1130	0.2
1992	28	305	0.03	272	0.05
1995	25	83	0.01	113	0.02
1996	24	9132	0.86	16150	2.9
1997	23	5531	0.52	15132	2.71
1998	22	1840	0.17	14359	2.57
2001	19	—	—	304	0.05
2005	15	—	—	363	0.07
2007	13	—	—	302	0.05
2012	8	—	—	—	—
2015	5	—	—	—	—
2020	0	—	—	—	—
合计		1066562	100	557679	100

通过计算得到2020年江苏省沿海滩涂围垦区耕地粮食总产量为162.42万吨，比2012年增加了14.9万吨，占江苏省沿海县市粮食产量的12.15%。2009－2020年新增耕地由于受到土壤盐分限制均不能生长水稻和小麦。粮食

增产主要来源于 2009 年之前的滩涂围垦区。表 7 - 17 显示至 2020 年不同年限滩涂围垦区水稻和小麦的理论产量。江苏省滩涂围垦区水稻和小麦产量仍然主要集中在 1957 年、1969 年、1972 年、1976 年、1977 年、1981 年垦区。

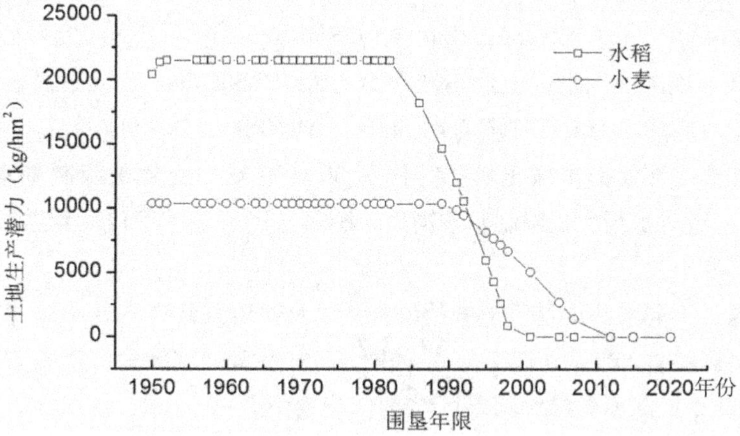

图 7.11　2020 年不同年限围垦区土地生产潜力图

7.7 本章小结

本章节首先基于 AEZ 模型和 Maas - Hoffman 模型构建土地生产潜力模型框架，然后分别以月为步长和以日为步长的气象数据计算了江苏省沿海县市和如东县滩涂围垦区光合生产潜力、光温生产潜力和光温水生产潜力。并以如东县滩涂围垦区为例，在 Maas - Hoffman 模型的基础上计算出土壤盐分修正系数，得到如东滩涂围垦区土地生产潜力大小。结果表明：

①以月为步长的气候数据结合 AEZ 模型计算出江苏省沿海县市水稻和小麦光合生产潜力、光温生产潜力和光温水生产潜力，沿海县市三者差异不大。以日为步长计算出的光合生产潜力、光温生产潜力和光温水潜力要高于以月为步长的结果。以日为步长的气候数据计算如东县滩涂围垦区水稻光合生产潜力、光温生产潜力和光温水生产潜力分别为 24266kg/hm^2、24106 kg/hm^2 和 21469kg/hm^2；小麦光合生产潜力、光温生产潜力和光温水生产潜力分别为 20144kg/hm^2、10549kg/hm^2 和 10329kg/hm^2。

②通过 Maas - Hoffman 模型计算得到如东县 1982 年滩涂围垦区土壤盐分

对水稻和小麦光温水生产潜力的修正系数分别为 64.48% 和 100%；2007 年和未围垦区土壤盐分较高，对水稻和小麦光温水生产潜力修正系数均为 0；1951 年和 1974 年垦区土壤盐分对水稻和小麦光温水生产潜力修正系数均为 100%。因此水稻在 1951 年、1974 年和 1982 年的滩涂围垦区土地生产潜力分别为 21469kg/hm^2、21469kg/hm^2 和 13886kg/hm^2；小麦在 1951 年、1974 年、1982 年的滩涂围垦区土地生产潜力均为 10329kg/hm^2。滩涂围垦区水稻和小麦土地生产潜力实现程度为 41.92% -64.81% 和 58.09% -72.61%。

③江苏省滩涂围垦区土壤盐分围垦 30 年后对小麦生长限制基本消失，围垦 37 年后对水稻生长限制基本消失；围垦后经历 21 年和 11 年之后可分别种植水稻和小麦。

④通过不同滩涂围垦区土壤盐分含量以及耕地数量测算出 2012 年江苏省滩涂围垦区粮食产能为 147.2 万吨，占江苏省沿海县市粮食产量的 11.03%；并预测 2020 年江苏省滩涂围垦区粮食产能为 162.42 万吨，占江苏省沿海县市粮食产量的 12.15%。

第8章　滩涂围垦区景观格局及生态安全响应

“景观”一词最早出现在希伯来文的《圣经》一书中，其用来描绘所罗门王国教堂、城堡和宫殿所在的耶路撒冷城的美丽景色，这里的景观主要关注的是其视觉特性和文化价值。地理学和生态学将景观的内涵进行了拓展，将“地域综合体”作为概念基础。傅伯杰（2009）等从综合视角给出了景观的具体内涵：（1）景观由不同的空间单元镶嵌组成，具有一定的异质性；（2）景观是具有明显形态特征与功能联系的地理实体，景观结构和景观功能具有显著的地域性和相关性；（3）既是生物的栖息地也是人类的生存环境；（4）景观具有一定的尺度性，为处于生态系统之上、区域尺度之下的中间尺度；（5）景观具有经济、文化、生态等多重价值，具有一定的综合性。景观格局是指由自然或人为形成的一系列大小与形状各异、排列不同的景观要素共同作用的结果，是各种复杂的自然和社会因子相互作用的结果。景观格局指数的变化反映了区域景观格局的动态过程，滩涂围垦区景观格局的定量研究对深入认识滩涂围垦活动影响下的景观生态过程具有重要意义，因此本章将基于景观生态学的理论与方法对如东县滩涂围垦区1990－2008年的景观格局时空演化特征以及景观生态安全响应进行研究。

8.1 滩涂围垦区景观格局特征

8.1.1 粒度效应及适宜粒度选择

地理学的研究对象所覆盖的尺度很广，从原子尺度到全球尺度，甚至是宇宙尺度，因此地理学的尺度问题无疑是一个非常重要的问题。在地理学领域，许多问题往往是在很大尺度上的一种表现，比如环境问题、气候问题等，所以在许多情况下，常常需要将小尺度的研究结果推广到更大的尺度上，也有将大尺度的结果应用到小尺度上①。地理学中，尺度是指研究对象或过程的时间或空间维、用于信息收集和处理的时间或空间单位、由时间或空间范围决定的一种格局变化②。在地理学中讨论空间现象有着大量深入的研究，而这些研究则主要集中在尺度效应、适宜性尺度选择和尺度转换三个方面③。人们认识到某种空间形式，包括形态、结构与过程会随着空间尺度的不同而发生变化，因此对于某种空间形式的研究应该选择其适宜的尺度。

在土地利用和景观格局研究方面，尺度往往以粒度和幅度来表达，Wu等认为对区域进行景观格局分析时，如果尺度太小，会掩盖一些重要的信息，而如果尺度过大也会损失一些重要的信息④。土地结构作为景观格局具有很强的尺度依赖性，许多景观指数具有比较明显的粒度效应，会随着空间粒度的变化而变化⑤⑥。孙小芳等以福州市 Quick Bird 多光谱影像为研究对象，从三个景观尺度来提取绿地信息并计算分维数、多样性指数、优势度、均匀度、破碎度和内缘比 6 个景观指数进行计算分析，表明各指数在不同尺度下呈现不同的结果⑦，其他许多学者对这一领域也做了深入

---

① 萨拉·L. 霍洛韦，斯蒂芬·P. 赖斯，吉尔·瓦伦丁．当代地理学要义：概念、思维与方法［M］．北京：商务印书馆，2008.

② 陈睿山，蔡运龙．土地变化科学中的尺度问题与解决途径［J］．地理研究，2010，29（7）：1244－1256.

③ 张娜．生态学中的尺度问题：内涵与分析方法［J］．生态学报，2006，26（7）：2340－2355.

④ Wu，J. Effects of changing scale on landscape pattern analysis：scaling relations［J］．Landscape ecology，2004，19（2）：125－138.

⑤ 赵文武，傅伯杰，陈利顶．景观指数的粒度变化效应［J］．第四纪研究，2003，23（3）：326－333.

⑥ 朱明，濮励杰，李建龙．遥感影像空间分辨率及粒度变化对城市景观格局分析的影响［J］．生态学报，2008（06）：324－334.

⑦ 孙小芳，卢健，孙依斌．基于分割的多尺度城市绿地景观［J］．应用生态学报，2006，17（9）：1660－1664.

研究①②③④。

在景观格局分析方面，国内外许多学者已经提出一些景观指数对景观格局进行量化，通常景观格局指数定义为三个层次：斑块水平（Patch level metrics）、类型水平（Class level metrics）和景观水平（Landscape level metrics）。目前对景观格局进行描述的景观指数多达数十个，但是许多指数在计算方式上较为相似，部分指数所表述的生态意义也比较接近，本章对常用的25个指数进行粒度效应分析，并以此为根据选择合适的分析粒度和景观指数。将2008年研究区土地利用矢量数据转换为10m、30m、40m、50m、60m、70m、80m、90m、100m共9种不同粒度下的栅格数据，然后应用FRAGSTATS3.3软件对上述指数在不同粒度水平上进行计算，分析景观指数的粒度效应，并确定本研究区适宜的粒度。

（1）景观层次的粒度效应

通过对研究区2008年土地利用数据在9种不同粒度下的栅格数据进行25种景观指数的计算，然后根据景观指数随着粒度变化呈现的规律进行分类并分析其变化规律，大致可以分为三种类型：稳步下降型、波动上升型和波动下降型（图8.1）。

第一类是随着粒度的增大，计算结果呈现稳步下降的指数。这一类主要有8个指标，分别是平均形状指数（SHAPE_ MN）、平均分维值（FRAC_ MN）、最大形状指数（LSI）、平均聚集指数（CONTIG_ MN）、斑块结合度（COHESION）、聚集指数（AI）、相似毗邻百分比（PLADJ）、蔓延度指数（CONTAG）。从图8.1的（a）至（h）可以很明显地看出，随着取样粒度的增加，这一类景观指数呈现下降趋势，表明这一类指数的结算结果与取样粒度之间高度相关，且呈现较明显的负相关。平均形状指数（SHAPE_ MN）、平均分维值（FRAC_ MN）、最大形状指数（LSI）主要表征的是斑块形状特征的指数，随着粒度增加，斑块结构的复杂性降低，导致上述表

① 徐建华，岳文泽，谈文琦. 城市景观格局尺度效应的空间统计规律——以上海中心城区为例［J］. 地理学报，2004，59（6）：1058-1067.

② 申卫军，邬建国，任海，等. 空间幅度变化对景观格局分析的影响［J］. 生态学报，2003，23（011）：2219-2231.

③ 李明杰，钱乐祥，夏丽华，等. 汕头市土地利用景观指数粒度效应初探［J］. 地理与地理信息科学，2008（06）：93-96.

④ 陈端吕，宋涛. 西洞庭湖区森林景观指数适宜转换粒度［J］. 中国农学通报，2010（10）：110-114.

征斑块形状指数呈现逐渐降低的趋势。此外，斑块结合度（COHESION）、聚集指数（AI）、相似毗邻百分比（PLADJ）、蔓延度指数（CONTAG）的线性下降趋势十分明显，这几个指数都是描述景观斑块之间的镶嵌关系的，表明随着取样粒度的增加，许多小斑块合并成为较大斑块，斑块之间聚集程度下降。

第二类是随着取样粒度增加，景观指数呈现波动上升趋势（图 8.1 i－t），但是中间出现较为明显的起伏波动。主要是平均斑块面积（AREA_ MN）、平均欧几里得最邻近距离（ENN_ MN）、平均回旋半径（GYRATE_ MN）、修正辛普森均匀指数（MSIEI）、散布并列指数（IJI）、有效粒度尺寸（MESH）、修正辛普森多样指数（MSIDI）、香农多样性指数（SHDI）、香农均匀度指数（SHEI）、辛普森均匀度指数（SIEI）、辛普森多样性指数（SIDI）和周长面积分维值（PAFRAC）共 12 个指数。这一类指数的变化有个很明显的特点就是取样粒度在 10－80m，指数值波动明显，不呈现明显的增加或减小趋势，其中在 30－40m 粒度时变化较缓，而粒度在 80m 附近的时候，景观指数的数值急剧增加，部分指数在 90m 粒度达到最高值而后回落，另有部分指数值继续增加。

第三类是指数随着粒度的增加呈现波动下降趋势（图 8.1 u－y），在 10－80m 之间呈现明显的波动，其中 30－40m 之间变化比较平稳。主要有斑块数量（NP）、斑块密度（PD）、分离度指数（SPLIT）、多样性指数（DIVISION）、平均边缘面积比（PARA_ MN）。出现这种变化规律主要是因为随着取样粒度的增加，部分小的斑块被合并，因此斑块的数量、密度最终有所减小，多样性也降低。

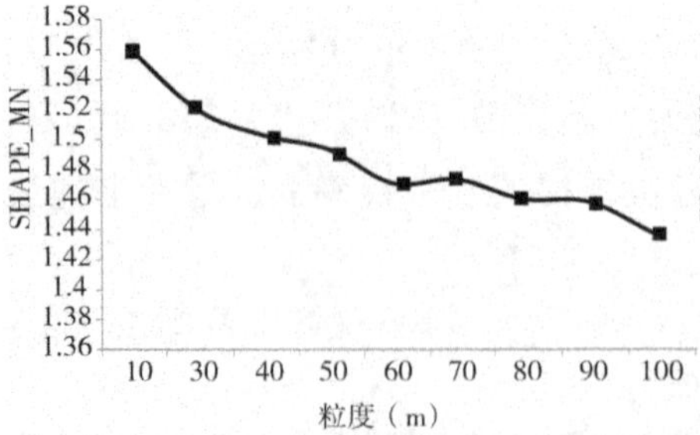

（a）

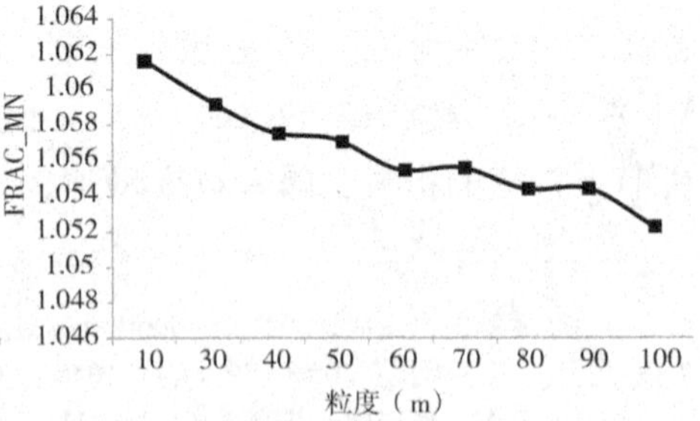

（b）

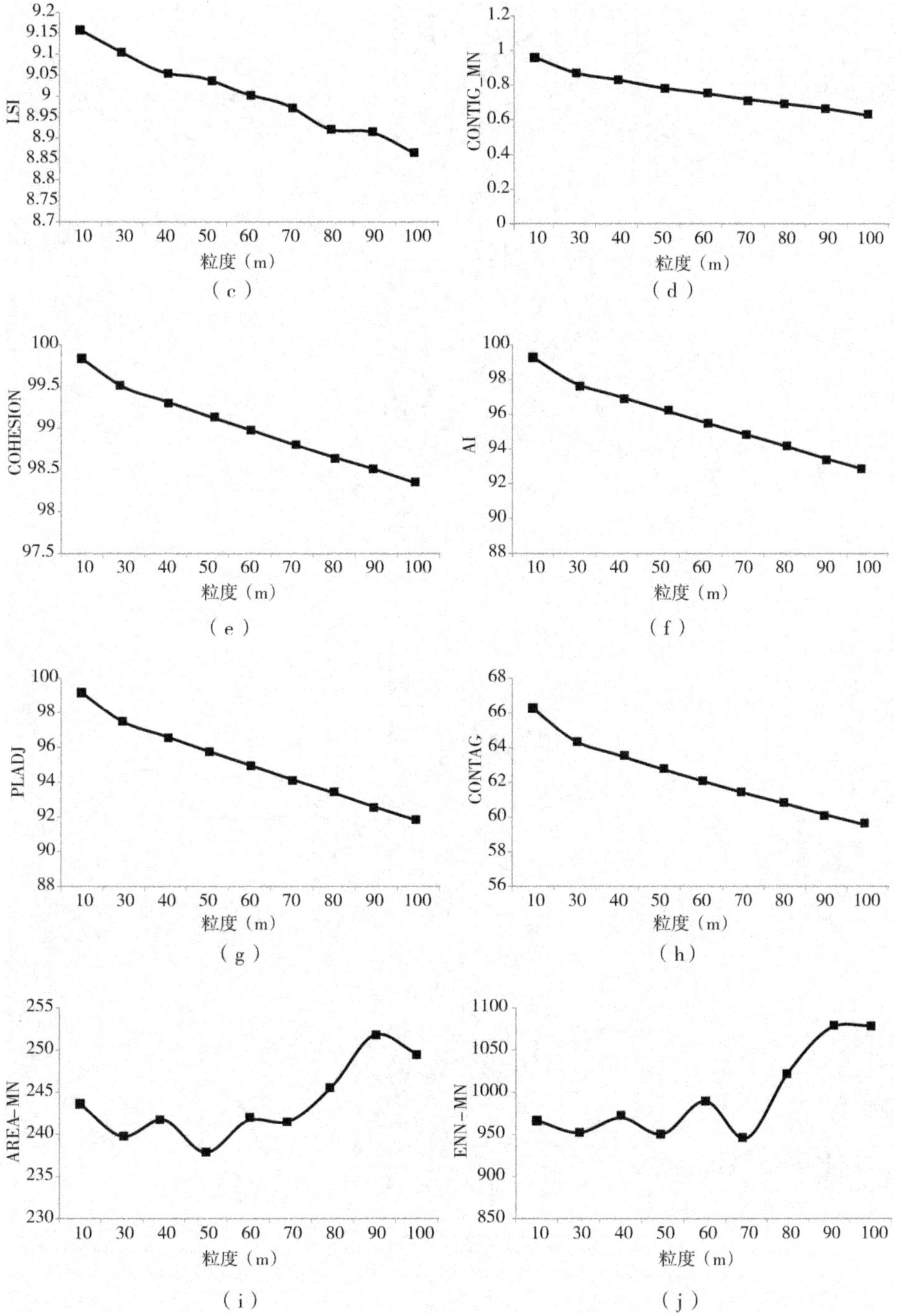
LSI
9.2
9.15
9.1
9.05
9
8.95
8.9
8.85
8.8
8.75
8.7
10 30 40 50 60 70 80 90 100
粒度（m）
（c）
CONTIG_MN
1.2
1
0.8
0.6
0.4
0.2
0
10 30 40 50 60 70 80 90 100
粒度（m）
（d）
COHESION
100
99.5
99
98.5
98
97.5
10 30 40 50 60 70 80 90 100
粒度（m）
（e）
AI
100
98
96
94
92
90
88
10 30 40 50 60 70 80 90 100
粒度（m）
（f）
PLADJ
100
98
96
94
92
90
88
10 30 40 50 60 70 80 90 100
粒度（m）
（g）
CONTAG
68
66
64
62
60
58
56
10 30 40 50 60 70 80 90 100
粒度（m）
（h）
AREA-MN
255
250
245
240
235
230
10 30 40 50 60 70 80 90 100
粒度（m）
（i）
ENN-MN
1100
1050
1000
950
900
850
10 30 40 50 60 70 80 90 100
粒度（m）
（j）

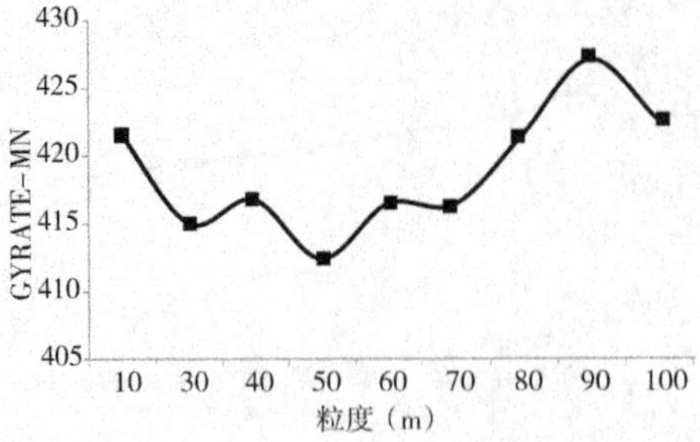
430
425
420
415
410
405
GYRATE-MN
10 30 40 50 60 70 80 90 100
粒度（m）

(k)

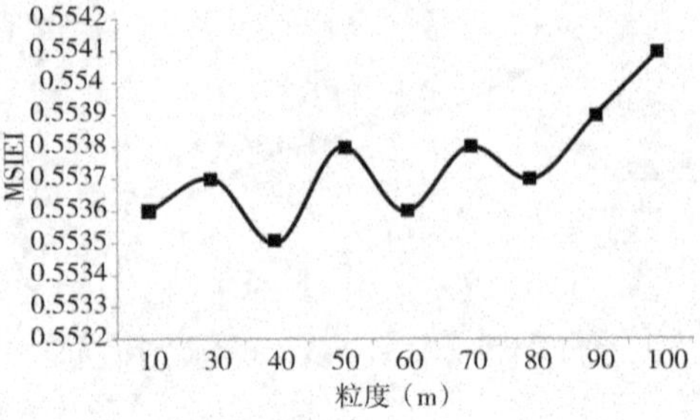
0.5542
0.5541
0.554
0.5539
0.5538
0.5537
0.5536
0.5535
0.5534
0.5533
0.5532
MSIEI
10 30 40 50 60 70 80 90 100
粒度（m）

(l)

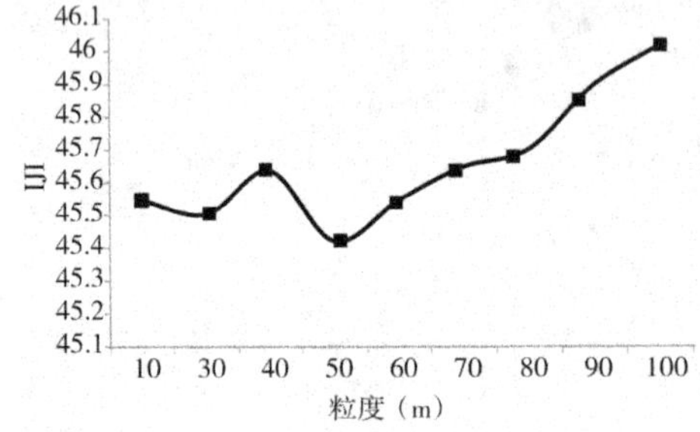
46.1
46
45.9
45.8
45.7
45.6
45.5
45.4
45.3
45.2
45.1
IJI
10 30 40 50 60 70 80 90 100
粒度（m）

(m)

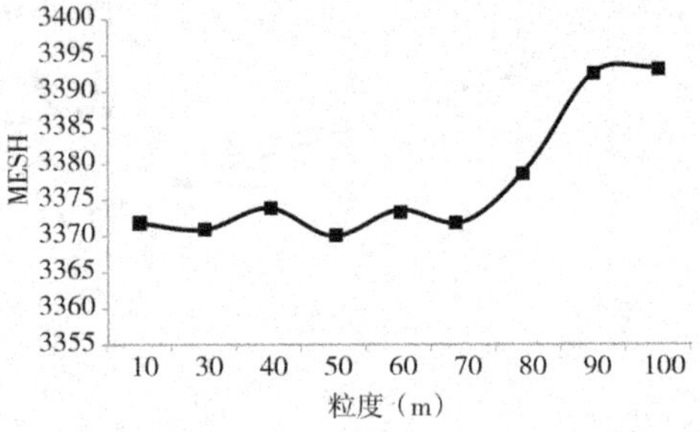
3400
3395
3390
3385
3380
3375
3370
3365
3360
3355
MESH
10 30 40 50 60 70 80 90 100
粒度（m）

(n)

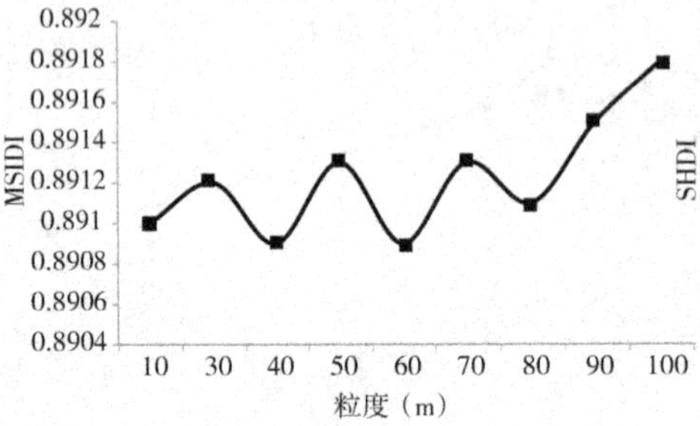
0.892
0.8918
0.8916
0.8914
0.8912
0.891
0.8908
0.8906
0.8904
MSIDI
10 30 40 50 60 70 80 90 100
粒度（m）

(o)

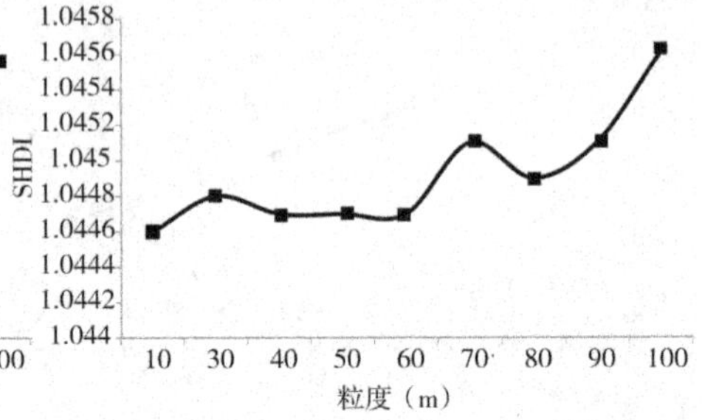
1.0458
1.0456
1.0454
1.0452
1.045
1.0448
1.0446
1.0444
1.0442
1.044
SHDI
10 30 40 50 60 70 80 90 100
粒度（m）

(p)

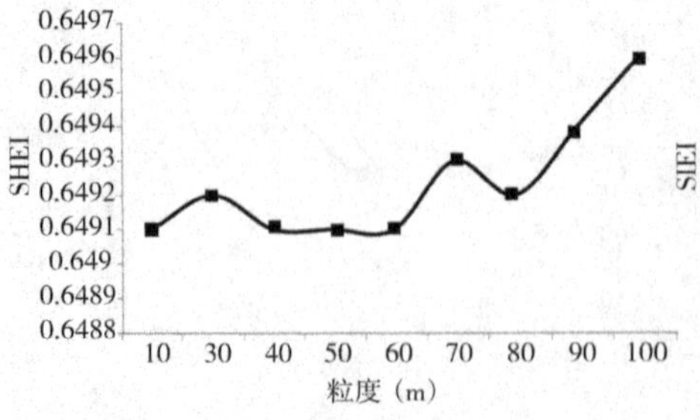
0.6497
0.6496
0.6495
0.6494
0.6493
0.6492
0.6491
0.649
0.6489
0.6488
SHEI
10 30 40 50 60 70 80 90 100
粒度（m）

(q)

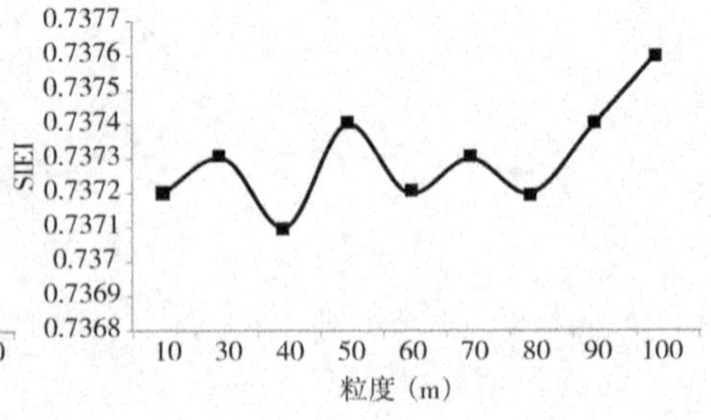
0.7377
0.7376
0.7375
0.7374
0.7373
0.7372
0.7371
0.737
0.7369
0.7368
SIEI
10 30 40 50 60 70 80 90 100
粒度（m）

(r)

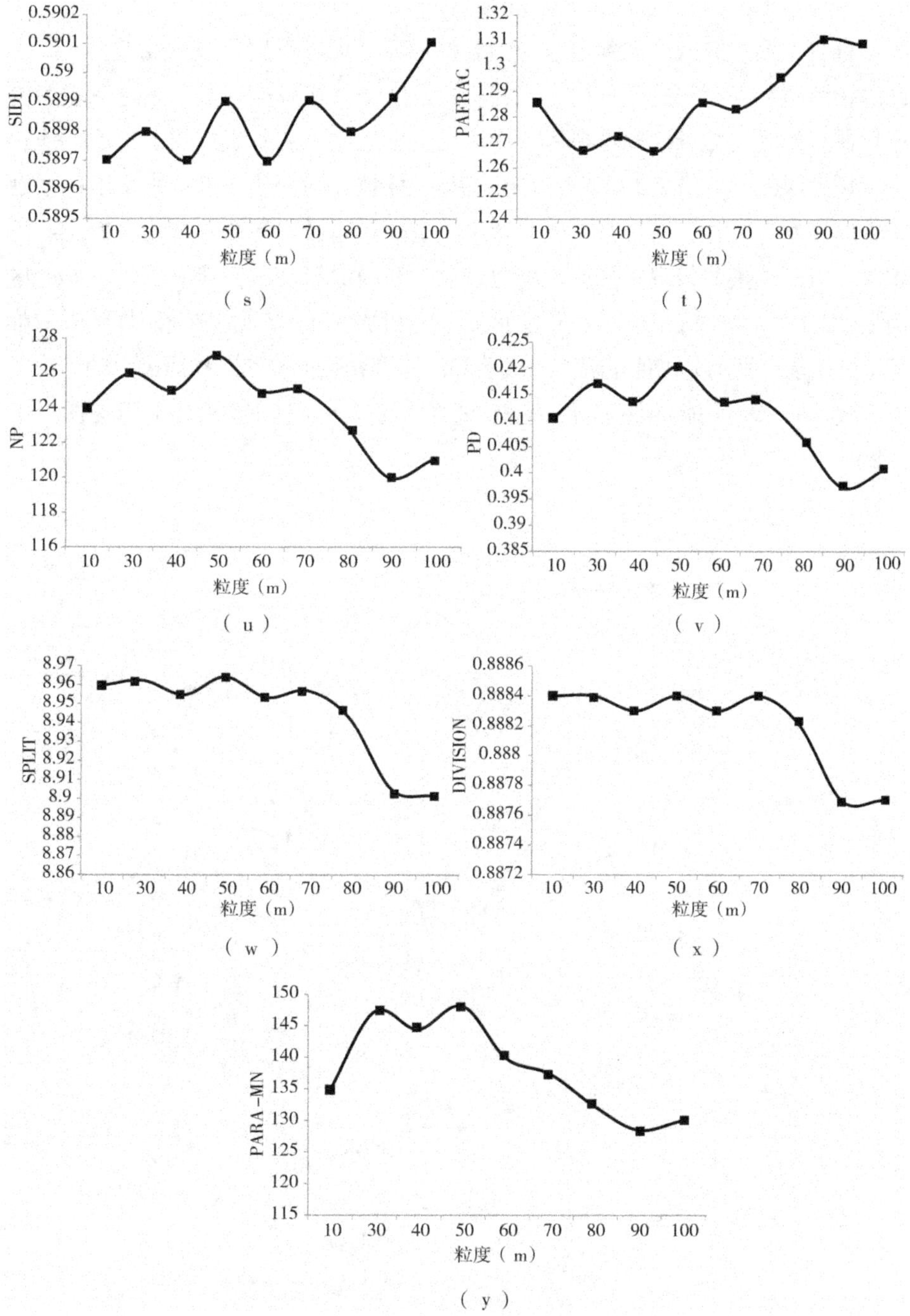

图 8.1　不同粒度下的景观格局指数（2008 年）

（2）类型水平上景观指数的粒度效应

根据上面对景观层次粒度效应的分析计算，可以看出随着粒度的变化，有许多指数呈现着相似的变化情况，因此根据此规律从各类指数当中选取较为常用且典型的平均分维值和景观形状指数对类型水平上的景观指数的粒度效应进行分析。从图 8.2 和 8.3 中可以看出随着取样粒度的变化，类型水平上的景观指数明显发生变化，而且不同土地利用类型的相同景观指数的变化趋势也各不相同。所有地类的景观形状指数均随着粒度的增加而减小，其中在 20－40m 区间变化相对较为平缓。耕地、养殖水面、农村居民点和独立建设用地随着取样粒度的增加，平均分维值呈现波动式下降，其中养殖水面和农村居民点的下降比较平缓，而未利用地的平均分维值波动明显，总体上未呈现上升或下降趋势。

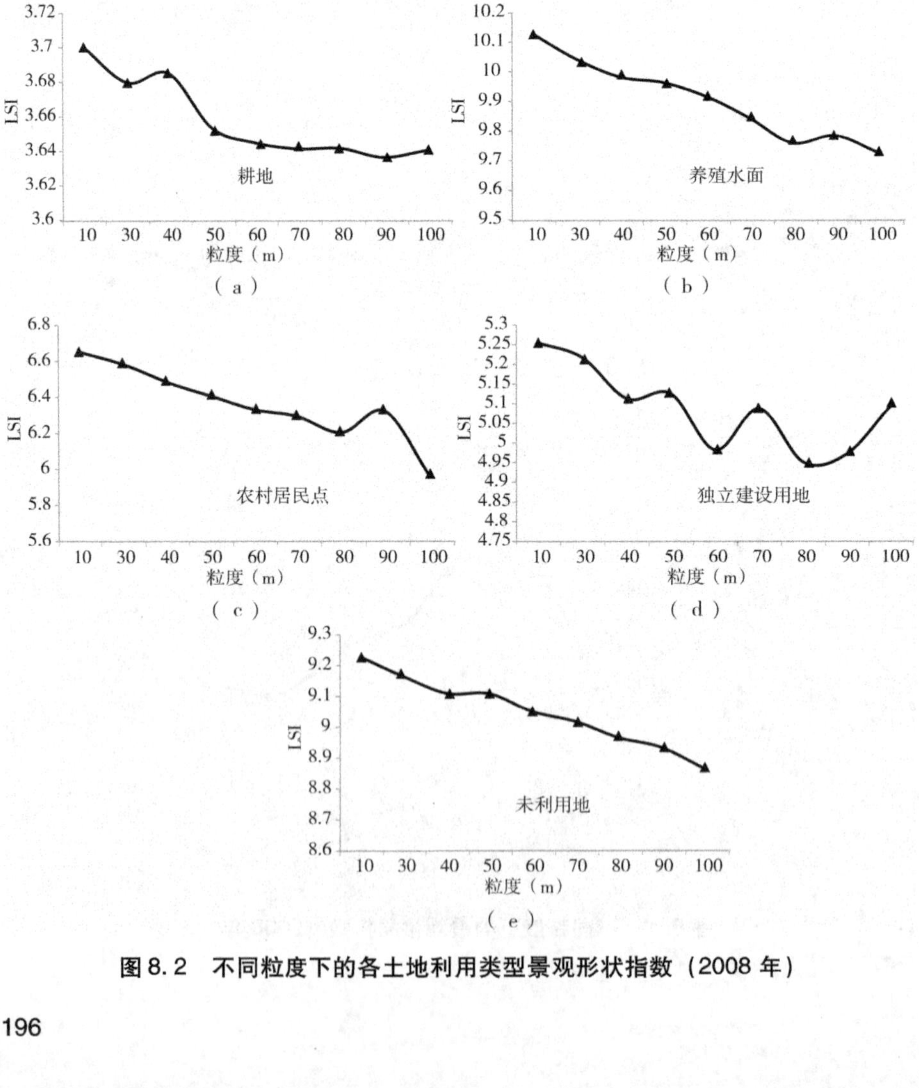

图 8.2　不同粒度下的各土地利用类型景观形状指数（2008 年）

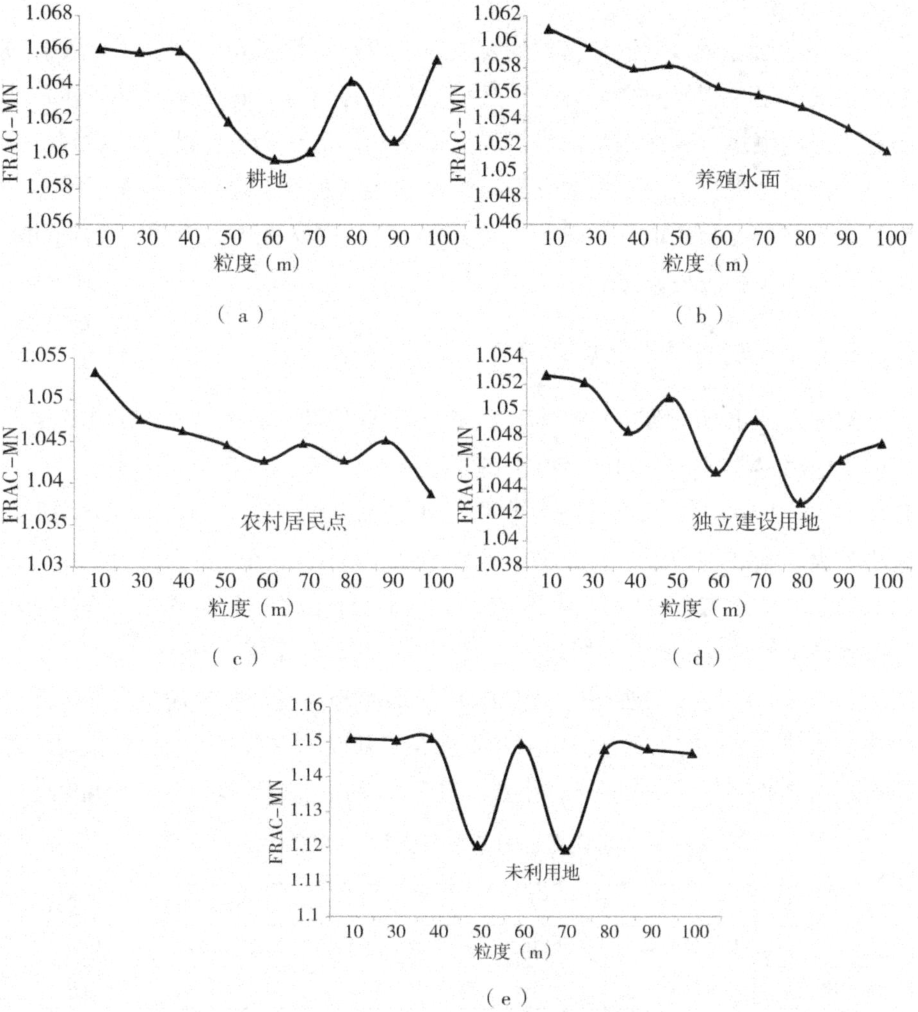

图 8.3　不同粒度下的各土地利用类型平均分维值（2008 年）

（3）适宜研究粒度与景观指数的选择

以上的粒度效应分析表明，对矢量数据进行栅格化时对数据的信息有较大改变，粒度越大，土地利用空间结构偏离原始矢量数据的幅度越大，但是粒度过小又会极大增加数据量，不利于数据的处理和软件运行；不同取样粒度所反映的景观格局信息有着较大差别，但是通过这种粒度效应的分析可以看出当取样粒度在 20－40m 之间时，较多的指数波动不太大。因此综合考虑数据信息保留以及景观指数的波动，对本研究区选取 30m 为适宜粒度进行景观格局的分析。

此外，通过对大量景观指数的粒度效应分析可以看出，许多指数在粒度变化情况下呈现相似的变化规律，且根据景观指数的计算公式及其揭示的生态意义显示很多指数在表述景观格局上具有相同的作用。因此本书在对如东县滩涂围垦区进行景观格局的分析时从斑块形状指数、斑块聚集度以及多样性和分布均匀度等几个方面选取主要分析指数，具体指数的选取根据不同的分析目的进行相应的调整。

8.1.2 景观格局变化总体特征

对如东县滩涂围垦区1990年、1995年、2000年、2005年、2008年5个年份的土地利用数据进行30m粒度下的景观指数计算，计算结果见表8－1，从1990年到2008年间，研究区斑块数量（NP）和斑块密度（PD）呈现先增加后减小趋势，整体来看是增加的，最大斑块面积（LPI）和平均斑块面积（AREA_ MN）也有所减小，表明研究区在这期间，由于持续的围垦等人为活动导致该区域的景观破碎度有所增加。此外通过平均分维值（FRAC_ MN）和景观形状指数（LSI）的增加表明该区域斑块形状趋向复杂化，这是由于围垦活动使得区域内单一的景观结构向多种景观类型并存的方向发展，从而使得斑块镶嵌结构更加复杂，香农多样性指数（SHDI）的增加也反映了这一变化趋势。

表8－1　滩涂围垦区景观水平指数（1990－2008年）

	1990	1995	2000	2005	2008
TA	30210.84	30210.84	30210.84	30210.84	30210.84
NP	116	108	134	115	126
PD	0.384	0.3575	0.4435	0.3807	0.4171
LPI	21.1320	21.1320	20.7724	20.7709	20.7709
LSI	8.3365	8.1445	9.2701	8.6937	9.1044
AREA_ MN	260.4383	279.73	225.454	262.703	239.7686
FRAC_ MN	1.0584	1.0589	1.0602	1.0594	1.0594
DIVISION	0.8888	0.887	0.8943	0.8865	0.8884
SPLIT	8.9912	8.853	9.4641	8.8083	8.9622
SHDI	0.9965	0.9902	1.0318	1.0232	1.0448
SHEI	0.7188	0.7143	0.6411	0.6357	0.6492
AI	98.0467	98.113	97.7293	97.9311	97.7965

8.1.3 景观格局的陆海梯度特征

如东县滩涂围垦区位于江苏沿海辐射沙棘群边缘，滩涂淤长较为迅速，滩涂的围垦工程是随着滩涂的不断淤长而连续进行的，且土地利用空间格局亦存在着一定的陆海梯度特征，因此进行景观格局的陆海梯度分析则具有重要意义。以滩涂围垦区 20 世纪 50 年代岸线为起点，每隔 1000m 划分为一个带，由陆向海方向形成 7 个缓冲区，对 2008 年每个样带的景观格局指数进行分析，相关计算结果见图 8.4。

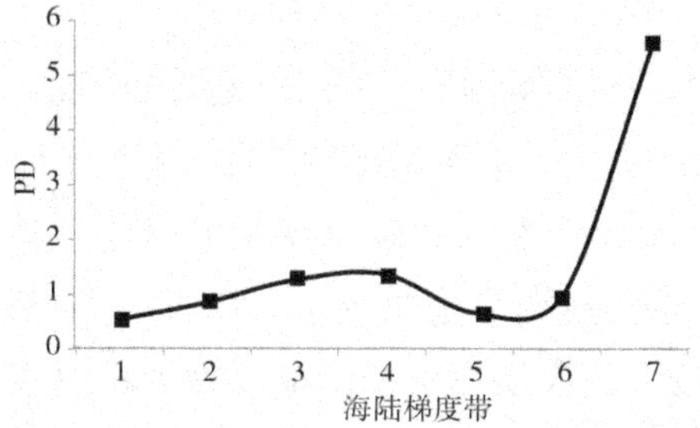

(a)

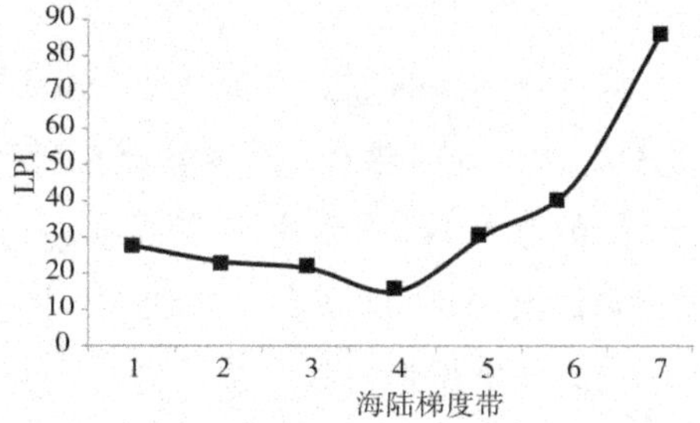

(b)

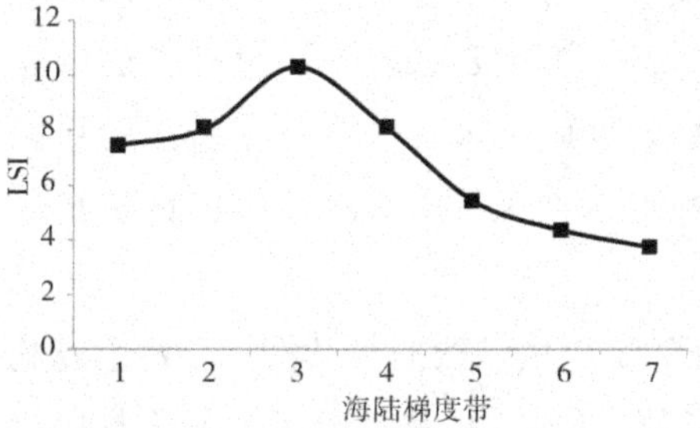

(c)

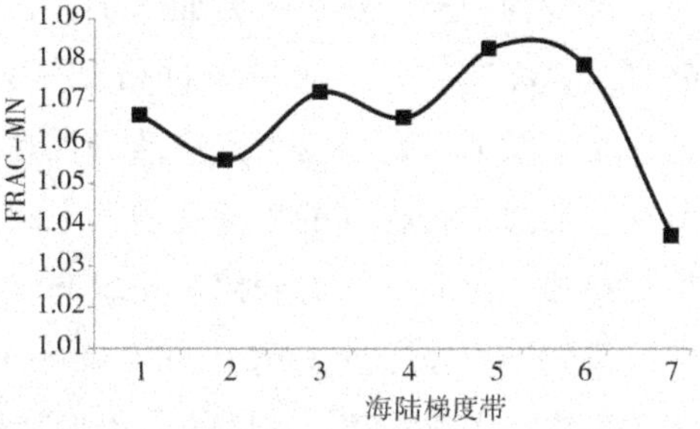

(d)

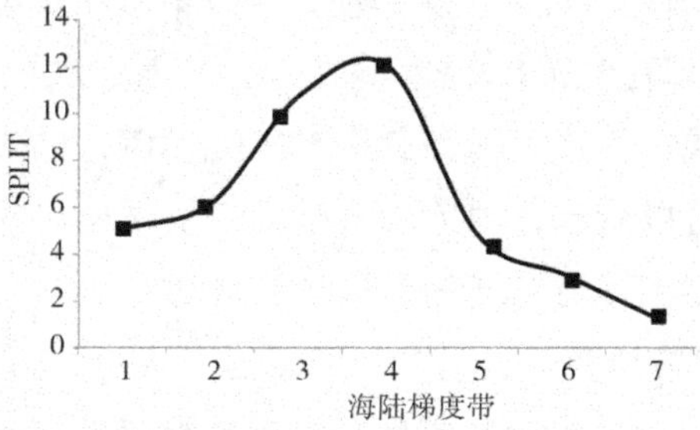

(e)

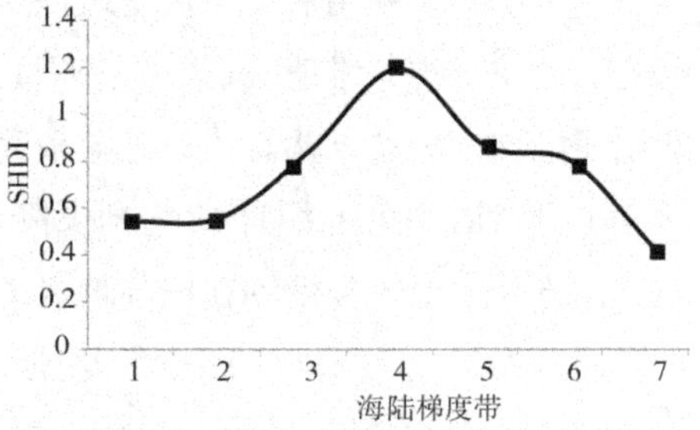

(f)

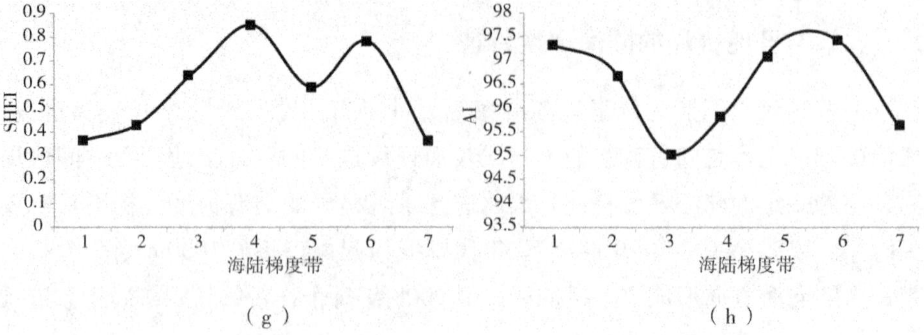

图 8.4　景观格局的陆海梯度特征（2008 年）

从计算结果来看，在离边界线 0 到 4 千米的范围内，缓冲带越靠近海边，斑块密度（PD）越大，即景观结构越破碎化，区域景观越破碎化，4 千米到 6 千米范围内，破碎度有一定程度的减小，6 千米以后破碎度明显增加；最大斑块指数（LPI）则是在 0 到 4 千米范围内越向海指数越小，在 4 -7 千米区域内离海域越近，最大斑块越大，且最大斑块指数增加明显。最大斑块指数由陆向海的增加是由于越靠近海域，人为活动的程度相对较低，斑块的自然状态较为明显。从这个方面来讲，在较少人为活动地区，景观格局的斑块密度应该相应较小，第一缓冲带到第六缓冲带的变化趋势较为符合这种趋势，第七缓冲带斑块密度的突然增加是由于本研究区由多个分布较散的垦区组成，通过这种梯度的划分使得第七缓冲带本身就是由大小不一的许多小的区域组成，因此斑块的破碎度比较高。

斑块平均分维值（FRAC_ MN）表征的是斑块结构的复杂性，分维值越高表示斑块结构越复杂，同样的景观形状指数（LSI）也是度量斑块的不规则程度，人为的开垦利用活动会使得斑块结构趋向规则，从而使得分维值减小。本研究区斑块平均分维值（FRAC_ MN）都在 1 到 1.1 之间，处于比较低的水平，表明该区域内斑块结构总体来说比较简单，从平均分维值（FRAC_ MN）的先波动上升然后到第七缓冲带急剧下降可以看出，越远离内陆，斑块结构越复杂，同样是由于人类活动在内陆地区的强度大于靠近海域区域的强度。

景观分离度（SPLIT）指的是景观斑块累计的分布状况，当区域内仅有一种斑块时分离度为 0，当分离度越接近 1，说明景观的分割程度越严重，在栅格数据中，每个像元单元即为一个斑块类型，研究区域内随着离海域距离的减小，分离度呈现先增加后减小的趋势，与斑块密度（PD）和景观形状指数（LSI）的变化相对应。此外，分离度指数（SPLIT）、香农多样性指数（SHDI）和香农均匀度指数（SHEI）都是呈现先增加后减小的趋势，在 3 千米 -4 千米出现最大值。

聚集度指数（AI）在 7 个缓冲带中未呈现明显的增加或者减小趋势，而是呈现幅度较大的波动变化规律，这主要与其所表征的生态意义有关。聚集度指数（AI）指的是某种斑块的聚合程度，当该类型所有斑块都无公共边界时，聚合程度最低。本研究区的聚集度指数（AI）都在 95 以上，属于比较高的水平，解释了研究区斑块结构较为简单，斑块的聚集度较高。

总体上而言，大多数景观指数的陆海梯度表明，第三、第四缓冲带附近的景观格局与其他缓冲带有明显的差异，整体表现为破碎程度较高，斑块形状较为复杂，分离度和多样性程度较高，聚集程度较低，反映了第三、第四缓冲带受到人类围垦活动的影响最为显著，这一点与土地利用变化分析中的陆海梯度特征是一致的。

8.1.4 不同围垦年限的景观格局特征

以 2008 年为例，对如东县滩涂围垦区不同垦区的土地利用数据进行景观水平的景观指数计算，以比较不同围垦年限下的景观格局差异。相关计算结果显示（图 8.5），不同围垦年限下的景观格局特征差异性较大，从斑块密度（PD）来看，洋北垦区一期（M）、洋北垦区二期（N）以及新北坎垦区（I）的斑块密度较大，表明这两个垦区的斑块比较破碎，区域内的人为干扰活动比较剧烈。如东新盐场（K）由于其特殊的用途，整体破碎化较小，而且其多样性和均匀度较小，而环港垦区外侧（P）由于新围垦不久，区域的破碎度较低。

平均分维值（FRAC_ MN）和景观形状指数（LSI）都是表述斑块形状的平均状况，这两个指数在不同垦区之间的变化趋势也较为相似，斑块复杂性随着围垦年限的增加未呈现较明显的规律，说明不同围垦年限下土地利用斑块的形状均较为复杂；其中，环港垦区（F）和东凌垦区（J）的斑块形状相对于其他垦区而言更加复杂。

从老北坎垦区（A）到新北坎垦区（I）九个垦区的景观分离度（SPLIT）、香农多样性指数（SHDI）和香农均匀指数（SHEI）较低，且相互之间的差异性较小，而东凌垦区（J）到豫东垦区（Q）八个垦区的这几个指数值较高，且各垦区之间差异性较大。老北坎垦区（A）到新北坎垦区（I）围垦于 20 世

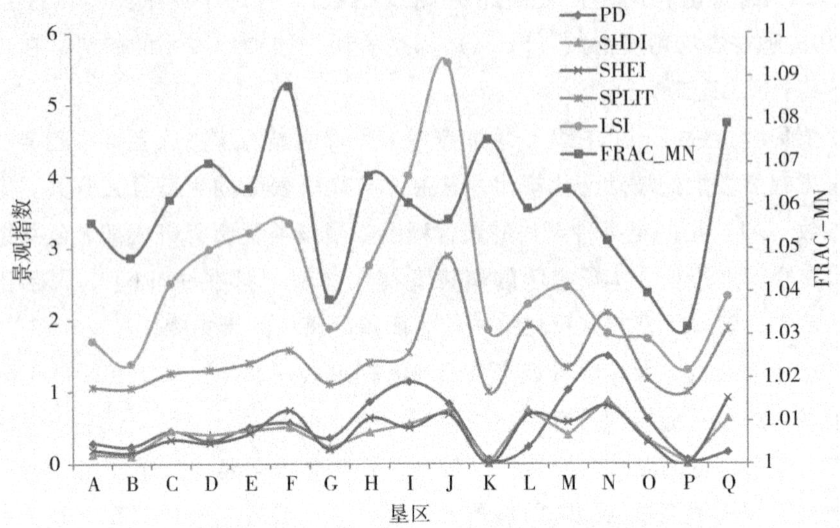

图 8.5 不同垦区的景观格局指数（2008 年）

纪 80 年代之前，已有近 30 年的围垦历史。经过长时间的围垦利用，这几个垦区内的土地利用状况较为相似，因此景观格局特征相近，且在较长时间的人为活动的影响下，区域内景观多样性较低，分离度（SPLIT）也比较小。东凌垦区（J）到豫东垦区（Q）围垦于近 30 年，区域内土地类型比较多样化，结构较为复杂，各类土地类型的分离度（SPLIT）较高，而且这些区域正处于高强度的开发利用过程中，土地利用结构变化剧烈，垦区之间差异性较大。

8.2 土地利用变化的景观生态安全响应

8.2.1 生态安全研究概述

经济的发展推动了社会和人类的进步，人类在享受自己所创造的物质和精神财富的同时，对地球也不可避免地带来了各种各样的环境问题和生态危机，这些环境和生态的压力对经济的发展带来重大的影响，甚至威胁到人类的存在的安全性，我国的生态环境状况已经引起了国际社会的普遍关注。近年来在人口、工业化和市场化多重压力下，我国生态环境基本状况是总体在恶化、局部在改善，但是治理能力远远赶不上破坏速度，生态赤字不断扩大。为了实现可持续发展的国家战略，地球生命系统与环境的生态安全被越来越突出地提到了议事日程上。

安全通常是主体存在的一种不受威胁、没有危险的状态。安全是人类基本需要中最根本的一种，生态安全研究是从生态风险的分析发展而来，最早由美国世界研究观察所所长 Brow 在理论上从环境问题引入，1989 年国际应用系统分析研究（IASA）最早从资源安全、环境安全等概念出发提出生态安全的概念。关于生态安全目前国际上尚无统一的定义，生态安全的含义来源于环境安全，但是比环境安全概念的层次有所上升，指人类社会生存及发展所必需的生态环境系统处于不受抑或是少受破坏和威胁的状态，包括环境安全、生物安全、生态系统安全[①]以及人类社会系统的安全。当前全球生态环境问题普遍严峻的情况下，对生态安全的关注度日渐上升，在这些数量繁多的文献当中，关于生态安全的研究主要可以分为生态安全概念[②③④]探讨、生态安全评价分析[⑤⑥⑦⑧⑨⑩⑪]、生态安全预警研究[⑫⑬]等多个方面。

---

① 杨京平．生态安全的系统分析［M］．北京：化学工业出版社，2002.

② 肖笃宁，陈文波，郭福良．论生态安全的基本概念和研究内容［J］．应用生态学报，2002，13（3）：354－358.

③ 彭少麟，郝艳茹，陆宏芳，等．生态安全的涵义与尺度［J］．中山大学学报（自然科学版），2004（06）：27－31.

④ 王耕，王利，吴伟．区域生态安全概念及评价体系的再认识［J］．生态学报，2007，27（4）：1627－1637.

⑤ 高凤杰，雷国平，杨凤海，等．牡丹江市退耕还林前后生态安全评价［J］．农业工程学报，2012，28（3）：206－214.

⑥ 余健，房莉，仓定帮，等．熵权模糊物元模型在土地生态安全评价中的应用［J］．农业工程学报，2012，28（5）：260－266.

⑦ 吴开亚，金菊良，王玲杰．区域生态安全评价的 BP 神经网络方法［J］．长江流域资源与环境，2008，17（2）：317－322.

⑧ 肖荣波，欧阳志云，韩艺师，等．海南岛生态安全评价［J］．自然资源学报，2004，19（6）：769－769.

⑨ 任志远，黄青，李晶．陕西省生态安全及空间差异定量分析［J］．地理学报，2005，60（004）：597－606.

⑩ 宋国利，臧淑英，王雪燕，等．基于模糊综合评价法的乐清湾湿地生态安全评价［J］．自然灾害学报，2011，20（5）：24－31.

⑪ 曹明兰，李亚东．基于能值分析的唐山市生态安全评价［J］．应用生态学报，2009，20（9）：2114－2118.

⑫ 王韩民．生态安全系统评价与预警研究［J］．环境保护，2003，000（011）：30－34.

⑬ 张强，薛惠锋，张明军，等．基于可拓分析的区域生态安全预警模型及应用——以陕西省为例［J］．生态学报，2010（16）：39－48.

生态安全的研究涉及生物、环境与生态系统以及地区、区域与全球等各个层次，因此对生态安全的评价与分析的方法多种多样。目前较常见的方法是构建概念模型，然后在此框架下借助一定的方法进行分析评价。在构建指标体系的概念框架时，一般以世界经合组织和联合国环境规划署的压力—状态—响应（PSR）模型为基础，联合国可持续发展委员会在此基础上提出驱动力—压力—响应（DSR）模型，欧洲环境署在PSR基础上提出了驱动力—压力—状态—影响—响应（DPSIR）模型。在这些概念模型框架下面比较常用的定量方法则主要有综合指数法、生态承载力方法以及景观分析法。景观分析法主要是借助景观空间结构与景观功能、过程之间的联系，选取适宜的景观指数，如景观破碎度、分离度、聚集度等，然后通过一定的方法计算生态安全指数。海岸带地区是海陆交互地带，是全球生态环境脆弱带，同时也是承载全球经济社会发展的重要区域。随着近年来对海岸带开发力度的加大，这一地区的生态环境问题更加突出，本节将借助景观分析方法对如东县滩涂围垦区的景观生态安全进行分析。

8.2.2 景观生态安全评价方法

景观格局是若干生态过程和非生态过程共同作用下的结果，景观结构影响并制约着各种生态过程的扩散和能量的转移，所以景观结构一旦遭到破坏，将对整个区域的生态环境产生极其严重的影响。长期的自然或人为的干扰会导致景观生态环境由单一向复杂、均质向异质，以及连续向不连续变化，并其干扰程度越大，景观生态的安全程度就越低。各种景观格局指数可以反映景观受干扰的程度，如景观的破碎程度、分离程度或者景观的多样性等。同时，景观生态安全程度还与景观本身的属性即脆弱性有关。滩涂围垦区在长期大规模的围垦利用下，景观格局变动剧烈，为此，本节采用景观干扰度和景观脆弱度构建景观生态安全评价体系。

（1）景观干扰度指数

人类活动对景观的干扰程度可以通过相应的景观格局来表征，即通过景观指数对景观干扰程度进行定量描述，以经过归一化处理的景观指数为基础构建景观干扰度指数，干扰度指数为在滩涂的长期围垦利用中景观格局被干扰的程度，值越大，干扰程度越大，从生态安全的角度来讲是负向指标，公式为：

$$E = a \times P + b \times S + c \times F + d \times SD + e \times SE \quad (8-1)$$

式中，E 为景观干扰度，P、S、F、SD、SE 分别为进行归一化标准处理的景观破碎度、景观分离度、景观分维值、香农多样性指数和香农均匀度指数，a、b、c、d、e 分别为各个指标的权重，根据各指数的相对重要性分别赋予权重值为 0.4、0.2、0.2、0.1、0.1①。

（2）景观脆弱度指数

不同的景观类型对外界干扰的敏感程度存在差别，景观的这种抵御干扰的能力越弱，该景观类型就越脆弱，其结构就越易受损，反之亦然。景观类型的脆弱度与生态系统的自然演替过程，外界干扰的强度、性质等多方面均有密切的联系，因此要完全定量化存在一定的难度，本书主要强调的是研究区内不同土地利用方式的景观相对脆弱度。根据滩涂围垦土地的开发利用特征，作为未利用地的自然滩涂土地在未来一定时期内最有可能被开垦利用为其他土地利用类型，因此该类土地的脆弱性最高，其后依次是耕地、养殖水面、农村居民点和独立建设用地，可根据该特征对以上五种用地类型进行相对权重的赋值，耕地为 0.6、养殖水面为 0.8、农村居民点为 0.4、独立建设用地为 0.2、未利用地为 1②。景观脆弱度越大，表明在未来一定时期内该景观格局受到干扰破坏的可能性越大，从生态安全的角度来看也是负向指标：

$$Q = \sum_{i=1}^{n} w_i r_i \quad (8-2)$$

式中，Q 为景观脆弱度，w 为不同土地类型的权重，r 为各土地类型的比例，n 为土地类型数。

（3）景观生态安全指数

根据上述景观干扰度和脆弱度的计算，可以得到景观生态安全的计算方法：

$$ES = 1 - E \times Q \quad (8-3)$$

式中，ES 为景观生态安全指数，其中各指标均经过归一化标准处理，相应指标的权重根据相关文献并结合研究区的特点进行适当调整。根据以上对景观干扰度和脆弱性指数的定义，景观生态安全度可以表征为垦区受干扰程度和

---

① 韩振华，李建东，殷红，等．基于景观格局的辽河三角洲湿地生态安全分析［J］．生态环境学报，2010，019（003）：701－705.

② 高杨，黄华梅，吴志峰．基于投影寻踪的珠江三角洲景观生态安全评价［J］．生态学报，2010.

脆弱程度的综合度量指标，该值越大，表明垦区受到的干扰程度越深或者脆弱程度越大。

8.2.3 滩涂围垦区景观生态安全评价

对各个垦区五个研究年份的土地利用数据进行景观指数的计算，根据式（8-3）计算各个垦区不同年份的生态安全状况（表8-2），然后分别从时间和空间维度分析如东县滩涂围垦区的景观生态安全状况。从各个垦区面积加权的平均值来看，整个如东垦区的景观生态安全值在1990年、1995年、2000年、2005年、2008年分别为0.7043、0.6992、0.6778、0.7251、0.7320，生态状况整体程度较好，总体上的生态安全程度从1990年到2008年有所上升。从不同垦区来看，大部分垦区的生态安全程度在这五个年份当中呈现比较明显的趋势为先下降后上升，表明大多数垦区的生态安全程度是先下降后上升的，与整个如东垦区的变化趋势较为一致。

以上分析表明，持续不断的围垦利用活动对垦区的景观格局有着较明显的影响，各垦区的干扰度、脆弱度也有所改变。所有垦区当中环港垦区外侧和如东新盐场的生态安全程度随时间的推移波动比较大，主要是因这两个垦区是近年来围垦的区域，土地利用结构主要为未利用地，开发利用程度较低，脆弱度比较高，结构比较容易变动，因而波动性比较大。凌洋垦区的生态安全程度呈现较明显的上升趋势，从用地结构来看主要是从1990年到2008年期间，该区域逐渐从未利用地、养殖水面向独立建设用地过渡，脆弱性降低，从而导致生态安全程度上升。

表8-2　不同垦区的景观生态安全指数（1990-2008年）

垦区	1990年	1995年	2000年	2005年	2008年
老北坎垦区A	0.8086	0.7871	0.7931	0.7923	0.7930
如东盐场B	0.5983	0.6580	0.6299	0.6613	0.7100
洋东垦区C	0.7750	0.7678	0.7573	0.7818	0.7869
栟北垦区D	0.8172	0.7959	0.7822	0.8174	0.8184
环东垦区E	0.8008	0.7771	0.7518	0.7704	0.7778
环港垦区F	0.8266	0.8061	0.7999	0.8204	0.8314
掘东垦区G	0.7891	0.7574	0.7227	0.7428	0.7419
王家潭垦区H	0.7168	0.7007	0.6971	0.7090	0.7340

续表

垦区	1990 年	1995 年	2000 年	2005 年	2008 年
新北坎垦区 I	0. 6201	0. 6120	0. 5898	0. 6179	0. 6584
东凌垦区 J	0. 6167	0. 5697	0. 6262	0. 5968	0. 6144
如东新盐场 K	0. 5933	0. 7537	0. 6464	0. 8055	0. 8024
凌洋垦区 L	0. 6179	0. 6567	0. 6206	0. 8022	0. 7920
洋北垦区一期 M	0. 6354	0. 5937	0. 5559	0. 6093	0. 5718
洋北垦区二期 N	0. 5434	0. 4920	0. 4673	0. 5020	0. 4875
洋口港垦区一期 O	0. 6521	0. 6138	0. 5735	0. 6066	0. 5437
环港垦区外侧 P	0. 5674	0. 6189	0. 5152	0. 6220	0. 6000
豫东垦区 Q	0. 7150	0. 6913	0. 6412	0. 7790	0. 8320
面积加权平均值	0. 7043	0. 6992	0. 6778	0. 7251	0. 7320

分析不同垦区景观生态安全指数的空间差异，可以揭示景观生态安全程度在不同围垦年限下的变化特征和规律。从图 8. 6 可以看出，老北坎垦区（A）到环东垦区（E）的围垦历史均在 1970 年以前，属于围垦比较成熟的区域，区域内的土地开发利用程度较高，用地结构已经比较稳定，因此这几个垦区的景观生态安全值比较一致，且安全程度相对比较高；而从环港垦区（F）到洋口港垦区一期（O）是在距今 10 年到 40 年之间围垦的，这类垦区的土地仍然处于开垦利用过程中，用地结构调整比较频繁，各垦区景观生态安全值相对较低且相互之间的差异性比较大。环港垦区外侧（P）和豫东垦区（Q）的景观生态安全程度较高，是因为环港垦区外侧（P）和豫东垦区（Q）均于 2004 年围垦，围垦历史较短，区域内土地利用人工化程度尚不深，开发利用活动不频繁，景观结构的自然特性较为突出，景观干扰度较低。

通过以上分析可以看出，各研究年份滩涂围垦区景观生态安全值均呈现“W”形曲线形态，即围垦历史较长和较短垦区的景观生态安全程度较高，而正处于围垦利用强度较大阶段垦区的景观生态安全值存在一定的波动性，在总体上呈现周期性和阶段性变化的特征，有必要进一步对其周期性进行探讨。

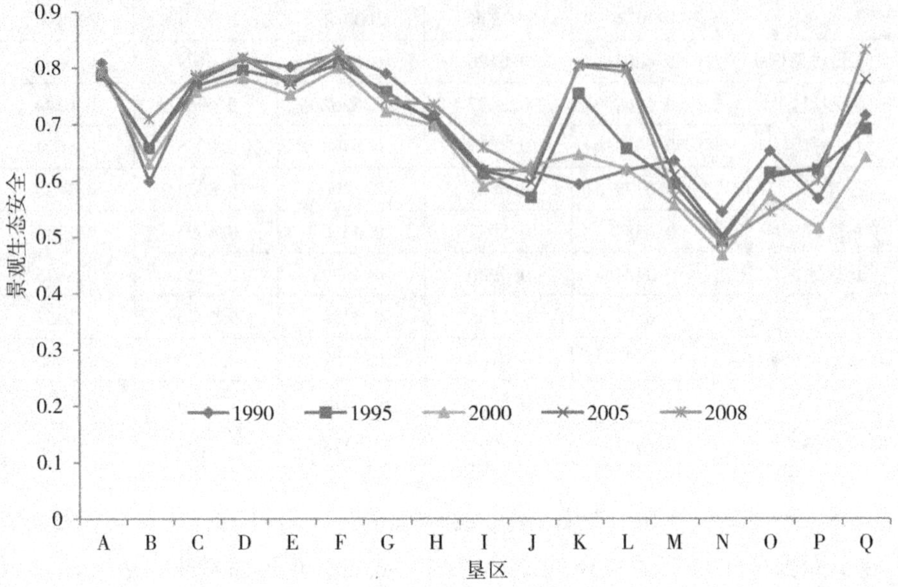

图 8.6 不同垦区的景观生态安全指数（1990 -2008 年）

8.3 基于生命周期理论的滩涂围垦区景观生态安全分析

8.3.1 生命周期理论概述

滩涂围垦区域在起始阶段是自然淤长的沿海滩涂湿地，不同时期淤长的滩涂从景观结构和地类来看是一致的。根据滩涂的这一特性，可以将不同时期的围垦区的景观格局起点看作是一样的，基于空间换时间的方法，对不同围垦年限下的垦区进行对比，探讨人类长期的围垦活动对滩涂景观生态安全的影响，揭示滩涂围垦活动的周期性特征。从生物学的角度来看，生命周期（Life Cycle）是指生物体从出生、成长、成熟、衰退到死亡的全部过程，该概念在政治、经济、环境、技术、社会等诸多领域经常出现，其基本含义可以通俗地理解为“从摇篮到坟墓”的整个过程。滩涂在进行围垦利用之前，是淤积形成的自然状态的沿海湿地，属于完全的自然生态系统，在人工围垦活动对其产生干扰后，其格局和结构将发生极大的改变，且随着人类活动的持续和强度的加大，滩涂围垦区逐渐转变为半自然半人工的复合生态系统，直至围垦活动结束，该区域演变为纯粹的人工生态系统，其土地开发完全成熟，用地结构基本稳定。滩涂围垦这种循序渐进的围垦熟化过程可以看作是一个生命周期，即可以从出生、成长、成熟、衰退到死亡的视角来看待整个围垦活动中土地利用结构和景观格局的变化过程，来探讨不同滩涂围垦阶段的景观生态安全状况，并基于此理论深刻认识滩涂资源围垦开发利用过程中的周期性特征。

8.3.2 景观生态安全的生命周期分析

以如东县 2008 年滩涂围垦区土地利用数据为基础资料，根据以上分析结果获取该年份不同垦区的景观生态安全指数，可以得到随着围垦年限的增长，垦区的景观生态安全指数变化情况，以探讨滩涂围垦开发不同阶段的景观格局与景观生态安全状况。将相同围垦年限的垦区进行面积加权计算景观生态安全指数，绘制景观生态安全值与围垦年限的散点图（图 8.7），根据散点图的变化趋势可以看出景观生态安全值的变化分为较明显的两个部分，分别是从新围垦到围垦 37 年之间的波动区间和围垦 37 年以后的相对稳定期。对波动期进行多项式拟合，拟合度达到 0.9891，该曲线方程可以较好地表示景观生态安全的变化趋势。基于生命周期视角，可以根据拟合曲线形态将滩涂围垦利用过程划分为四个不同的阶段。

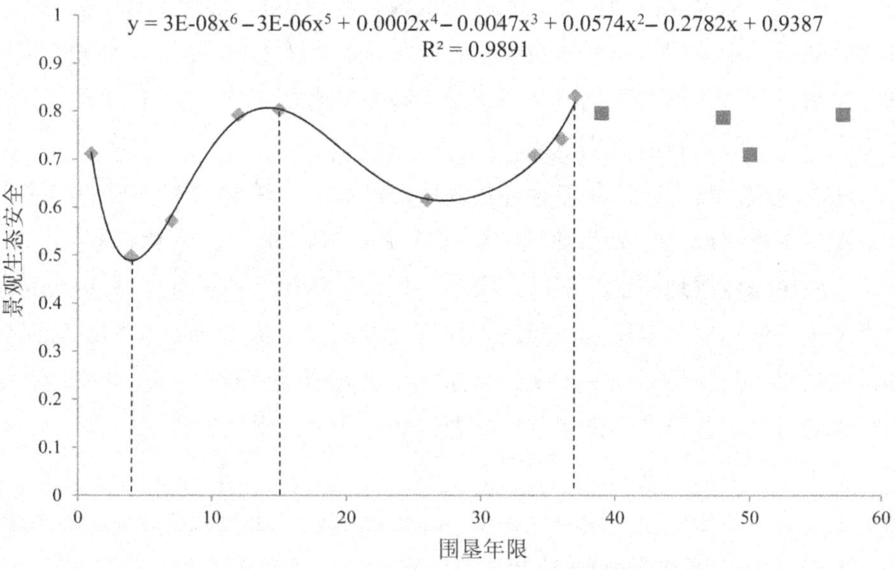

图 8.7 如东县滩涂围垦区景观生态安全生命周期

①幼年期：这一阶段滩涂刚刚围垦不久，垦区内的主要用地类型还是未被开发利用的滩涂湿地，或者零星分布一些养殖水面，以2007年围垦的环港垦区外侧（P）和豫东垦区（Q）为典型代表。这个阶段的滩涂盐分较高，土地开发利用程度不高，区域内人为影响活动有限，干扰度较低，生态安全值比较高，0.73左右。围垦几年后，区域内土地利用方式发生了转变，自然滩涂逐渐向养殖水面转变，区域的干扰度增加，表现在景观结构上就是破碎度增加、分维值降低等，进而导致生态安全程度降低，主要以围垦四年的洋口港垦区一期和洋北垦区二期为典型代表。

②成长期：这一阶段滩涂围垦经过了5－15年的时间，这期间垦区景观格局变化比较剧烈，生态安全值呈现上升趋势。在此期间，自然滩涂的比重急剧下降，向养殖水面和零星的建设用地转变，少数脱盐程度较好的地区开始出现耕地，区域内的景观脆弱度显著下降，生态安全值上升。这个阶段以凌洋垦区为典型代表，从土地利用数据来看，2008年该垦区内已无滩涂未利用地，主要地类是63.8%左右的养殖水面和33.5%左右的耕地，另外有少许建设用地。

③成熟期：这个阶段是滩涂围垦利用周期中比较长的阶段，总计时间在22年左右。经过上个阶段的养殖水面的脱盐利用模式，大部分土地的盐渍化程度已经逐渐降至农作物生长的允许范围内，土地熟化程度较高，耕地逐渐成为垦区内的主要用地类型，另有部分区域分布有农村居民点。区域内人为活动越来越剧烈，景观干扰度增加，但是脆弱度有所下降，整体的结构变化不太大，生态安全程度变化范围较小。

④稳定期：这个阶段是滩涂围垦利用的最后一个阶段，本阶段的滩涂土地已经基本熟化成型，成为陆地特征比较明显的农耕和工业建设开发用地，已基本脱离海域湿地特征。垦区内用地类型、结构也基本稳定，主要土地利用类型为耕地和农村居民点，所以景观干扰度已经达到稳定的水平，景观脆弱度波动很小且保持较低的水平，整体的生态安全程度较高。这一阶段主要以环东垦区、栟北垦区、洋东垦区和老北坎垦区为典型代表。

从生命周期的角度对如东县滩涂围垦开发利用的阶段性分析可以看出，滩涂围垦具有相当明显的阶段性特征，在不同围垦利用阶段的景观格局特征和生态安全程度呈现明显的差异性，且滩涂围垦区经过37年左右的围垦、脱盐和开发利用，可以形成较为成熟稳定的土地利用格局。

8.4 本章小结

本章基于景观生态学方法对如东垦区进行了景观格局特征、景观生态安全状况及其生命周期等研究，结果表明：

①如东县滩涂围垦区不同粒度下的景观指数计算显示，不同的景观指数具有较为显著的粒度效应，根据粒度变化情况下景观指数的变化趋势可将指数分为稳定下降型、波动上升型、波动下降型三种类型，并通过分析确定了本研究区的适宜粒度为 30m。

②如东县滩涂围垦区 1990 年、1995 年、2000 年、2005 年、2008 年的景观格局变化总体特征分析表明，人类围垦活动导致滩涂围垦区内单一的景观类型转变为多种景观类型并存的格局，使得景观的破碎程度不断加大，斑块结构越加复杂。此外，不同陆海梯度和不同围垦年限下的景观格局分析表明，滩涂围垦区的热点区域位于第四缓冲带附近，且围垦历史较长垦区景观格局相互之间差异不大，而围垦历史较短的垦区由于正处于高强度的开发利用过程中，景观格局变化剧烈。

③基于景观干扰度和景观脆弱度构建了滩涂围垦区景观生态安全评价体系，分析了不同垦区从 1990 年到 2008 年的景观生态安全变化情况，总体上如东县滩涂围垦区 20 年间的景观生态状况呈现先下降后上升的趋势，且由于围垦年限的不同，不同垦区之间景观生态安全变化规律的差异性较明显。

④借助空间换时间的方法，引入生命周期理论，探讨滩涂围垦利用过程中的景观生态安全变化情况，可将滩涂的围垦利用分为四个阶段：幼年期、成长期、成熟期和稳定期。不同围垦利用阶段的景观格局特征和生态安全状况确实存在较为明显的阶段性差异。研究发现滩涂的围垦周期大概为 37 年，即滩涂围垦 37 年后，经过不同模式的脱盐和利用，滩涂围垦区的土地利用格局逐渐进入成熟稳定阶段。

第 9 章　结论与展望

本书基于3S 技术，综合运用空间统计、典型相关分析、实地野外采样及实验室分析、遥感反演、景观生态学等方法，以沿海开发国家战略背景下的滩涂围垦区为研究对象，对江苏省滩涂围垦区土地利用时空变化过程、耕地质量的演变以及景观生态安全响应展开系统研究。通过研究区土地利用时空演化特征及其驱动机制分析、滩涂围垦新增耕地对粮食产能影响，探讨了景观格局及景观生态安全响应，为滩涂围垦区空间格局的优化配置和土地资源的可持续利用提供科学依据。

9.1 主要研究结论

（1）土地利用变化过程及其驱动力研究

滩涂围垦区土地变化特征表现为数量、结构、空间和类型转换等各个方面。在人类围垦活动的影响下，1990－2008 年间未利用地面积逐渐减小，养殖水面、耕地和独立建设用地的面积不断增加，其中独立建设用地呈现加速扩张的趋势，农村居民点则趋于稳定；随着养殖水面、耕地和独立建设用地比重的不断上升，土地利用的多样性和程度指数也呈现逐渐上升的趋势。土地利用变化也具有明显的时空分异特征，不同的土地利用类型具有不同的空间变化特征，而土地利用类型的转换则以未利用地向建设用地和农用地转移为主。土地利用变化是区域自然、政策和社会经济等多重因素综合作用的结果，其中，城市化率、固定资产投资和农村人均纯收入是滩涂围垦区耕地和养殖水面用地变化的主要驱动力，而 GDP、人均 GDP、工业总产值和固定资产投资则是促进建设用地逐渐增加的主要驱动力。

（2）滩涂围垦区数量变化特征

江苏省滩涂围垦可以分为三个阶段，第一阶段和第三阶段围垦的速度较快。第一阶段和第二阶段滩涂围垦主要发生在整个沿海地区，第三阶段主要发生在江苏中南部。1948－2014年滩涂围垦重心不断向东南方向转移，从1948年的射阳县西北角转移到东台市。从滩涂围垦开发方式来看，农业开发方式占比越来越小。以农业开发为主的滩涂围垦区，围垦初期由于土壤含盐量高，需要首先开展沟渠路基础设施建设，种植改良作物、养殖等改良土壤，直至土壤能够生长粮食作物为止。不同年限滩涂围垦区由于土壤质量不同，耕地数量不一。年限久（约30年）的农业滩涂围垦区由于耕地土壤质量较好，耕地数量占比较高；年限短（<15年）的农业滩涂围垦区由于耕地土壤质量差，耕地数量占比较低。以如东典型不同年限农业滩涂围垦区来看，围垦后30－50年期间，农用地数量达到最高，50年后农用地数量占比下降。从江苏省滩涂围垦区耕地数量来看，围垦后40－50年耕地占比达到最高值，50年后由于城镇建设等，耕地数量呈现下降趋势。综上说明耕地面积变化到稳定水平需要30－50年的时间。

（3）滩涂围垦区耕地质量变化特征

围垦后农业滩涂围垦区土壤处于不断的改良过程。围垦初期，农业滩涂围垦区进行沟渠等基础设施的建设，种植改良作物、进行水产养殖，直至土壤能够种植粮食作物为止。通过对土壤理化性质分析得到，滩涂围垦后土壤盐分约在38年后达到脱盐水平，土壤养分在围垦后30年达到稳定水平，土壤综合质量约在38年后达到稳定状态，说明滩涂土壤从滩涂沉积物经历脱盐和养分积累过程发育为耕地土壤需要30－40年的时间。从土壤理化性质相关关系来看，土壤盐分与土壤pH值呈现显著正相关关系（$P<0.01$），与土壤颗粒组分分形维数、土壤有机质、土壤养分呈现显著负相关关系（$P<0.01$）。土壤盐分是农业滩涂围垦区土壤质量的最主要的影响因子。

（4）滩涂围垦对粮食产能的影响

如东县滩涂围垦区水稻光合生产潜力、光温生产潜力和光温水生产潜力分别为24266kg/hm^2、24106kg/hm^{2}和21469kg/hm^2；小麦光合生产潜力、光温生产潜力和光温水生产潜力分别为20144kg/hm^2、10549kg/hm^{2}和10329kg/hm^2。通过Maas－Hoffman模型计算得到如东县1982年滩涂围垦区土壤盐分对水稻和小麦光温水生产潜力的修正系数分别为64.48%和100%；2007年和未围垦区土壤盐分较高，对水稻和小麦光温水生产潜力修正系数均为0；1951年和1974年垦区土壤盐分对水稻和小麦光温水生产潜力修正系数均为100%。因此水稻在1951年、1974年和1982年滩涂围垦区的土地生产潜力分别为21469kg/hm^2、21469kg/hm^2 和 13886kg/hm^2；小麦在 1951 年、1974 年和 1982 年滩涂围垦区的土地生产潜力均为 10329kg/hm^2。滩涂围垦区水稻和小麦土地生产潜力实现程度分别为 41.92% - 64.81% 和 58.09% - 72.61%。江苏省滩涂围垦区土壤盐分围垦 30 年后对小麦生长限制基本消失，围垦 37 年后对水稻生长限制基本消失；围垦后经历 21 年和 11 年之后可分别种植水稻和小麦。通过不同滩涂围垦区土壤盐分含量以及耕地数量测算出 2012 年江苏省滩涂围垦区粮食产能为 147.2 万吨，占江苏省沿海县市粮食产量的 11.03%；并预测 2020 年江苏省滩涂围垦粮食产能为 162.42 万吨，占江苏省沿海县市粮食产量的 12.15%。

（5）景观格局及景观生态安全研究

如东滩涂围垦区的景观格局特征具有明显的时空差异，随着围垦年限的增加，景观生态安全状况发生明显的阶段性改变，围垦开发前期呈现“W”形曲线波动，后期基本稳定，借助生命周期理论可以将滩涂的围垦开发阶段大致划分为四个阶段：幼年期、成长期、成熟期和稳定期。幼年阶段是滩涂从自然生态系统向半人工生态系统转变的开始阶段，这一阶段大多数区域还是未利用地，垦区内土壤盐分较高；成长阶段主要是脱盐的过程，大部分未利用地已经转变成养殖水面，也有小部分区域种植耐盐植物，零星出现独立建设用地；第三阶段是垦区熟化阶段，经过前期的脱盐，区域内大部分用地类型转换成耕地或者农村居民点，也有部分脱盐不彻底的区域仍旧处于盐分淋洗阶段，这一阶段是整个周期中最长的阶段；经过大概 37 年的围垦开发，滩涂开发周期进入最后的稳定阶段，垦区内土地基本成熟，土地利用结构区域稳定，垦区已经基本形成人工生态系统。

9.2 存在问题与展望

本书系统性地对海岸带地区土地利用变化及驱动机制、滩涂围垦区开发利用对耕地质量的影响、滩涂围垦区土地生产潜力预测、以及滩涂围垦对沿海地区景观生态格局影响等开展了研究。由于涉及众多问题，本书仍存在不足之处，在以下几个方面仍有待在日后进一步深度研究和探讨。

①滩涂围垦区土地利用变化受到滩涂淤长和人类围垦活动双重的驱动作用，是一个异常复杂的过程，囿于遥感数据分辨率的限制，本书仅将滩涂围

垦区的土地资源分为耕地、养殖水面、农村居民点、独立建设用地和未利用地等类型，且并没有考虑随着滩涂淤长而引起围垦区域范围扩大的问题。基于高分辨率影像和滩涂沉积淤长过程，考虑自然淤长所带来围垦边界变动情况下的土地利用变化过程值得进一步进行探索。

②本书选择如东县不同年限的农业滩涂围垦区作为典型区分析变化过程，然而，土壤质量受很多因素的影响，而且滩涂围垦区土壤质量变化过程受到起始土壤状态的影响较大，因此在未来的研究中需要比较不同自然状态下同时间围垦后土壤质量变化过程的差异。同时不断缩短土壤改良周期也是未来研究的重点。

③在滩涂围垦对粮食产能影响方面，土地生产潜力模型需要进一步考虑管理因子对土地生产潜力的限制性，构建沿海地区土地生产力模型，为进一步提高沿海地区土地生产力提供决策依据。

④沿海滩涂开发会带来一系列的生态问题，譬如生物多样性减少、海水富营养化、重金属污染等，本书主要针对景观生态安全进行了分析，未来需要构建包括养分流失、重金属污染和生物多样性等在内的生态风险评价体系来深入剖析滩涂围垦区的格局－生态过程。

后　记

本书是2012年以来在两个国家自然科学基金项目（NO. 41230751；NO. 41701609）资助下部分研究成果的集成，是濮励杰教授研究团队对江苏海岸带地区开展的各类调查的升华。本书主要内容是在沿海滩涂围垦工程对粮食生产以及生态安全双重角度进行分析与权衡的研究，是濮励杰教授团队多年对海岸带研究视野拓宽、研究思路提升以及研究方法改进的见证。

本书集成的相关成果，得到了南京大学地理与海洋科学学院和苏州科技大学地理科学与测绘工程学院两个单位的大力支持，也得到了南通市和盐城市有关政府部门的倾力帮助。在这一过程中，本人感到了来自很多老师和同人的友谊，感谢南京大学地理与海洋科学学院潘少明教授、张振克教授、李升峰教授、黄贤金教授、周寅康教授、金晓斌教授、朱明老师、钟太洋副教授、陈志刚副教授、陈逸副教授、杨俊副教授；感谢中科院南京地理与湖泊研究所杨桂山研究员、朱青研究员；感谢南京市国土资源局谢正栋处长；感谢南京大学校友李红卫对研究工作的关心与支持。感谢涂小松博士、张丽芳博士、张芳怡博士、刘晓明博士、文继群博士、李建国博士、戴小清博士、张濛博士、蔡芳芳博士、陈新建博士、王小涵博士、徐彩瑶博士、卜心国博士、解雪峰博士、王媛博士、蒋瑜博士生、杨齐琪博士生、张晓蕾硕士、韩学敏硕士、张晶硕士、李鹏硕士、于雪硕士、王琪琪硕士、韩明芳硕士、赵珍珍硕士、黄毅硕士、茅天颖硕士、徐辰星硕士、胡金晓硕士、沈洪运硕士、李雪盈硕士，在研究工作开展期间给予的帮助与支持。感谢苏州科技大学地理科学与测绘工程学院的各位领导与老师的支持与帮助。在此，对给予本书相关章节及帮助的其他朋友们予以衷心感谢。最后，还要感谢中国社会出版社相关人员的辛勤劳动和付出。

本书呈现的研究是我们对海岸带土地利用研究的开端。本书谨代表作者个人观点，定有不足之处，恳请读者谅解并批评指正。在未来后续的研究过程中，我们仍将秉承“不忘初心、砥砺前行”的理念，助力海岸带社会经济实现高质量发展。

许 艳

记于2021年初夏，苏州石湖